앞선 정보 제공! 도서 업데이트

언제, 왜 업데이트될까?

도서의 학습 효율을 높이기 위해 자료를 추가로 제공할 때!
공기업 · 대기업 필기시험에 변동사항 발생 시 정보 공유를 위해!
공기업 · 대기업 채용 및 시험 관련 중요 이슈가 생겼을 때!

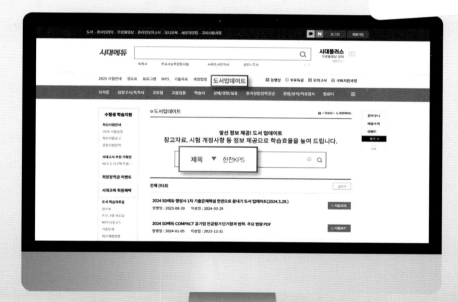

01 시대에듀 도서
www.sdedu.co.kr/book
홈페이지 접속

02 상단 카테고리
「도서업데이트」
클릭

03 해당
기업명으로
검색

참고자료, 시험 개정사항 등 정보 제공으로 학습효율을 높여 드립니다.

사~
사일 동안
이것만 풀면
이
다 합격!
다

한전KPS
NCS

시대에듀

2025 최신판 시대에듀 All-New 사이다 모의고사
한전KPS NCS

Always **with you**

사람의 인연은 길에서 우연하게 만나거나 함께 살아가는 것만을 의미하지는 않습니다.
책을 펴내는 출판사와 그 책을 읽는 독자의 만남도 소중한 인연입니다.
시대에듀는 항상 독자의 마음을 헤아리기 위해 노력하고 있습니다. 늘 독자와 함께하겠습니다.

머리말 PREFACE

원전 기술의 글로벌 경쟁력 강화로 해외시장을 개척해 원전 최강국으로 도약하는 한전 KPS는 2025년에 신입사원을 채용할 예정이다. 한전KPS의 채용절차는 「입사지원서 접수 ➡ 1차 전형(서류심사) ➡ 2차 전형(필기시험) ➡ 3차 전형(역량면접 및 인성검사) ➡ 최종 합격자 발표」 순서로 이루어지며, 필기시험은 직업기초능력 및 전공을 평가한다. 그중 직업기초능력은 의사소통능력, 수리능력, 문제해결능력, 자원관리능력, 정보능력, 조직이해능력, 기술능력 중 직렬별로 5개의 영역을 선정해 평가하며, 전공은 직렬별로 내용이 다르므로 반드시 확정된 채용공고를 확인해야 한다. 또한, 필기시험 고득점자 순으로 채용예정인원의 3~5배수를 선발하여 3차 전형을 진행하므로 필기시험에서 고득점을 받기 위해 다양한 유형에 대한 폭넓은 학습과 문제풀이능력을 높이는 등 철저한 준비가 필요하다.

한전KPS 필기시험 합격을 위해 시대에듀에서는 한전KPS 판매량 1위의 출간 경험을 토대로 다음과 같은 특징을 가진 도서를 출간하였다.

도서의 특징

❶ **합격으로 이끌 가이드를 통한 채용 흐름 확인!!**
- 한전KPS 소개와 최신 시험 분석을 수록하여 채용 흐름을 파악하는 데 도움이 될 수 있도록 하였다.

❷ **기출응용 모의고사를 통한 완벽한 실전 대비!**
- 철저한 분석을 통해 실제 유형과 유사한 기출응용 모의고사를 4회분 수록하여 시험 직전 4일 동안 자신의 실력을 점검하고 향상시킬 수 있도록 하였다.

❸ **다양한 콘텐츠로 최종 합격까지!**
- 온라인 모의고사를 무료로 제공하여 필기시험에 대비할 수 있도록 하였다.
- 모바일 OMR 답안채점/성적분석 서비스를 통해 자동으로 점수를 채점하고 확인할 수 있도록 하였다.

끝으로 본 도서를 통해 한전KPS 채용을 준비하는 모든 수험생 여러분이 합격의 기쁨을 누리기를 진심으로 기원한다.

SDC(Sidae Data Center) 씀

◇ **미션**

> 세계 No.1 전력설비 정비산업 Grand 플랫폼 기업

◇ **핵심가치**

| 안전우선 | 고객신뢰 | 기술중시 | 혁신성장 | 사회책임 |

◇ **경영방침**

| 혁신과 성장 | 안전과 신뢰 | 상생과 투명 | 공정과 행복 |

◇ **경영목표**

매출액 2.1조 원	신성장사업 비중 42%
영업이익률 12%	ESG경영지수 100점

◇ 전략방향 & 전략과제

정비산업생태계 경쟁력 강화	▶	• 고품질 · 무결점 책임정비 수행 • 정비시장 변화 대응역량 강화 • 안전 최우선 경영체계 고도화
신성장사업 전략적 육성	▶	• 해외정비 수출사업화 선도 • 수익성 기반 신재생 및 대외사업 확대 • 성능 개선 및 원전 특화 산업 리딩
지속가능 경영혁신체계 구축	▶	• 재무건전성 제고 및 리스크 관리 체계화 • 성과지향 경영 효율화 • 기술사업화 연계 R&D 강화
국민신뢰 ESG경영 실현	▶	• 탄소중립 친환경경영 강화 • 업 연계 지역상생 및 민간협력 확대 • 소통 기반 윤리 · 투명경영 확산

◇ 인재상

Global A.C.E (Globally Advanced, Client Oriented, Expert)

선도	실질	균형
Lead	Practicality	Balance

신입사원 채용 안내 INFORMATION

◈ 지원자격(공통)

❶ 학력 · 연령 : 제한 없음[단, 채용예정일 기준 연령(만 60세)에 도달한 자는 지원 불가]

❷ 병역 : 채용예정일 기준 병역필 또는 면제된 자

❸ 영어성적

G4등급	TOEIC 700점 이상(단, 850점 이상 만점으로 처리)
G3등급	TOEIC 500점 이상(단, 850점 이상 만점으로 처리)

❹ 한전KPS 인사규정 제9조의 결격사유가 없는 자

❺ 해외근무 가능자

❻ 채용예정일 즉시 근무가능한 자

◈ 필기시험

구분	직렬		내용
직업기초능력	경영 · 회계 · 사무	법정 · 상경	의사소통능력, 수리능력, 문제해결능력, 자원관리능력, 정보능력
		전산	의사소통능력, 수리능력, 문제해결능력, 정보능력, 조직이해능력
	발전설비운영	기계 · 전기	의사소통능력, 수리능력, 문제해결능력, 자원관리능력, 기술능력
전공	직렬별 상이		

◈ 면접전형

구분	내용
G4등급 및 전문직(일반급)	• 개별면접 및 토론면접 • 인성검사 · 신체검사(적부판정)
G3등급	• 개별면접 • 인성검사 · 신체검사(적부판정)

❖ 위 채용 안내는 2024년 상 · 하반기 채용공고를 기준으로 작성하였으므로 세부사항은 확정된 채용공고를 확인하기 바랍니다.

총평

한전KPS의 필기시험은 피듈형으로 출제되었으며, 난이도가 비교적 쉬웠다는 후기가 많았다. 다만, 수리능력은 응용 수리의 비중이 높았고, 자원관리능력은 다소 복잡한 자료 문제가 있었으므로 꼼꼼하게 계산하여 풀이하는 연습을 하는 것이 좋겠다. 또한, 모듈이론을 활용한 문제가 많이 출제되었으므로 출제되는 영역에 대한 이론을 확실하게 학습하는 것이 필요해 보인다.

◇ **영역별 출제 비중**

구분	출제 특징	출제 키워드
의사소통능력	• 맞춤법 문제가 출제됨 • 어휘 문제가 출제됨	• 가만히, 수, 가령 등
수리능력	• 응용 수리 문제가 출제됨 • 자료 이해 문제가 출제됨	• 거속시, 확률, 날짜, 거리 등
문제해결능력	• 모듈형 문제가 출제됨 • 명제 추론 문제가 출제됨	• 참/거짓, 창의적 사고, 브레인스토밍 등
자원관리능력	• 비용 계산 문제가 출제됨	• 여비, 수당 등
정보능력	• 엑셀 함수 문제가 출제됨	• 단가, 수량 등
기술능력	• 모듈형 문제가 출제됨	• 기술, 벤치마킹 등

주요 공기업 적중 문제 TEST CHECK

한전KPS

창의적 사고 ▶ 유형

03 다음과 같은 특징을 가지고 있는 창의적 사고 개발 방법은?

> 일정한 주제에 관하여 회의를 하고, 참가하는 인원이 자유발언을 통해 아이디어를 제시하는 것으로 다른 사람의 발언에 비판하지 않는다.

① 스캠퍼 기법　　　　　　　② 여섯 가지 색깔 모자
③ 브레인스토밍　　　　　　　④ TRIZ
⑤ Logic Tree 기법

참 / 거짓 ▶ 유형

04 연경, 효진, 다솜, 지민, 지현 5명 중에 1명이 선생님의 책상에 있는 화병에 꽃을 꽂아두었다. 〈보기〉의 대화 중 두 명의 이야기는 모두 거짓이지만 세 명의 이야기는 모두 참이라고 할 때, 선생님 책상에 꽃을 꽂아둔 사람은?

> **보기**
>
> 연경 : 화병에 꽃을 꽂아두는 것을 나와 지현이만 보았다. 효진이의 말은 모두 맞다.
> 효진 : 화병에 꽃을 꽂아둔 사람은 지민이다. 지민이가 그러는 것을 지현이가 보았다.
> 다솜 : 지민이는 꽃을 꽂아두지 않았다. 지현이의 말은 모두 맞다.
> 지민 : 화병에 꽃을 꽂아두는 것을 세 명이 보았다. 효진이는 꽃을 꽂아두지 않았다.
> 지현 : 나와 연경이는 꽃을 꽂아두지 않았다. 나는 누가 꽃을 꽂는지 보지 못했다.

① 연경　　　　　　　　　② 효진
③ 다솜　　　　　　　　　④ 지민
⑤ 지현

속력 ▶ 유형

16 나영이와 현지가 집에서 공원을 향해 분당 150m의 속력으로 걸어가고 있다. 30분 정도 걸었을 때, 나영이가 지갑을 집에 두고 온 것을 기억하여 분당 300m의 속력으로 집에 갔다가 같은 속력으로 다시 공원을 향해 걸어간다고 한다. 현지는 그 속력 그대로 20분 뒤에 공원에 도착했을 때, 나영이는 현지가 공원에 도착하고 몇 분 후에 공원에 도착할 수 있는가?(단, 집에서 공원까지의 거리는 직선이고, 이동시간 외 다른 소요시간은 무시한다)

① 20분　　　　　　　　　② 25분
③ 30분　　　　　　　　　④ 35분
⑤ 40분

한국전력공사

06 다음 중 빈칸에 들어갈 문장으로 가장 적절한 것은?

> 사회가 변하면 사람들은 새로운 생활에 맞는 새로운 언어를 필요로 하게 된다. 그 언어가 자연스럽게 육성되기를 기다릴 수도 있지만, 사람들은 대개 외국으로부터 그러한 개념의 언어를 빌려오려고 한다. 돈이나 기술을 빌리는 것에 비하면 언어는 대가 없이 쓸 수 있으므로 대개는 제한 없이 외래어를 빌린다. 특히 _____ 광복 이후 우리 사회에서 외래어가 넘쳐나는 것은 그간 우리나라의 고도성장과 절대 무관하지 않다.

① 외래어의 증가는 사회의 팽창과 함께 진행된다.
② 새로운 언어는 사회의 변화를 선도하기도 한다.
③ 외래어가 증가하면 범람한다는 비판을 받게 된다.
④ 새로운 언어는 인간의 욕망을 적절히 표현해 준다.
⑤ 새로운 언어는 필연적으로 외국의 개념을 빌릴 수밖에 없다.

09 K공사에 근무하는 A씨는 사정이 생겨 퇴사하게 되었다. A씨의 근무기간 및 기본급 등의 기본정보가 다음과 같다면, A씨가 받게 되는 퇴직금의 세전금액은 얼마인가?(단, A씨의 퇴직일 이전 3개월간 기타수당은 720,000원이며, 퇴직일 이전 3개월간 총일수는 80일이다)

> • 입사일자 : 2021년 9월 1일
> • 퇴사일자 : 2023년 9월 4일
> • 재직일수 : 730일
> • 월기본급 : 2,000,000원
> • 월기타수당 : 월별 상이
> • 퇴직 전 3개월 임금 총액 계산(세전금액)
>
> | 퇴직 이전 3개월간 총일수 | 기본급(3개월분) | 기타수당(3개월분) |
> | --- | --- | --- |
> | 80일 | 6,000,000원 | 720,000원 |
>
> • (1일 평균임금)=[퇴직일 이전 3개월간에 지급 받은 임금총액(기본급)+(기타수당)]/(퇴직일 이전 3개월간 총일수)
> • (퇴직금)=(1일 평균임금)×(30일)×[(재직일수)/365]

① 5,020,000원   ② 5,030,000원
③ 5,040,000원   ④ 5,050,000원
⑤ 5,060,000원

학습플랜 STUDY PLAN

1일 차 학습플랜   1일 차 기출응용 모의고사

____월 ____일		
의사소통능력	수리능력	문제해결능력

자원관리능력	정보능력	조직이해능력	기술능력

2일 차 학습플랜   2일 차 기출응용 모의고사

____월 ____일		
의사소통능력	수리능력	문제해결능력

자원관리능력	정보능력	조직이해능력	기술능력

3일 차 학습플랜 — 3일 차 기출응용 모의고사

_____월 _____일

의사소통능력	수리능력	문제해결능력

자원관리능력	정보능력	조직이해능력	기술능력

4일 차 학습플랜 — 4일 차 기출응용 모의고사

_____월 _____일

의사소통능력	수리능력	문제해결능력

자원관리능력	정보능력	조직이해능력	기술능력

취약영역 분석

1일 차 취약영역 분석

시작 시간	:	종료 시간	:
풀이 개수	개	못 푼 개수	개
맞힌 개수	개	틀린 개수	개
취약영역 / 유형			
2일 차 대비 개선점			

2일 차 취약영역 분석

시작 시간	:	종료 시간	:
풀이 개수	개	못 푼 개수	개
맞힌 개수	개	틀린 개수	개
취약영역 / 유형			
3일 차 대비 개선점			

3일 차 취약영역 분석

시작 시간	:	종료 시간	:
풀이 개수	개	못 푼 개수	개
맞힌 개수	개	틀린 개수	개
취약영역 / 유형			
4일 차 대비 개선점			

4일 차 취약영역 분석

시작 시간	:	종료 시간	:
풀이 개수	개	못 푼 개수	개
맞힌 개수	개	틀린 개수	개
취약영역 / 유형			
시험일 대비 개선점			

이 책의 차례 CONTENTS

1일 차
기출응용 모의고사

〈문항 및 시험시간〉

평가영역	문항 수	시험시간	모바일 OMR 답안채점/성적분석 서비스		
[공통] 의사소통＋수리＋문제해결 [법정·상경] 자원관리＋정보 [전산] 정보＋조직이해 [발전설비운영] 자원관리＋기술	50문항	65분	법정·상경	전산	발전설비운영

1일 차 기출응용 모의고사

| 01 | 의사소통능력(공통)

01 다음 문장을 논리적 순서대로 바르게 나열한 것은?

> (가) 그렇지만 그러한 위험을 감수하면서 기술 혁신에 도전했던 기업가와 기술자의 노력 덕분에 산업의 생산성은 지속적으로 향상되었고, 지금 우리는 그 혜택을 누리고 있다.
>
> (나) 산업 기술은 적은 비용으로 더 많은 생산이 가능하도록 제조 공정의 효율을 높이는 방향으로 발전해왔다.
>
> (다) 기술 혁신의 과정은 과다한 비용 지출이나 실패의 위험이 도사리고 있는 험난한 길이기도 하다.
>
> (라) 이러한 기술 발전은 제조 공정의 일부를 서로 결합함으로써 대폭적인 비용 절감을 가능하게 하는 기술 혁신을 통하여 이루어진다.

① (나) – (가) – (라) – (다)
② (나) – (다) – (가) – (라)
③ (나) – (라) – (다) – (가)
④ (다) – (나) – (가) – (라)
⑤ (다) – (라) – (가) – (나)

02 다음 빈칸에 들어갈 단어로 적절하지 않은 것은?

> • 대형 쇼핑몰 근처의 도로는 주말마다 항상 극심한 _____를 이룬다.
> • 내년에는 부동산 경기 _____가 더 심화될 전망이다.
> • 시간을 _____하면 더 큰 피해가 발생할 수 있습니다.
> • 일정 기간 통신료를 _____할 경우 사용이 제한될 수 있습니다.

① 이체
② 연체
③ 지체
④ 정체
⑤ 침체

03 다음 글의 내용으로 가장 적절한 것은?

> 한국전력공사 전력연구원이 한전KDN, 한국과학기술원, (주)아이렉스넷과 공동으로 배전계통 부하 예측 및 관리 시스템을 개발했다.
>
> 안정적인 전력망 운영을 위해서는 전력계통에서 전력의 공급량과 전력의 수요량이 일치해야 하는데, 전력 수요량은 계절 및 사회적 요인 등 다양한 원인으로 일치하지 않아 예측에 어려움이 있었다. 이에 전력 수요량 예측 시스템을 개발하려는 시도는 꾸준히 있었지만, 전력데이터 확보 및 실증의 어려움으로 개발되지 못했다.
>
> 전력연구원은 시스템 개발을 위해 먼저 한전의 전력데이터를 활용해 매달 수백억 건의 데이터를 처리하는 빅데이터 시스템을 구축했다. 이를 기반으로 인공지능을 적용한 전력 수요량 예측 시스템인 '배전계통 부하 예측 및 관리 시스템'을 개발했으며, 전력 수요량의 패턴인식 및 패턴 변화 감지 기반의 재학습 기능을 적용해 태양광, 풍력 등 날씨에 따른 발전량의 급격한 변화에도 예측이 가능하도록 했다. 현재 전국 1만여 전력 선로를 대상으로 실증을 마친 상태다.
>
> 배전계통 부하 예측 및 관리 시스템은 배전계통의 운전효율 개선 및 설비투자 비용 절감으로 연간 80억 원을 절감할 것으로 기대되며, 고부가 데이터 확보를 통한 직·간접 이윤은 연간 100억 원에 달할 것으로 보인다.
>
> 전력연구원 관계자는 "능동형 배전계통 관리기술은 설비투자의 관점에서 설비효율 개선의 관점으로의 운영 패러다임 변화를 이끌 수 있다."며 "현 정부에서 추진하는 4차 산업혁명의 과학기술혁신 이행계획에 상당 부분 기여할 것으로 기대한다."라고 말했다.
>
> 전력연구원은 개발 시스템을 한국전력공사 내 전체 사업소에 보급하고, 기술을 베트남, 미얀마에 수출할 계획이다.

① 전력의 공급량과 수요량이 일치하면 안정적인 전력망이 구축된다.
② 전력데이터는 확보가 어렵기 때문에 전력 수요 예측 시스템을 개발하지 못한다.
③ 전력 수요량 예측 시스템은 급격한 날씨 변화 상황에서는 예측을 하지 못한다.
④ 새로 개발한 관리 시스템으로 인해 연간 최대 100억 원의 비용을 절감할 것으로 기대된다.
⑤ 개발 시스템은 전국적으로 보급될 예정이다.

04 다음 글의 내용으로 적절하지 않은 것은?

연방준비제도(이하 연준)가 고용 증대에 주안점을 둔 정책을 입안한다 해도 정책이 분배에 미치는 영향을 고려하지 않는다면, 그 정책은 거품과 불평등만 부풀릴 것이다. 기술 산업의 거품 붕괴로 인한 경기 침체에 대응하여 2000년대 초에 연준이 시행한 저금리 정책이 이를 잘 보여준다.

특정한 상황에서는 금리 변동이 투자와 소비의 변화를 통해 경기와 고용에 영향을 줄 수 있다. 하지만 다른 수단이 훨씬 더 효과적인 상황도 많다. 가령 부동산 거품에 대한 대응책으로는 금리 인상보다 주택 담보 대출에 대한 규제가 더 합리적이다. 생산적 투자를 위축시키지 않으면서 부동산 거품을 가라앉힐 수 있기 때문이다. 경기 침체기라 하더라도, 금리 인하는 은행의 비용을 줄여주는 것 말고는 경기 회복에 별다른 도움이 되지 않을 수 있다. 대부분의 부문에서 설비 가동률이 낮은 상황이라면, 대출 금리가 낮아져도 생산적인 투자가 별로 증대하지 않는다. 2000년대 초가 바로 그런 상황이었기 때문에, 당시의 저금리 정책은 생산적인 투자 증가 대신에 주택 시장의 거품만 초래한 것이다.

금리 인하는 국공채에 투자했던 퇴직자들의 소득을 감소시켰다. 노년층에서 정부로, 정부에서 금융업으로 부의 대규모 이동이 이루어져 불평등이 심화되었다. 이에 따라 금리 인하는 다양한 경로로 소비를 위축시켰다. 은퇴 후의 소득을 확보하기 위해, 혹은 자녀의 학자금을 확보하기 위해 사람들은 저축을 늘렸다. 연준은 금리 인하가 주가 상승으로 이어질 것이므로 소비가 늘어날 것이라고 주장했다. 하지만 2000년대 초 연준의 금리 인하 이후 주가 상승에 따라 발생한 이득은 대체로 부유층에 집중되었으므로 대대적인 소비 증가로 이어지지 않았다.

2000년대 초 고용 증대를 기대하고 시행한 연준의 저금리 정책은 노동을 자본으로 대체하는 투자를 증대시켰다. 인위적인 저금리로 자본 비용이 낮아지자 이런 기회를 이용하려는 유인이 생겨났다. 노동력이 풍부한 상황인데도 노동을 절약하는 방향의 혁신이 강화되었고, 미숙련 노동자들의 실업률이 높은 상황인데도 가게들은 계산원을 해고하고 자동화 기계를 들여놓았다. 경기가 회복되더라도 실업률이 떨어지지 않는 구조가 만들어진 것이다.

① 금리 인상은 부동산 거품 대응 정책 가운데 가장 합리적인 정책이 아니다.

② 2000년대 초 연준이 금리 인하 정책을 시행한 후 주택 가격과 주식 가격은 상승하였다.

③ 2000년대 초 기술 산업 거품의 붕괴로 인한 경기 침체기에 설비 가동률은 대부분의 부문에서 낮은 상태였다.

④ 2000년대 초 연준의 금리 인하로 국공채에 투자한 퇴직자의 소득이 줄어들어 금융업으로부터 정부로 부가 이동하였다.

⑤ 2000년대 초 연준은 고용 증대를 기대하고 금리를 인하했지만, 결과적으로 고용 증대가 더 어려워지도록 만들었다.

05 다음 〈보기〉 중 언어의 친교적 기능이 드러난 대화를 모두 고르면?

> **보기**
>
> ㉠ A : 오늘 날씨가 춥네. 밥은 먹었니?
>   B : 옷을 좀 더 따뜻하게 입고 다녀야겠네.
> ㉡ A : 얘, 이제 곧 저녁 먹어야 하는데 지금 어디 가니?
>   B : 우체국에 잠시 다녀올게요.
> ㉢ A : 이만 가봐야겠다. 이따가 전화하자.
>   B : 오늘 정말 즐거웠어.
> ㉣ A : 김대리, 여행은 어디로 다녀왔나?
>   B : 네, 부장님. 홍콩과 마카오로 다녀왔습니다.
> ㉤ A : 이렇게 헤어지기 너무 아쉽다.
>   B : 그래, 조만간 밥 한번 먹자.
> ㉥ A : 오랜만이네. 너 요즘도 거기서 근무하니?
>   B : 그래, 너도 잘 지내고 있지?

① ㉠, ㉡
② ㉡, ㉣
③ ㉠, ㉢, ㉤
④ ㉢, ㉤, ㉥
⑤ ㉠, ㉢, ㉤, ㉥

06 다음 중 밑줄 친 부분이 어법상 옳지 않은 것은?

① 5년간의 연구 끝에 신제품 <u>개발</u>에 성공했다.
② 우리 고향이 주요 <u>개발</u> 대상지로 선정되어서 마을 잔치를 했다.
③ 인류는 미래를 위해서 화석 연료 대체 에너지 <u>계발</u>에 힘써야 한다.
④ 평소에 자기 <u>계발</u>을 계속한 사람은 기회가 왔을 때 그것을 잡을 확률이 높다.
⑤ 이 정부가 가장 중점을 두고 있는 부분이 경제 <u>개발</u>이라는 것은 정책을 보면 알 수 있다.

다음 글의 제목으로 가장 적절한 것은?

우리는 처음 만난 사람의 외모를 보고, 그를 어떤 방식으로 대우해야 할지를 결정할 때가 많다. 그가 여자인지 남자인지, 얼굴색이 흰지 검은지, 나이가 많은지 적은지 혹은 그의 스타일이 조금은 상류층의 모습을 띠고 있는지 아니면 너무나 흔해서 별 특징이 드러나 보이지 않는 외모를 하고 있는지 등을 통해 그들과 나의 차이를 재빨리 감지한다. 일단 감지가 되면 우리는 둘 사이의 지위 차이를 인식하고 우리가 알고 있는 방식으로 그를 대하게 된다. 한 개인이 특정 집단에 속한다는 것은 단순히 다른 집단의 사람과 다르다는 것뿐만 아니라, 그 집단이 다른 집단보다는 지위가 높거나 우월하다는 믿음을 갖게 한다. 모든 인간은 평등하다는 우리의 신념에도 불구하고 왜 인간들 사이의 이러한 위계화(位階化)를 당연한 것으로 받아들일까? 위계화란 특정 부류의 사람들이 자원과 권력을 소유하고 다른 부류의 사람들은 낮은 사회적 지위를 갖게 되는 사회적이며 문화적인 체계이다. 이러한 불평등이 어떠한 방식으로 경험되고 조직화되는지를 살펴보자.

인간이 불평등을 경험하게 되는 방식은 여러 측면으로 나눌 수 있다. 산업 사회에서의 불평등은 계층과 계급의 차이를 통해서 정당화되는데, 이는 재산, 생산 수단의 소유 여부, 학력, 집안 배경 등등의 요소들의 결합에 의해 사람들 사이의 위계를 만들어 낸다. 또한, 모든 사회에서 인간은 태어날 때부터 얻게 되는 인종, 성, 종족 등의 생득적 특성과 나이를 통해 불평등을 경험한다. 이러한 특성들은 단순히 생물학적인 차이를 지칭하는 것이 아니라, 개인의 열등성과 우등성을 가늠하게 만드는 사회적 개념이 되곤 한다.

한편, 불평등이 재생산되는 다양한 사회적 기제들이 때로는 관습이나 전통이라는 이름 아래 특정 사회의 본질적인 문화적 특성으로 간주되고 당연시되는 경우가 많다. 불평등은 체계적으로 조직되고 개인에 의해 경험됨으로써 문화의 주요 부분이 되었고, 그 결과 같은 문화권 내의 구성원들 사이에 권력 차이와 그에 따른 폭력이나 비인간적인 행위들이 자연스럽게 수용될 때가 많다.

문화 인류학자들은 사회 집단의 차이와 불평등, 사회의 관습 또는 전통이라고 얘기되는 문화 현상에 대해 어떤 입장을 취해야 할지 고민을 한다. 문화 인류학자가 이러한 문화 현상은 고유한 역사적 산물이므로 나름대로 가치를 지닌다는 입장만을 반복하거나 단순히 관찰자로서의 입장에 안주한다면, 이러한 차별의 형태를 제거하는 데 도움을 줄 수 없다. 실제로 문화 인류학 연구는 기존의 권력관계를 유지시키는 다양한 문화적 이데올로기를 분석하고, 인간 간의 차이가 우등성과 열등성을 구분하는 지표가 아니라 동등한 다름일 뿐이라는 것을 일깨우는 데 기여해 왔다.

① 차이와 불평등
② 차이의 감지 능력
③ 문화 인류학의 역사
④ 위계화의 개념과 구조
⑤ 관습과 전통의 계승과 창조

08 다음 글에서 추론할 수 있는 내용으로 적절하지 않은 것은?

지구와 태양 사이의 거리와 지구가 태양 주위를 도는 방식은 인간의 생존에 유리한 여러 특징을 지니고 있다. 인간을 비롯한 생명이 생존하려면 행성은 액체 상태의 물을 포함하면서 너무 뜨겁거나 차갑지 않아야 한다. 이를 위해서는 태양과 같은 별에서 적당히 떨어져 있어야 한다. 이 적당한 영역을 '골디락스 존(Goldilocks Zone)'이라고 한다. 또한, 지구가 태양의 중력장 주위를 도는 타원 궤도는 충분히 원에 가깝다. 따라서 연중 태양에서 오는 열에너지가 비교적 일정하게 유지될 수 있다. 만약 태양과의 거리가 일정하지 않았다면 지구는 여름에는 바다가 모두 끓어 넘치고 겨울에는 거대한 얼음덩어리가 되는 불모의 행성이었을 것이다.

우리 우주에 작용하는 근본적인 힘의 세기나 물리법칙도 인간을 비롯한 생명의 탄생에 유리하도록 미세하게 조정되어 있다. 예를 들어 근본적인 힘인 강한 핵력이나 전기력의 크기가 현재 값에서 조금만 달랐다면, 별의 내부에서 탄소처럼 무거운 원소는 만들어질 수 없었고 행성도 만들어질 수 없었을 것이다. 최근 들어 물리학자들은 이들 힘을 지배하는 법칙이 현재와 다르다면 우주는 구체적으로 어떤 모습이 될지 컴퓨터 모형으로 계산했다. 그 결과를 보면 강한 핵력의 강도가 겨우 0.5% 다르거나 전기력의 강도가 겨우 4% 다를 경우에도 탄소나 산소는 우주에서 합성되지 않는다. 따라서 생명 탄생의 가능성도 사라진다. 결국, 강한 핵력이나 전기력을 지배하는 법칙들을 조금이라도 건드리면 우리가 존재할 가능성은 사라지는 것이다.

결론적으로 지구 주위 환경뿐만 아니라 보편적 자연법칙까지도 인류와 같은 생명이 진화해 살아가기에 알맞은 범위 안에 제한되어 있다고 할 수 있다. 만일 그러한 제한이 없었다면 태양계나 지구가 탄생할 수 없었을 뿐만 아니라 생명 또한 진화할 수 없었을 것이다. 우리가 아는 행성이나 생명이 탄생할 가능성을 열어두면서 물리법칙을 변경할 수 있는 폭은 매우 좁다.

① 탄소가 없는 상황에서도 생명은 자연적으로 진화할 수 있다.
② 중력법칙이 현재와 조금만 달라도 지구에 생명체가 존재할 수 없다.
③ 원자핵의 질량이 현재보다 조금 더 크다면 우리 몸을 이루는 원소는 합성되지 않는다.
④ 핵력의 강도가 현재와 약간만 달라도 별의 내부에서 무거운 원소가 거의 전부 사라진다.
⑤ 별 주위의 '골디락스 존'에 행성이 위치할 확률은 매우 낮지만, 지구는 그 영역에 위치한다.

09 다음 글에서 추론할 수 있는 내용으로 가장 적절한 것은?

조선이 임진왜란 중에도 필사적으로 보존하고자 한 서적이 바로 조선왕조실록이다. 실록은 원래 서울의 춘추관과 성주·충주·전주 4곳의 사고(史庫)에 보관되었으나, 임진왜란 이후 전주 사고의 실록만 온전한 상태였다. 전란이 끝난 후 단 1벌 남은 실록을 다시 여러 벌 등서하자는 주장이 제기되었다. 우여곡절 끝에 실록 인쇄가 끝난 것은 1606년이었다. 재인쇄 작업의 결과 원본을 포함해 모두 5벌의 실록을 갖추게 되었다. 원본은 강화도 마니산에 봉안하고 나머지 4벌은 서울의 춘추관과 평안도 묘향산, 강원도의 태백산과 오대산에 봉안했다.

이 5벌 중에서 서울 춘추관의 것은 1624년 이괄의 난 때 불에 타 없어졌고, 묘향산의 것은 1633년 후금과의 관계가 악화되자 전라도 무주의 적상산에 사고를 새로 지어 옮겼다. 강화도 마니산의 것은 1636년 병자호란 때 청군에 의해 일부 훼손되었던 것을 현종 때 보수하여 숙종 때 강화도 정족산에 다시 봉안했다. 결국 내란과 외적 침입으로 인해 5곳 가운데 1곳의 실록은 소실되었고, 1곳의 실록은 장소를 옮겼으며, 1곳의 실록은 손상을 입었던 것이다.

정족산, 태백산, 적상산, 오대산 4곳의 실록은 그 후 안전하게 지켜졌다. 그러나 일본이 다시 여기에 손을 대었다. 1910년 조선 강점 이후 일제는 정족산과 태백산에 있던 실록을 조선총독부로 이관하고 적상산의 실록은 구황궁 장서각으로 옮겼으며 오대산의 실록은 일본 동경제국대학으로 반출했다. 일본으로 반출한 것은 1923년 관동대지진 때 거의 소실되었다. 정족산과 태백산의 실록은 1930년에 경성제국대학으로 옮겨져 지금까지 서울대학교에 보존되어 있다. 한편, 장서각의 실록은 6·25전쟁 때 북한으로 옮겨져 현재 김일성종합대학에 소장되어 있다.

① 재인쇄하였던 실록은 모두 5벌이다.
② 태백산에 보관하였던 실록은 현재 일본에 있다.
③ 현재 한반도에 남아 있는 실록은 모두 4벌이다.
④ 적상산에 보관하였던 실록은 일부가 훼손되었다.
⑤ 현존하는 가장 오래된 실록은 서울대학교에 있다.

10 다음 글의 내용으로 적절하지 않은 것은?

생물 농약이란 농작물에 피해를 주는 병이나 해충, 잡초를 제거하기 위해 자연에 있는 생물로 만든 천연 농약을 뜻한다. 생물 농약을 개발한 것은 흙 속에 사는 병원균으로부터 식물을 보호할 목적이었다. 뿌리를 공격하는 병원균은 땅속에 살고 있으므로 병원균을 제거하기에 어려움이 있었다. 게다가 화학 농약의 경우 그 성분이 토양에 달라붙어 제 기능을 발휘하지 못했기 때문에, 식물 성장을 돕고 항균 작용을 할 수 있는 미생물에 주목하기 시작한 것이다.

식물 성장을 돕고 항균 작용을 하는 미생물집단을 '근권미생물'이라 하는데, 여러 종류의 근권미생물 중 농약으로 쓰기에 가장 좋은 것은 뿌리에 잘 달라붙는 것들이다.

근권미생물의 입장에서 뿌리 주변은 사막의 오아시스와 비슷한 조건이다. 뿌리 주변은 뿌리에서 공급되는 양분과 안락한 서식 환경을 제공받지만, 뿌리 주변에서 멀리 떨어진 곳은 황량한 지역이어서 먹을 것을 찾기가 어렵기 때문이다. 따라서 뿌리 주변에서는 좋은 위치를 선점하기 위해 미생물 간에 치열한 싸움이 벌어진다. 얼마나 뿌리에 잘 정착하느냐가 생물 농약으로 사용되는 미생물을 결정하는 데 중요한 기준이 되는 셈이다.

생물 농약으로 쓰이는 미생물은 식물 성장을 돕는 성질을 포함한다. 미생물이 만든 항균 물질은 농작물의 뿌리에 침입하려는 곰팡이나 병원균의 성장을 억제하거나 죽게 한다. 그리고 병원균이나 곤충, 선충에 기생하는 종들을 사용한 생물 농약은 유해 병원균이나 해충을 직접 공격하기도 한다. 예를 들자면, 흰가루병은 채소 대부분에 생겨나는 곰팡이 때문에 발생하는데, 흰가루병을 일으키는 곰팡이의 영양분을 흡수해 죽이는 천적 곰팡이(암펠로마이세스 퀴스퀄리스)를 이용한 생물 농약이 만들어졌다.

① 화학 농약은 화학 성분이 토양에 달라붙어 제 기능을 발휘하지 못한다.
② 생물 농약으로 쓰이는 미생물들은 유해 병원균이나 해충을 직접 공격하지는 못한다.
③ '근권미생물'이란 식물의 성장에 도움을 주는 미생물이다.
④ 뿌리에 얼마만큼 정착하는지의 여부가 미생물의 생물 농약 사용 기준이 된다.
⑤ 다른 곰팡이를 죽이는 곰팡이가 존재한다.

11 S씨는 뒷산에 등산하러 갔다. 오르막길은 1.5km/h로 이동하였고, 내리막길은 4km/h로 이동하였다. 산을 올라가 정상에서 쉬고, 내려오는 데 총 6시간 30분이 걸렸고, 정상에서 30분 동안 휴식을 하였다. 오르막길과 내리막길을 합쳐서 총 14km일 때, 오르막길의 거리는?

① 2km   ② 4km

③ 6km   ④ 8km

⑤ 10km

12 세화와 성현이는 24km 떨어진 두 지점에서 동시에 출발하여 마주보고 걷다가 만났다. 세화는 시속 5km, 성현이는 시속 3km로 걸었다고 할 때, 세화가 걸은 거리는 얼마인가?

① 15km   ② 15.5km

③ 16.2km   ④ 17km

⑤ 17.5km

13 K중학교의 2학년 1 ~ 8반 학생들은 토너먼트 방식으로 축구 시합을 하려고 한다. 1반의 대진 위치가 다음과 같고, 각 반이 시합에서 이길 확률은 $\frac{1}{2}$ 이라고 할 때, 1반과 2반이 축구 시합을 할 확률은?

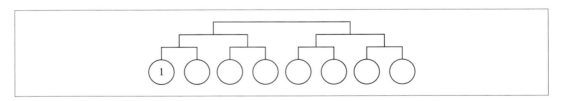

① $\frac{5}{7}$ ② $\frac{13}{28}$

③ $\frac{5}{14}$ ④ $\frac{2}{7}$

⑤ $\frac{1}{4}$

14 다음은 K기업의 정수기 판매량에 따른 평균 수입과 평균 비용을 나타낸 자료이다. 현재 4개를 판매하고 있는 K기업의 이윤을 극대화하기 위한 판단으로 옳은 것은?

판매량(개)	1	2	3	4	5	6
평균 수입(만 원)	6	6	6	6	6	6
평균 비용(만 원)	6	4	4	5	6	7

※ (평균 수입)=$\dfrac{(총수입)}{(판매량)}$, (평균 비용)=$\dfrac{(총비용)}{(판매량)}$, (이윤)=(총수입)−(총비용)

① 이윤은 판매량이 1개 또는 5개일 때 극대화된다.
② 평균 수입이 평균 비용보다 높으므로 판매량을 늘려야 한다.
③ 평균 수입이 평균 비용보다 낮으므로 판매량을 줄여야 한다.
④ 판매량을 3개로 줄일 경우 이윤이 증가하므로 판매량을 3개로 줄여야 한다.
⑤ 판매량이 현재와 같이 유지될 때 이윤이 가장 크다.

15 다음은 4종목의 스포츠 경기에 대한 경기 수를 나타낸 자료이다. 이에 대한 설명으로 옳지 않은 것은?

〈국내 연도별 스포츠 경기 수〉

(단위 : 회)

구분	2020년	2021년	2022년	2023년	2024년
농구	413	403	403	403	410
야구	432	442	425	433	432
배구	226	226	227	230	230
축구	228	230	231	233	233

① 농구의 경기 수는 2021년 전년 대비 감소율이 2024년 전년 대비 증가율보다 높다.
② 2020년 농구와 배구 경기 수 차이는 야구와 축구 경기 수 차이의 90% 이상이다.
③ 2020년부터 2024년까지 야구 평균 경기 수는 축구 평균 경기 수의 2배 이하이다.
④ 2021년부터 2023년까지 경기 수가 증가하는 스포츠는 1종목이다.
⑤ 2024년 경기 수가 5년 동안의 종목별 평균 경기 수보다 적은 스포츠는 1종목이다.

16 다음은 2020년부터 2024년 2분기까지 OECD 회원 6개국의 고용률을 조사한 자료이다. 이에 대한 설명으로 옳지 않은 것은?

〈OECD 회원 6개국의 고용률 추이〉

(단위 : %)

구분	2020년	2021년	2022년	2023년				2024년	
				1분기	2분기	3분기	4분기	1분기	2분기
OECD 전체	64.9	65.1	66.2	66.8	66.1	66.3	66.5	66.8	66.9
미국	67.1	67.4	68.7	68.5	68.7	68.7	68.9	69.3	69.2
일본	70.6	71.7	73.3	73.1	73.2	73.4	73.7	74.1	74.2
영국	70.0	70.5	72.7	72.5	72.5	72.7	73.2	73.3	73.6
독일	73.0	73.5	74.0	74.0	73.8	74.0	74.2	74.4	74.5
프랑스	64.0	64.1	63.8	63.8	63.8	63.8	64.0	64.2	64.2
한국	64.2	64.4	65.7	65.7	65.6	65.8	65.9	65.9	65.9

① 2020년부터 2024년 2분기까지 프랑스와 한국의 고용률은 OECD 전체 고용률을 넘은 적이 한 번도 없었다.
② 2020년부터 영국의 고용률은 계속 증가하고 있다.
③ 2024년 1분기 6개 국가의 고용률 중 가장 높은 국가와 가장 낮은 국가의 고용률 차이는 10.2%p이다.
④ 2024년 1분기와 2분기에서 2개 국가는 고용률이 변하지 않았다.
⑤ 2024년 2분기 OECD 전체 고용률은 작년 동기 대비 약 1.21% 증가하였으며, 직전 분기 대비 약 0.15% 증가하였다.

17 다음 자료는 A ~ D사의 남녀 직원 비율을 나타낸 것이다. 이에 대한 설명으로 옳지 않은 것은?

〈회사별 남녀 직원 비율〉

(단위 : %)

구분	A사	B사	C사	D사
남	54	48	42	40
여	46	52	58	60

① A사의 남직원이 B사의 여직원보다 많다.
② B, C, D사의 여직원 수의 합은 남직원 수의 합보다 크다.
③ 여직원 대비 남직원 비율이 가장 높은 회사는 A이며, 가장 낮은 회사는 D이다.
④ A, B, C사의 전체 직원 수가 같다면 A, C사 여직원 수의 합은 B사 여직원 수의 2배이다.
⑤ A, B사의 전체 직원 중 남직원이 차지하는 비율이 52%라면 A사의 전체 직원 수는 B사 전체 직원 수의 2배이다.

18 다음은 우리나라 1차 에너지 소비량 현황 자료이다. 이에 대한 설명으로 옳은 것은?

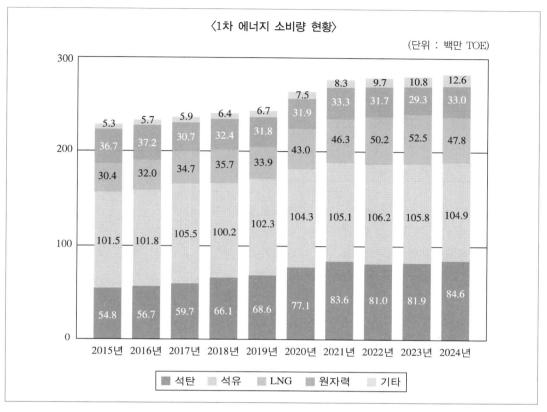

〈1차 에너지 소비량 현황〉

(단위 : 백만 TOE)

① 매년 석유 소비량이 나머지 에너지 소비량의 합보다 많다.
② 석탄 소비량은 완만한 하락세를 보이고 있다.
③ 기타 에너지 소비량이 지속적으로 감소하는 추세이다.
④ 2016 ~ 2020년 원자력 소비량은 증감을 반복하고 있다.
⑤ 2016 ~ 2020년 LNG 소비량의 증가 추세는 그 정도가 심화되었다.

19 다음은 자동차 생산 · 내수 · 수출 현황에 대한 자료이다. 이에 대한 설명으로 옳지 않은 것은?

〈자동차 생산 · 내수 · 수출 현황〉

(단위 : 대, %)

구분		2020년	2021년	2022년	2023년	2024년
생산	차량 대수	4,086,308	3,826,682	3,512,926	4,271,741	4,657,094
	증감률	(6.4)	(▽6.4)	(▽8.2)	(21.6)	(9.0)
내수	차량 대수	1,219,335	1,154,483	1,394,000	1,465,426	1,474,637
	증감률	(4.7)	(▽5.3)	(20.7)	(5.1)	(0.6)
수출	차량 대수	2,847,138	2,683,965	2,148,862	2,772,107	3,151,708
	증감률	(7.5)	(▽5.7)	(▽19.9)	(29.0)	(13.7)

① 2020년에는 전년 대비 생산, 내수, 수출이 모두 증가했다.
② 내수가 가장 큰 폭으로 증가한 해에는 생산과 수출이 모두 감소했다.
③ 수출이 증가했던 해는 생산과 내수 모두 증가했다.
④ 내수는 증가했지만 생산과 수출이 모두 감소한 해도 있다.
⑤ 생산이 증가했지만 내수나 수출이 감소한 해가 있다.

20 다음은 K회사의 구성원을 대상으로 한 2024년 전 · 후로 가장 선호하는 언론매체에 대한 설문조사 결과 자료이다. 이에 대한 설명으로 옳은 것은?

〈2024년 전 · 후로 선호하는 언론매체별 K회사의 구성원 수〉

(단위 : 명)

2024년 이전 \ 2024년 이후	TV	인터넷	라디오	신문
TV	40	55	15	10
인터넷	50	30	10	10
라디오	40	40	15	15
신문	35	20	20	15

① 2024년 이후에 인터넷을 선호하는 구성원 모두 2024년 이전에도 인터넷을 선호했다.
② 2024년 전 · 후로 가장 인기 없는 매체는 라디오이다.
③ 2024년 이후에 가장 선호하는 언론매체는 인터넷이다.
④ 2024년 이후에 가장 선호하는 언론매체를 신문에서 인터넷으로 바꾼 구성원은 20명이다.
⑤ TV에서 라디오를 선호하게 된 구성원 수는 인터넷에서 라디오를 선호하게 된 구성원 수와 같다.

21 B는 금융상품에 가입하고자 한다. 〈조건〉의 명제가 모두 참일 때, 다음 중 반드시 거짓인 것은?

> **조건**
> • B는 햇살론, 출발적금, 희망예금, 미소펀드, 대박적금 중 세 개의 금융상품에 가입한다.
> • 햇살론에 가입하면, 출발적금에는 가입하지 않으며, 미소펀드에도 가입하지 않는다.
> • 대박적금에 가입하지 않으면, 햇살론에 가입한다.
> • 미소펀드에 반드시 가입한다.
> • 미소펀드에 가입하거나 출발적금에 가입하면, 희망예금에 가입한다.

① 희망예금에 가입한다.
② 대박적금에 가입한다.
③ 미소펀드와 햇살론 중 하나의 금융상품에만 가입한다.
④ 출발적금에 가입한다.
⑤ 햇살론에는 가입하지 않는다.

22 K공사의 P지부는 공휴일 세미나 진행을 위해 인근의 가게 A ~ F에서 필요한 물품을 구매하고자 한다. 세미나 장소 인근의 가게들에 대한 정보가 다음 〈조건〉과 같을 때, 공휴일에 영업하는 가게의 수는?

> **조건**
> • C는 공휴일에 영업하지 않는다.
> • B가 공휴일에 영업하지 않으면, C와 E는 공휴일에 영업한다.
> • E 또는 F가 영업하지 않는 날이면, D는 영업한다.
> • B가 공휴일에 영업하면, A와 E는 공휴일에 영업하지 않는다.
> • B와 F 중 한 곳만 공휴일에 영업한다.

① 2곳   ② 3곳
③ 4곳   ④ 5곳
⑤ 6곳

23 다음 자료와 〈조건〉을 바탕으로 철수, 영희, 민수, 철호가 상품을 구입한 쇼핑몰을 순서대로 바르게 나열한 것은?

<table>
<tr><td colspan="5" align="center">〈이용약관의 주요 내용〉</td></tr>
<tr><td>쇼핑몰</td><td>주문 취소</td><td>환불</td><td>배송비</td><td>포인트 적립</td></tr>
<tr><td>A</td><td>주문 후 7일 이내
취소 가능</td><td>10% 환불수수료, 송금수수료 차감</td><td>무료</td><td>구입 금액의 3%</td></tr>
<tr><td>B</td><td>주문 후 10일 이내
취소 가능</td><td>환불수수료, 송금수수료 차감</td><td>20만 원 이상
무료</td><td>구입 금액의 5%</td></tr>
<tr><td>C</td><td>주문 후 7일 이내
취소 가능</td><td>환불수수료, 송금수수료 차감</td><td>1회 이용 시
1만 원</td><td>없음</td></tr>
<tr><td>D</td><td>주문 후 당일에만
취소 가능</td><td>환불수수료, 송금수수료 차감</td><td>5만 원 이상 무료</td><td>없음</td></tr>
<tr><td>E</td><td>취소 불가능</td><td>고객 귀책 사유에 의한 환불 시에만
10% 환불수수료</td><td>1만 원 이상 무료</td><td>구입 금액의 10%</td></tr>
<tr><td>F</td><td>취소 불가능</td><td>원칙적으로 환불 불가능
(사업자 귀책 사유일 때만 환불 가능)</td><td>100g당 2,500원</td><td>없음</td></tr>
</table>

조건

- 철수는 부모님의 선물로 등산 용품을 구입하였는데, 판매자의 업무 착오로 배송이 지연되어 판매자에게 전화로 환불을 요구하였다. 판매자는 판매금액 그대로를 통장에 입금해 주었고 구입 시 발생한 포인트도 유지하여 주었다.
- 영희는 옷을 구매할 때 배송비를 고려하여 한 가지씩 여러 번에 나누어 구매하기보다는 가능한 한 한꺼번에 주문하곤 하였다.
- 인터넷 사이트에서 영화티켓을 20,000원에 구매한 민수는 다음날 같은 티켓을 18,000원에 파는 사이트를 발견하고 전날 구매한 티켓을 취소하려 했지만 취소가 되지 않아 곤란을 겪은 적이 있다.
- 가방을 10만 원에 구매한 철호는 도착한 물건의 디자인이 마음에 들지 않아 환불 및 송금수수료와 배송비를 감수하는 손해를 보면서도 환불할 수밖에 없었다.

	철수	영희	민수	철호
①	E	B	C	D
②	F	E	D	B
③	E	D	F	C
④	F	C	E	B
⑤	E	C	B	D

24 다음은 K공사의 차종별 보행자 사고모형 개발에 대한 SWOT 분석 결과이다. 이를 바탕으로 경영 전략을 세웠을 때, 적절하지 않은 것은?

〈차종별 보행자 사고모형 개발에 대한 SWOT 분석 결과〉	
강점(Strength)	약점(Weakness)
10년 이상 지속적인 교육과 연구로 신기술 개발을 위한 인프라 구축	보행자 사고모형 개발을 위한 예산 및 실차 실험을 위한 연구소 부재
기회(Opportunity)	위협(Threat)
첨단 과학장비(3D스캐너, MADYMO) 도입으로 정밀 시뮬레이션 분석 가능	교통사고에 대한 국민의 관심과 분석수준 향상으로 공단의 사고분석 질적 제고 필요

① WT전략 : 신기술 개발을 위한 연구대회를 개최해 인프라를 더욱 탄탄히 구축한다.
② WT전략 : 보행자 사고 실험을 위한 연구소를 만들어 사고 분석 데이터를 축적한다.
③ WO전략 : 실차 실험 대신 과학장비를 통한 시뮬레이션 연구로 모형을 개발한다.
④ SO전략 : 과학장비를 통한 정밀 시뮬레이션 분석을 토대로 국내 차량의 전면부 형상을 취득하고 보행자 사고를 분석해 신기술 개발에 도움을 준다.
⑤ ST전략 : 지속적 교육과 연구로 쌓아온 데이터를 바탕으로 사고분석 프로그램 신기술 개발을 통해 사고 분석 질적 향상에 기여한다.

25 어느 호텔 라운지에 둔 화분이 투숙자 중 1명에 의해 깨진 사건이 발생했다. 이 호텔에는 갑, 을, 병, 정, 무 5명의 투숙자가 있었으며, 각 투숙자는 다음과 같이 진술하였다. 5명의 투숙자 중 4명은 진실을 말하고 1명이 거짓말을 하고 있다면, 거짓말을 하고 있는 사람은 누구인가?

갑 : '을'은 화분을 깨뜨리지 않았다.
을 : 화분을 깨뜨린 사람은 '정'이다.
병 : 내가 깨뜨렸다.
정 : '을'의 말은 거짓말이다.
무 : 나는 깨뜨리지 않았다.

① 갑   ② 을
③ 병   ④ 정
⑤ 무

26 다음은 자동차 등록번호 부여방법과 K사 직원들의 자동차 등록번호이다. 이를 참고할 때, 〈보기〉 중 자동차 등록번호가 잘못 부여된 것은 모두 몇 개인가?(단, K사 직원들의 자동차는 모두 비사업용 승용차이다)

〈자동차 등록번호 부여방법〉

- 차량종류 – 차량용도 – 일련번호 순으로 부여한다.
- 차량종류별 등록번호

승용차	승합차	화물차	특수차	긴급차
100 ~ 699	700 ~ 799	800 ~ 979	980 ~ 997	998 ~ 999

- 차량용도별 등록번호

구분	문자열
비사업용 (32개)	가, 나, 다, 라, 마 거, 너, 더, 러, 머, 버, 서, 어, 저 고, 노, 도, 로, 모, 보, 소, 오, 조 구, 누, 두, 루, 무, 부, 수, 우, 주
운수사업용	바, 사, 아, 자
택배사업용	배
렌터카	하, 허, 호

- 일련번호
  1000 ~ 9999 숫자 중 임의 발급

보기

- 680 더 3412
- 521 버 2124
- 431 사 3019
- 531 서 9898
- 501 라 4395
- 421 저 2031
- 241 가 0291
- 670 로 3502
- 702 나 2838
- 431 구 3050
- 600 루 1920
- 912 라 2034
- 321 우 3841
- 214 하 1800
- 450 무 8402
- 531 고 7123

① 3개
② 4개
③ 5개
④ 6개
⑤ 7개

27 다음 〈조건〉을 바탕으로 했을 때, 5층에 있는 부서로 옳은 것은?(단, 한 층에 한 부서씩 있다)

조건
- 기획조정실의 층수에서 경영지원실의 층수를 빼면 3이다.
- 보험급여실은 경영지원실 바로 위층에 있다.
- 급여관리실은 빅데이터운영실보다는 아래층에 있다.
- 빅데이터운영실과 보험급여실 사이에는 두 층이 있다.
- 경영지원실은 가장 아래층이다.

① 빅데이터운영실   ② 보험급여실
③ 경영지원실   ④ 기획조정실
⑤ 급여관리실

28 다음 중 비판적 사고에 대해 잘못 설명하고 있는 것을 〈보기〉에서 모두 고르면?

보기
A : 비판적 사고의 목적은 주장의 단점을 명확히 파악하는 것이다.
B : 맹목적이고 무원칙적인 사고는 비판적 사고라 할 수 없다.
C : 비판적 사고를 하기 위해서는 감정을 철저히 배제한 중립적 입장에서 주장을 파악해야 한다.
D : 비판적 사고는 타고난 것이므로 학습을 통한 배움에는 한계가 있다.
E : 비판적 사고는 어떤 주장에 대해 적극적으로 분석하는 것이다.

① A, C   ② A, D
③ B, D   ④ C, E
⑤ D, E

※ 다음 글을 읽고 이어지는 질문에 답하시오. [29~30]

당면한 문제를 해결하기 위해 개인이 가지고 있는 경험과 지식을 가치 있는 새로운 아이디어로 결합함으로써 참신한 아이디어를 산출하는 능력을 창의적 사고라고 한다.

이때, 창의적 사고를 기를 수 있는 방법 중 어떤 생각에서 다른 생각을 계속해서 떠올리는 작용을 통해 어떤 주제에서 생각나는 것을 계속해서 열거해 나가는 발산적 사고 방법을 _____이라고 한다.

29 다음 중 윗글의 빈칸에 들어갈 말로 가장 적절한 것은?

① 강제연상법   ② 비교발상법
③ 자유연상법   ④ 강제결합법
⑤ 자유발상법

30 다음 중 브레인스토밍의 진행 순서에 대한 설명으로 가장 적절한 것은?

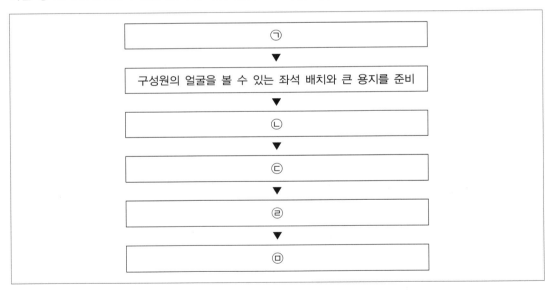

① ㉠ : 구성원들의 다양한 의견을 도출할 수 있는 리더 선출
② ㉡ : 주제를 구체적이고 명확하게 선정
③ ㉢ : 다양한 분야의 5 ~ 8명 정도의 사람으로 구성원 구성
④ ㉣ : 제시된 아이디어 비판 및 실현 가능한 아이디어 평가
⑤ ㉤ : 구성원들의 자유로운 발언 및 발언 내용 기록 후 구조화

31 K회사에 근무하는 A씨는 사정이 생겨 다니던 회사를 그만두게 되었다. A씨의 근무기간 및 기본급 등의 기본정보가 다음과 같다면, A씨가 퇴직 시 받게 되는 퇴직금의 세전금액은 얼마인가?(단, A씨의 퇴직일 이전 3개월간 기타수당은 720,000원이며, 퇴직일 이전 3개월간 총일수는 80일이다)

- 입사일자 : 2022년 9월 1일
- 퇴사일자 : 2024년 9월 4일
- 재직일수 : 730일
- 월 기본급 : 2,000,000원
- 월 기타수당 : 월별 상이
- 퇴직 전 3개월 임금총액 계산(세전금액)

퇴직 이전 3개월간 총일수	기본급(3개월분)	기타수당(3개월분)
80일	6,000,000원	720,000원

- (퇴직금)=(1일 평균임금)×(30일)×[(재직일수)÷365]
- (1일 평균임금)=[퇴직일 이전 3개월간 지급받은 임금총액(기본급+기타수당)]÷(퇴직일 이전 3개월간 총일수)

① 5,020,000원
② 5,030,000원
③ 5,040,000원
④ 5,050,000원
⑤ 5,060,000원

32 다음은 총무업무를 담당하는 A대리의 통화내역이다. 국내통화가 1분당 15원, 국제통화가 1분당 40원이라면 A대리가 사용한 통화요금은 총 얼마인가?

일시	통화내용	시간
11/5(화) 10:00	신규직원 명함 제작 관련 인쇄소 통화	10분
11/6(수) 14:00	임직원 진급선물 선정 관련 거래업체 통화	30분
11/7(목) 09:00	예산편성 관련 해외 출장소 현지 담당자 통화	60분
11/8(금) 15:00	본사 청소용역 관리 관련 제휴업체 통화	30분

① 1,550원
② 1,800원
③ 2,650원
④ 3,450원
⑤ 3,550원

33 K회사에 재직 중인 B대리는 9월에 결혼을 앞두고 있다. 다음 〈조건〉을 참고할 때, B대리의 결혼날짜로 가능한 날은?

> **조건**
> • 9월은 1일부터 30일까지이며, 9월 1일은 금요일이다.
> • 9월 30일부터 추석연휴가 시작되고 추석연휴 이틀 전에는 B대리가 주관하는 회의가 있다.
> • B대리는 결혼식을 한 다음 날 8박 9일간 신혼여행을 간다.
> • 회사에서 신혼여행으로 주는 휴가는 5일이다.
> • B대리는 신혼여행과 겹치지 않도록 수요일 3주 연속 치과 진료가 예약되어 있다.
> • 신혼여행에서 돌아오는 날 부모님 댁에서 하루 자고, 그 다음날 출근할 예정이다.

① 1일   ② 2일
③ 22일   ④ 23일
⑤ 29일

34 다음은 어느 회사의 승진대상과 승진 규정이다. 이를 참고할 때, 2025년 4월에 직급이 대리인 사람은?

〈승진 규정〉

• 2024년까지 근속연수가 3년 이상인 자를 대상으로 한다.
• 출산 휴가 및 병가 기간은 근속 연수에서 제외한다.
• 인사평가 점수가 80점 이상인 자를 대상으로 한다.
• 인사평가 점수는 2024년 업무평가 점수에서 벌점을 차감한 점수이다.
• 벌점은 결근 1회당 −10점, 지각 1회당 −5점이다.
• 승진을 비롯한 정기인사는 매년 1월 시행한다.

〈승진후보자 정보〉

구분	근무기간	2024년 업무평가(점)	근태현황(회)		기타
			지각	결근	
A사원	1년 4개월	79	1	−	−
B주임	3년 1개월	86	−	1	출산휴가 35일
C대리	7년 1개월	89	1	1	병가 10일
D과장	10년 3개월	82	−	−	−
E차장	12년 7개월	81	2	−	−

① A   ② B
③ C   ④ D
⑤ E

35 의복 제조업체 사장인 A씨는 2024년 산재보험료를 3월 말까지 납부하였으며 2025년이 되면서 확정보험료를 신고하기 위해 준비 중이다. 다음 산재보험료 계산방법 및 상황을 참고했을 때, A씨가 실제 납부한 개산보험료와 확정보험료의 차액은 얼마인가?

〈산재보험료 계산방법〉

보험가입자는 보험연도마다 1년간의 개산보험료를 계산하여 그 금액을 3월말까지 공단에 신고·납부하여야 한다. 개산보험료는 '(1년간 지급될 임금총액추정액)×(해당사업보험료율)'로 계산하며 해당사업보험료율은 고용노동부장관이 매년 결정·고시한다.

개산보험료는 분할납부(분기별 최대 4번)할 수 있다. 분할납부할 수 있는 보험료를 납부기한 내에 전액을 납부하면 5%의 금액이 공제된다. 사업주가 개산보험료를 납부한 후 다음 해에 확정보험료를 공단에 신고하면 반환, 추가납부 등 정산을 하게 된다.

확정보험료는 '(1년간 지급된 실제 임금 총액)×(해당사업보험료율)'로 계산한다. 산재보험가입대상사업주가 가입신고를 하지 않거나 보험료의 신고·납부를 지연하면 보험료를 소급징수하고 가산금(확정보험료의 10%)과 체납된 금액의 1,000분의 12에 해당하는 금액을 추가로 징수한다.

〈상황〉

• A씨의 사업장에는 직원 4명이 근무하고 있다.
• 개산보험료 계산 시 A씨는 1인당 250만 원의 임금 지급을 가정하였다.
• A씨는 납부기한 내에 모든 보험료를 분할납부하였다.
• A씨 직종의 보험료율은 1.36%이다.
• 실제 직원들의 월급은 다음과 같았다.

갑	을	병	정
200만 원	190만 원	260만 원	250만 원

① 79,450원

② 80,300원

③ 81,600원

④ 83,420원

⑤ 85,560원

36 모스크바 지사에서 일하고 있는 A대리는 밴쿠버 지사와의 업무협조를 위해 4월 22일 오전 10시 15분에 밴쿠버 지사로 업무협조 메일을 보냈다. 다음 〈조건〉을 토대로 밴쿠버 지사에서 가장 빨리 메일을 읽었을 때, 모스크바의 시각은?

> **조건**
> • 밴쿠버는 모스크바보다 10시간이 늦다.
> • 밴쿠버 지사의 업무시간은 오전 10시부터 오후 6시까지이다.
> • 밴쿠버 지사에서는 4월 22일 오전 10시부터 15분간 전력 점검이 있었다.

① 4월 22일 오전 10시 15분
② 4월 23일 오전 10시 15분
③ 4월 22일 오후 8시 15분
④ 4월 23일 오후 8시 15분
⑤ 4월 23일 오후 10시 15분

37 K공사 인재개발원에 근무하고 있는 A대리는 〈조건〉에 따라 신입사원 교육을 위한 스크린을 구매하려고 한다. 다음 중 가장 적절한 제품은 무엇인가?

> **조건**
> • 조명도는 5,000lx 이상이어야 한다.
> • 예산은 150만 원이다.
> • 제품에 이상이 생겼을 때 A/S가 신속해야 한다.
> • 위 조건을 모두 충족할 시 가격이 저렴한 제품을 가장 우선으로 선정한다.
> ※ lux(럭스) : 조명이 밝은 정도를 말하는 조명도에 대한 실용단위로, 기호는 lx임

	제품	가격(만 원)	조명도(lx)	특이사항
①	A	180	8,000	2년 무상 A/S 가능
②	B	120	6,000	해외 직구(해외 A/S)
③	C	100	3,500	미사용 전시 제품
④	D	150	5,000	미사용 전시 제품
⑤	E	130	7,000	2년 무상 A/S 가능

38 K조선소는 6척의 선박 건조를 수주하였다. 오늘을 포함하여 30일 이내에 모든 선박을 건조하여야 하나, 인력 부족으로 기간 내에 완료하지 못할 것으로 판단하였다. 완료하지 못할 선박은 다른 조선소에 하청을 줄 예정이다. K조선소의 하루 최대투입가능 근로자 수가 100명이라고 할 때, K조선소가 벌어들일 수 있는 최대 수익은?

선박	소요기간	1일 필요 근로자 수	수익
A	5일	20명	15억 원
B	10일	30명	20억 원
C	10일	50명	40억 원
D	15일	40명	35억 원
E	15일	60명	45억 원
F	20일	70명	85억 원

※ 1일 필요 근로자 수 이상의 근로자가 투입되더라도 선박당 건조 소요기간은 변하지 않음
※ 각 근로자는 자신이 투입된 선박의 건조가 끝나야만 다른 선박의 건조에 투입될 수 있음
※ 필요 근로자 수가 100% 충원되지 않는 경우 작업을 진행할 수가 없음

① 135억 원   ② 140억 원
③ 155억 원   ④ 160억 원
⑤ 165억 원

39 S회사는 7월 중에 신입사원 면접을 계획하고 있다. 면접에는 마케팅팀과 인사팀 차장, 인사팀 부장과 과장, 총무팀 주임이 한 명씩 참여한다. S회사에서는 6 ~ 7월에 계획된 여름 휴가를 팀별로 나누어 간다고 할 때, 다음 중 면접이 가능한 날짜는?

휴가 규정	팀별 휴가 시작일
• 차장급 이상 : 4박 5일 • 대리 ~ 과장 : 3박 4일 • 사원 ~ 주임 : 2박 3일	• 마케팅팀 : 6월 29일 • 인사팀 : 7월 6일 • 총무팀 : 7월 1일

① 7월 1일   ② 7월 3일
③ 7월 5일   ④ 7월 7일
⑤ 7월 8일

40 다음은 K기업의 여비규정에 대한 자료이다. 대구로 출장을 다녀온 B과장의 지출내역을 토대로 여비를 정산했을 때, B과장은 총 얼마를 받는가?

여비의 종류(제1조)

여비는 운임·숙박비·식비·일비 등으로 구분한다.

1. 운임 : 여행 목적지로 이동하기 위해 교통수단을 이용함에 있어 소요되는 비용을 충당하기 위한 여비
2. 숙박비 : 여행 중 숙박에 소요되는 비용을 충당하기 위한 여비
3. 식비 : 여행 중 식사에 소요되는 비용을 충당하기 위한 여비
4. 일비 : 여행 중 출장지에서 소요되는 교통비 등 각종 비용을 충당하기 위한 여비

운임의 지급(제2조)

1. 운임은 철도운임·선박운임·항공운임으로 구분한다.
2. 국내운임은 국내 여비 지급표에 따라 지급한다.

일비·숙박비·식비의 지급(제3조)

1. 국내 여행자의 일비·숙박비·식비는 국내 여비 지급표에 따라 지급한다.
2. 일비는 여행일수에 따라 지급한다.
3. 숙박비는 숙박하는 밤의 수에 따라 지급한다. 다만, 출장 기간이 2일 이상인 경우의 지급액은 출장기간 전체의 총액 한도 내 실비로 계산한다.
4. 식비는 여행일수에 따라 지급한다.

〈국내 여비 지급표〉

철도운임	선박운임	항공운임	일비(1인당)	숙박비(1박당)	식비(1일당)
실비 (일반실)	실비 (2등급)	실비	20,000원	실비 (상한액 40,000원)	20,000원

〈B과장의 지출내역〉

(단위 : 원)

항목	1일 차	2일 차	3일 차	4일 차
KTX요금(일반실)	43,000	–	–	43,000
대구 시내 버스요금	5,000	4,000	–	2,000
대구 시내 택시요금	–	–	10,000	6,000
식비	15,000	45,000	35,000	15,000
숙박비	45,000	30,000	35,000	–

① 286,000원　　　　　　　　　　② 304,000원
③ 328,000원　　　　　　　　　　④ 356,000원
⑤ 366,000원

41 다음 중 함수식에 대한 결괏값으로 옳지 않은 것은?

	함수식	결괏값
①	=TRIM("1/4분기 수익")	1/4분기 수익
②	=SEARCH("세","세금 명세서",3)	5
③	=PROPER("republic Of korea")	REPUBLIC OF KOREA
④	=LOWER("Republic Of Korea")	republic of korea
⑤	=MOD(18,−4)	−2

42 왼쪽 워크시트 [A1:C8] 영역에 오른쪽과 같이 규칙의 조건부 서식을 적용하는 경우 지정된 서식이 적용되는 셀의 개수는?(단, 조건부 서식 규칙에서 규칙 유형 선택을 '고유 또는 중복 값만 서식 지정'으로 설정한다)

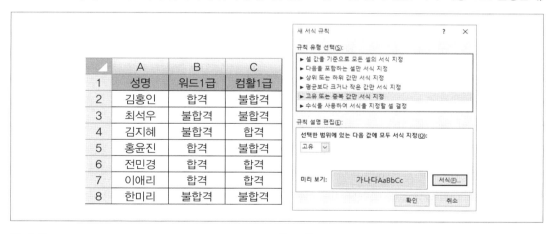

① 2개

② 7개

③ 10개

④ 12개

⑤ 24개

※ K공사에 근무 중인 S사원은 체육대회를 준비하고 있다. S사원은 체육대회에 사용될 물품 구입비를 다음과 같이 엑셀로 정리하였다. 이어지는 질문에 답하시오. **[43~44]**

	A	B	C	D	E
1	구분	물품	개수	단가(원)	비용(원)
2	의류	A팀 체육복	15	20,000	300,000
3	식품류	과자	40	1,000	40,000
4	식품류	이온음료수	50	2,000	100,000
5	의류	B팀 체육복	13	23,000	299,000
6	상품	수건	20	4,000	80,000
7	상품	USB	10	10,000	100,000
8	의류	C팀 체육복	14	18,000	252,000
9	식품류	김밥	30	3,000	90,000

43 S사원은 표에서 단가가 두 번째로 높은 물품의 금액을 알고자 한다. 다음 중 S사원이 입력해야 할 함수로 옳은 것은?

① =MAX(D2:D9,2) ② =MIN(D2:D9,2)
③ =MID(D2:D9,2) ④ =LARGE(D2:D9,2)
⑤ =INDEX(D2:D9,2)

44 S사원은 구입물품 중 의류의 총개수를 파악하고자 한다. 다음 중 S사원이 입력해야 할 함수로 옳은 것은?

① =SUMIF(A2:A9,A2,C2:C9)
② =COUNTIF(C2:C9,C2)
③ =VLOOKUP(A2,A2:A9,1,0)
④ =HLOOKUP(A2,A2:A9,1,0)
⑤ =AVERAGEIF(A2:A9,A2,C2:C9)

45 K사에 근무하는 A사원은 다음 시트에서 생년월일이 표시된 [B2:B5] 영역을 이용하여 [C2:C5] 영역에 다음과 같이 팀원들의 나이를 표시하였다. [C2] 셀에 입력된 수식으로 옳은 것은?(단, 태어날 때부터 1살이라고 가정해 매년 1월 1일에 나이를 먹는다)

◢	A	B	C
1	성명	생년월일	나이
2	김기수	19930627	33
3	최선하	19920712	34
4	이아름	19950328	31
5	강윤정	19960725	30

① $=2025-\text{LEFT(B2,4)}+1$
② $=2025-\text{LEFT(B2,4)}$
③ $=2025-\text{RIGHT(B2,4)}+1$
④ $=2025-\text{RIGHT(B2,4)}$
⑤ $=2025-\text{MID(B2,4,2)}+1$

46 다음 프로그램의 실행 결과로 옳은 것은?

```
public class test {
public static void main(String[] args) {
int i = 0;
int c = 0;

while (i<10) {
i++;
c*=i;
}
System.out.println(sum);
}
}
```

① 0
② 1
③ 3
④ 4
⑤ 8

47 K물산에 근무하는 B사원은 제품 판매 결과보고서를 작성할 때, 자주 사용하는 여러 개의 명령어를 묶어 하나의 키 입력 동작으로 만들어서 빠르게 완성하였다. 그리고 판매 결과를 여러 유통 업자에게 알리기 위해 같은 내용의 안내문을 미리 수집해 두었던 주소록을 활용하여 쉽게 작성하였다. 이러한 사례에서 사용한 워드프로세서(한글 2010)의 기능으로 옳은 것을 〈보기〉에서 모두 고르면?

> **보기**
>
> ㄱ. 매크로 ㄴ. 글맵시
> ㄷ. 메일 머지 ㄹ. 하이퍼링크

① ㄱ, ㄴ ② ㄱ, ㄷ
③ ㄴ, ㄷ ④ ㄴ, ㄹ
⑤ ㄷ, ㄹ

48 RFID 기술이 확산됨에 따라 K유통업체는 RFID를 물품관리시스템에 도입하여 긍정적인 효과를 얻고 있다. 다음 중 RFID에 대한 설명으로 적절하지 않은 것은?

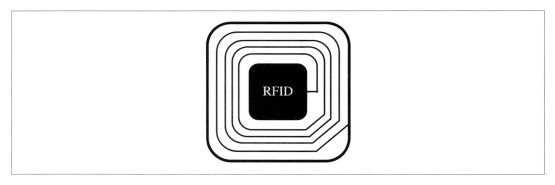

① 바코드와 달리 물체에 직접 접촉하지 않고도 데이터를 인식할 수 있다.
② 여러 개의 정보를 동시에 인식하거나 수정할 수 있다.
③ 바코드에 비해 많은 양의 데이터를 허용한다.
④ 데이터를 읽는 속도가 매우 빠르며, 데이터의 신뢰도 또한 높다.
⑤ 종류에 따라 반복적으로 데이터를 기록할 수 있지만 단기적으로만 이용할 수 있다.

49 직장인 K씨는 아침 회의에 프레젠테이션을 이용하여 발표를 진행하다가 키보드의 〈Home〉을 잘못 눌러 슬라이드 쇼 화면 상태에서 슬라이드가 처음으로 되돌아가 버렸다. 마지막에 진행했던 슬라이드부터 프레젠테이션을 실행하기 위해 〈ESC〉를 눌러 쇼 화면 상태에서 나간 후, [여러 슬라이드]에서 해당 슬라이드를 선택하여 프레젠테이션을 실행하려고 할 때, K씨가 눌러야 할 단축키로 가장 적절한 것은?

① 〈Ctrl〉+〈S〉   ② 〈Shift〉+〈F5〉

③ 〈Ctrl〉+〈P〉   ④ 〈Shift〉+〈F10〉

⑤ 〈Ctrl〉+〈M〉

50 다음은 데이터베이스에 대한 설명이다. 데이터베이스의 특징으로 적절하지 않은 것은?

> 데이터베이스란 대량의 자료를 관리하고 내용을 구조화하여 검색이나 자료 관리 작업을 효과적으로 실행하는 프로그램으로, 삽입, 삭제, 수정, 갱신 등을 통하여 항상 최신의 데이터를 유동적으로 유지할 수 있으며, 이와 같은 다량의 데이터는 사용자의 질의에 대한 신속한 응답 처리를 가능하게 한다. 또한 이러한 데이터를 여러 명의 사용자가 동시에 공유할 수 있고, 각 데이터를 참조할 때는 사용자가 요구하는 내용에 따라 참조가 가능함은 물론 응용프로그램과 데이터베이스를 독립시킴으로써 데이터를 변경시키더라도 응용프로그램은 변경되지 않는다.

① 실시간 접근성   ② 계속적인 진화

③ 동시 공유   ④ 내용에 의한 참조

⑤ 데이터 논리적 의존성

※ 다음은 K회사의 회의록이다. 이어지는 질문에 답하시오. [51~52]

〈회의록〉

회의일시	2025년 3월 7일	부서	생산팀, 연구팀, 마케팅팀	작성자	이○○
참석자	생산팀 팀장 · 차장, 연구팀 팀장 · 차장, 마케팅팀 팀장 · 차장				
회의안건	제품에서 악취가 난다는 고객 불만에 따른 원인 조사 및 대책방안				
회의내용	주문폭주로 인한 물량증가로 잉크가 덜 마른 포장상자를 사용해 냄새가 제품에 스며든 것으로 추측				
결정사항	[생산팀] 내부 비닐 포장, 외부 종이상자 포장이었던 기존방식에서 내부 2중 비닐 포장, 외부 종이상자 포장으로 교체 [마케팅팀] 1. 주문량이 급격히 증가했던 일주일 동안 생산된 제품 전격 회수 2. 제품을 공급한 매장에 사과문 발송 및 100% 환불 · 보상 공지 [연구팀] 포장 재질 및 인쇄된 잉크의 유해성분 조사				

51 다음 중 회의록을 통해 알 수 있는 내용으로 옳은 것은?

① 이 조직은 6명으로 이루어져 있다.

② 회의 참석자는 총 3명이다.

③ 연구팀에서 제품을 전격 회수해 포장 재질 및 인쇄된 잉크의 유해성분을 조사하기로 했다.

④ 주문량이 많아 잉크가 덜 마른 포장상자를 사용한 것이 문제 발생의 원인으로 추측된다.

⑤ 포장 재질 및 인쇄된 잉크 유해성분을 조사한 결과 인체에는 무해한 것으로 밝혀졌다.

52 회의록을 참고할 때, 회의 후 가장 먼저 해야 할 일로 옳은 것은?

① 해당 브랜드의 전 제품 회수

② 포장 재질 및 인쇄된 잉크 유해성분 조사

③ 새로 도입하는 포장방식 홍보

④ 주문량이 급격히 증가한 일주일 동안 생산된 제품 파악

⑤ 제품을 공급한 매장에 사과문 발송

53 A부장은 직원들의 업무 효율성이 많이 떨어졌다는 생각이 들어 각자의 의견을 들어 보고자 회의를 열었다. 회의에서 나온 다음 의견 중 옳지 않은 것은?

① B대리 : 요즘 업무 외적인 통화에 시간을 낭비하는 경우가 많은 것 같습니다. 확실한 목표업무량을 세우고 목표량 달성 후 퇴근을 하는 시스템을 운영하면 개인 활동으로 낭비되는 시간이 줄어 생산성이 높아지지 않을까요?

② C주임 : 여유로운 일정이 주원인이라고 생각합니다. 1인당 최대 작업량을 잡아 업무를 진행하면 업무 효율성이 극대화될 것입니다.

③ D대리 : 계획을 짜면 업무를 체계적으로 진행할 수 있다는 의미에서 C주임의 말에 동의하지만, 갑자기 발생할 수 있는 일에 대해 대비해야 한다고 생각합니다. 어느 정도 여유 있게 계획을 짜는 게 좋지 않을까요?

④ E사원 : 목표량 설정 이외에도 업무 진행과정에서 체크리스트를 사용해 기록하고 전체적인 상황을 파악할 수 있게 하면 효율이 높아질 것입니다.

⑤ F사원 : 업무시간 내에 끝내지 못한 일이 있다면 무리해서 하는 것보다 다음날 예정사항에 적어놓고 차후에 적절히 시간을 분배해 마무리하면 작업 능률이 더 오를 것입니다.

54 A팀장은 급하게 해외 출장을 떠나면서 B대리에게 다음과 같은 메모를 남겨두었다. B대리가 가장 먼저 처리해야 할 일은 무엇인가?

> B대리, 제가 지금 급하게 해외 출장을 가야 해서 오늘 처리해야 하는 것들 메모 남겨요. 오후 2시에 거래처와 미팅 있는 거 알고 있죠? 오전 내로 거래처에 전화해서 다음 주 중으로 다시 미팅 날짜 잡아줘요. 그리고 오늘 신입사원들과 점심 식사하기로 한 거 저는 참석하지 못하니까 다른 직원들이 참석해서 신입사원들 고충도 좀 들어주고 해요. 식당은 지난번 갔던 한정식 집이 좋겠네요. 점심때 많이 붐비니까 오전 10시까지 예약 전화하는 것도 잊지 말아요. 식비는 법인카드로 처리하도록 하고. 오후 5시에 진행할 회의 PPT는 거의 다 준비되었다고 알고 있는데 바로 나한테 메일로 보내줘요. 확인하고 피드백할게요. 아, 그 전에 내가 중요한 자료를 안 가지고 왔어요. 그것부터 메일로 보내줘요. 고마워요.

① 거래처에 미팅일자 변경 전화를 한다.
② 점심 예약전화를 한다.
③ 회의 자료를 준비한다.
④ 메일로 회의 PPT를 보낸다.
⑤ 메일로 A팀장이 요청한 자료를 보낸다.

55 조직 문화는 조직 구성원들에게 일체감과 정체성을 부여하고 조직 구성원들의 행동지침을 제공하는 등의 기능을 가지고 있다. 다음 중 조직 문화의 구성요소에 대한 설명으로 옳지 않은 것은?

① 공유가치는 가치관과 이념, 조직관, 전통가치, 기본목적 등을 포함한다.
② 조직 구성원은 인력구성뿐만 아니라 그들의 가치관과 신념, 동기, 태도 등을 포함한다.
③ 관리 기술은 조직 경영에 적용되는 목표관리, 예산관리, 갈등관리 등을 포함한다.
④ 관리 시스템으로는 리더와 부하 간의 상호관계를 볼 수 있다.
⑤ 조직 전략은 조직 운영에 필요한 장기적인 틀을 제공한다.

56 다음 밑줄 친 마케팅 기법에 대한 설명으로 적절한 것을 〈보기〉에서 모두 고르면?

> 기업들이 신제품을 출시하면서 한정된 수량만 제작 판매하는 한정판 제품을 잇따라 내놓고 있다. 이번 기회가 아니면 더 이상 구입할 수 없다는 메시지를 끊임없이 던지며 소비자의 호기심을 자극하는 <u>마케팅 기법</u>이다. K자동차 회사는 가죽 시트와 일부 외형을 기존 제품과 다르게 제작한 모델을 8,000대 한정 판매하였는데, 단기간에 매진을 기록하였다.

보기

ㄱ. 소비자의 충동 구매를 유발하기 쉽다.
ㄴ. 이윤 증대를 위한 경영 혁신의 한 사례이다.
ㄷ. 의도적으로 공급의 가격탄력성을 크게 하는 방법이다.
ㄹ. 소장 가치가 높은 상품을 대상으로 하면 더 효과적이다.

① ㄱ, ㄴ
② ㄱ, ㄷ
③ ㄴ, ㄹ
④ ㄱ, ㄴ, ㄹ
⑤ ㄱ, ㄷ, ㄹ

57 K회사는 새롭게 개발한 립스틱을 대대적으로 홍보하고 있다. 다음 중 K회사의 사례에 대한 대안으로 가장 적절한 것은?

> K회사 립스틱의 특징은 지속력과 선명한 색상, 그리고 20대 여성을 타깃으로 한 아기자기한 디자인이다. 하지만 제품 홍보를 했음에도 불구하고 매출이 좋지 않다. 조사 결과 저가 화장품이라는 브랜드 이미지 때문인 것으로 드러났다.

① 블라인드 테스트를 통해 제품의 질을 인정받는다.
② 홍보비를 두 배로 늘려 더 많이 광고한다.
③ 브랜드 이름을 최대한 감추고 홍보한다.
④ 무료 증정 이벤트를 연다.
⑤ 타깃을 30대 여성으로 바꾼다.

58 다음 중 K사가 해외 시장 개척을 앞두고 기존의 조직 구조를 개편할 경우, 추가해야 할 조직으로 적절하지 않은 것은?

> K사는 몇 년 전부터 자체 기술로 개발한 제품의 판매 호조로 인해 기대 이상의 수익을 창출하게 되었다. 경쟁 업체들이 모방할 수 없는 독보적인 기술력을 앞세워 국내 시장을 공략한 결과, 국내 시장에서는 경쟁자가 없다고 할 만큼 탄탄한 시장 점유율을 확보하였다. 이러한 K사의 사장은 올 초부터 해외 시장 진출의 꿈을 갖고 필요한 자료를 수집하기 시작하였다. 충분한 자금력을 확보한 K사는 우선 해외 부품 공장을 인수한 후 현지에 생산 기지를 건설하여 국내에서 생산되는 물량의 절반 정도를 현지로 이전하여 생산하고, 이를 통한 물류비 절감으로 주변국들부터 시장을 넓혀가겠다는 야심찬 계획을 세웠다. 한국 본사에서는 내년까지 4 ~ 5곳의 해외 거래처를 더 확보하여 지속적인 해외 시장 개척에 매진한다는 중장기 목표를 대내외에 천명해 둔 상태이다.

① 해외관리팀   ② 기업회계팀
③ 외환업무팀   ④ 국제법무팀
⑤ 통관물류팀

※ 다음은 조직의 유형을 나타낸 자료이다. 이어지는 질문에 답하시오. [59~60]

59 다음 중 조직의 유형에 대해 이해한 내용으로 옳지 않은 것은?

① 기업과 같이 이윤을 목적으로 하는 조직은 영리조직이다.
② 조직규모를 기준으로 보면, 가족 소유의 상점은 소규모조직, 대기업은 대규모조직의 사례로 볼 수 있다.
③ 공식조직 내에서 인간관계를 지향하면서 비공식조직이 새롭게 생성되기도 한다.
④ 비공식조직은 조직의 구조, 기능, 규정 등이 조직화되어 있다.
⑤ 비영리조직은 공익을 목적으로 하는 단체이다.

60 다음 중 밑줄 친 비영리조직의 사례로 보기 어려운 것은?

① 정부조직   ② 병원
③ 대학   ④ 시민단체
⑤ 대기업

61 다음 중 산업 재해에 해당되는 사례가 아닌 것은?

① 산업활동 중의 사고로 인해 사망하는 경우
② 근로자가 휴가 기간 중 사고로 부상당한 경우
③ 회사에 도보로 통근을 하는 도중 교통사고를 당하는 경우
④ 일용직, 계약직, 아르바이트생이 산업활동 중 부상당하는 경우
⑤ 유해 물질에 의한 중독 등으로 직업성 질환에 걸리거나 신체적 장애를 가져오는 경우

62 다음 중 D씨가 하고 있는 것은 무엇인가?

D씨는 하이베드 딸기 재배 기법을 배우기 위해 네덜란드 PTC+에서 교육을 받았다. 한국에 돌아온 D씨는 네덜란드 PTC+에서 배워온 딸기 재배 기법을 단순 적용한 것이 아니라 우리나라 실정에 맞게 변형한 재배 기법을 실시함으로써 고수익을 올릴 수 있었다. D씨는 수개월간의 시행착오 끝에 네덜란드의 기후, 토양의 질 등과는 다른 우리나라 환경에 적합한 딸기를 재배하기 위해 배양액의 농도, 토질, 조도시간, 생육기간과 당도까지 최적의 기술을 연구함으로써 국내 최고의 질을 자랑하는 딸기를 출하할 수 있게 되었다.

① 벤치마크   ② 벤치마킹
③ 표절   ④ 모방
⑤ 차용

63 다음 중 제품수명주기 이론에 대한 설명으로 옳지 않은 것은?

① 도입기 : 신제품이 시장에 처음으로 등장하여 잠재고객들의 관심을 끌고 구매를 자극해야 하는 단계를 말한다. 잠재고객들이 많은 위험을 지각하므로 수요가 매우 적으며 제품의 인지도가 낮다.
② 성장기 : 제품을 취급하려는 중간기관들의 수가 증가하며, 그들이 재고를 갖춰감에 따라 매출액은 더욱 신장되며 이익도 흑자로 돌아 증가하기 시작한다.
③ 경쟁자들이 시장에 참여하기 시작하여 제품차별화의 기회가 다양하게 모색되고, 가격 인하경쟁이 나타나기도 하며 이익은 꾸준히 증가한다.
④ 성숙기 : 성숙기는 매출액이 체감적으로 증가하거나 안정된 상태를 유지하는 상태이며 많은 시장참여자들과 과잉생산능력에 의하여 경쟁이 심화된다.
⑤ 쇠퇴기 : 매출액은 지속적으로 감소하며 경쟁자들이 시장에서 철수하거나 마케팅활동을 축소하기 시작한다.

※ 실내 공기 관리에 대한 필요성을 느낀 K공사는 사무실에 공기청정기를 구비하기로 결정하였다. 다음 제품 설명서를 참고하여 이어지는 질문에 답하시오. **[64~66]**

<제품 설명서>

■ **설치 확인하기**
- 직사광선이 닿지 않는 실내공간에 두십시오(제품 오작동 및 고장의 원인이 될 수 있습니다).
- TV, 라디오, 전자제품 등과 간격을 두고 설치하십시오(전자파 장애로 오작동의 원인이 됩니다).
- 단단하고 평평한 바닥에 두십시오(약하고 기울어진 바닥에 설치하면 이상 소음 및 진동이 생길 수 있습니다).
- 벽면과 10cm 이상 간격을 두고 설치하십시오(공기청정 기능을 위해 벽면과 간격을 두고 설치하는 것이 좋습니다).
- 습기가 적고 통풍이 잘되는 장소에 두십시오(감전되거나 제품에 녹이 발생할 수 있고, 제품 성능이 저하될 수 있습니다).

■ **필터 교체하기**

종류	표시등	청소주기	교체주기
프리필터	–	2회 / 월	반영구
탈취필터	필터 교체 표시등 켜짐	–	6개월 ~ 1년
헤파필터			

- 실내의 청정한 공기 관리를 위해 교체주기에 맞게 필터를 교체해 주세요.
- 필터 교체주기는 사용 환경에 따라 차이가 날 수 있습니다.
- 냄새가 심하게 날 경우, 탈취필터를 확인 및 교체해 주세요.

■ **스마트에어 서비스 등록하기**
1) 앱스토어에서 '스마트에어'를 검색하여 앱을 설치합니다(안드로이드 8.0 Oreo 이상 / iOS 9.0 이상의 사양에 최적화되어 있으며, 사용자의 스마트폰에 따라 일부 기능은 지원하지 않을 수 있습니다).
2) 스마트에어 서비스 앱을 실행하여 회원가입 완료 후 로그인합니다.
3) 새 기기 추가 선택 후 제품을 선택합니다.
4) 공기청정기 기기의 페어링 모드를 작동시켜 주세요(기기의 Wi-Fi 버튼과 수면모드 버튼을 동시에 눌러 주세요).
5) 기기명이 나타나면 기기를 선택해 주세요.
6) 완료 버튼을 눌러 기기등록을 완료합니다.

- 지원가능 Wi-Fi 무선공유기 사양(802.11b/f/n 2.4GHz)을 확인하세요.
- 자동 Wi-Fi 연결상태 관리 모드를 해제해 주세요.
- 스마트폰의 Wi-Fi 고급설정 모드에서 '신호 약한 Wi-Fi 끊기 항목'과 관련된 기능이 있다면 해제해 주세요.
- 스마트폰의 Wi-Fi 고급설정 모드에서 '신호 세기'와 관련된 기능이 있다면 '전체'를 체크해 주세요.
- Wi-Fi가 듀얼 밴드 공유기인 경우 <Wi-Fi 5GHz>가 아닌 일반 <Wi-Fi>를 선택해 주세요.

■ **스마트에어 서비스 이용하기**
스마트에어 서비스는 스마트기기를 통해 공기청정기를 페어링하여 언제 어디서나 원하는 대로 공기를 정화할 수 있는 똑똑한 서비스입니다.

64 제품설명서를 참고하여 공기청정기를 적절한 장소에 설치하고자 한다. 다음 중 공기청정기 설치 장소로 적절하지 않은 것은?

① 직사광선이 닿지 않는 실내
② 부드러운 매트 위
③ 벽면과 10cm 이상 간격을 확보할 수 있는 곳
④ 습기가 적고 통풍이 잘되는 곳
⑤ 사내방송용 TV와 거리가 먼 곳

65 다음 중 필터 교체와 관련하여 숙지해야 할 사항으로 가장 적절한 곳은?

① 프리필터는 1개월에 2회 이상 청소해야 한다.
② 탈취필터는 6개월 주기로 교체해야 한다.
③ 헤파필터는 6개월 주기로 교체해야 한다.
④ 프리필터는 1년 주기로 교체해야 한다.
⑤ 냄새가 심하게 날 경우 탈취필터를 청소해야 한다.

66 외근이나 퇴근 후에도 공기청정기를 사용할 수 있도록 스마트폰을 통해 스마트에어 서비스 등록을 시도하였으나, 기기 등록에 계속 실패하였다. 다음 중 기기등록을 위해 확인해야 할 사항으로 적절하지 않은 것은?

① 스마트폰이 지원 가능한 사양인지 OS 버전을 확인한다.
② 공기청정기에서 페어링 모드가 작동하고 있는지 확인한다.
③ 스마트폰의 Wi-Fi 고급설정 모드에서 '개방형 Wi-Fi' 관련 항목을 확인한다.
④ 스마트폰의 자동 Wi-Fi 연결상태 관리모드를 확인한다.
⑤ 무선공유기가 지원 가능한 사양인지 확인한다.

※ K사에서는 직원들이 이용할 수 있는 체력단련실을 마련하기 위해 실내사이클 10대를 구입하기로 계획하였다. 다음 제품 설명서를 참고하여 이어지는 질문에 답하시오. **[67~68]**

<〈제품 설명서〉>

■ 계기판 작동법

13:00 min		100 cal	
SPEED	TIME	CAL	DISTANCE
9.4	13:00	100	5.0

◯ ← RESET

- SPEED : 현재 운동 중인 속도 표시
- TIME : 운동 중인 시간 표시
- CAL : 운동 중 소모된 칼로리 표시
- DISTANCE : 운동한 거리를 표시
- RESET 버튼 : 버튼을 누르면 모든 기능 수치를 초기화

■ 안전을 위한 주의사항
- 물기나 습기가 많은 곳에 보관하지 마십시오.
- 기기를 전열기구 주변에 두지 마십시오. 제품이 변형되거나 화재의 위험이 있습니다.
- 운동기기에 매달리거나 제품에 충격을 주어 넘어뜨리지 마십시오.
- 운동기기의 움직이는 부분에 물체를 넣지 마십시오.
- 손으로 페달 축을 돌리지 마십시오.
- 운동 중 주변사람과 적정거리를 유지하십시오.

■ 사용 시 주의사항
- 신체에 상해 및 안전사고 방지를 위해 반드시 페달과 안장높이를 사용자에 알맞게 조절한 후 안장에 앉은 후 운동을 시작해 주십시오.
- 사용자의 나이와 건강 상태에 따른 운동 횟수, 강도 및 적정 운동 시간을 고려하여 운동을 시작해 주십시오.
- 운동 중 가슴에 통증을 느끼거나 또는 가슴이 답답할 때, 또는 어지러움이나 기타 불편함이 느껴질 경우 즉시 운동을 멈추고 의사와 상담하십시오.
- 음주 후 사용하지 마십시오.

■ 고장 신고 전 확인사항

증상	해결방법
제품에서 소음이 발생합니다.	볼트 너트 체결부분이 제품사용에 따라 느슨해질 수 있습니다. 모든 부분을 다시 조여 주세요.
계기판이 작동하지 않습니다.	계기판의 건전지(AAA형 2개)를 교체하여 끼워 주세요.

67 A사원은 실내사이클 주의사항에 대한 안내문을 제작하려고 한다. 다음 중 안내문의 내용으로 적절하지 않은 것은?

① 안장높이를 사용자에 알맞게 조절하여 운동을 시작해 주십시오.
② 나이와 건강 상태에 맞게 적정 운동시간을 고려하여 주십시오.
③ 운동 중 가슴 통증이나 어지러움 등이 느껴질 경우 즉시 운동을 멈추십시오.
④ 매회 30분 정도 하는 것은 유산소 운동 효과를 가져올 수 있습니다.
⑤ 음주 후에는 절대 사용하지 마십시오.

68 A사원이 체력단련실에서 실내사이클을 이용하던 도중 소음이 발생하였다. 이에 대한 해결방법으로 가장 적절한 것은?

① 페달과 안장 높이를 다시 조절한다.
② RESET 버튼을 3초간 누른다.
③ 볼트와 너트 체결부분을 조여 준다.
④ 계기판의 건전지를 꺼내었다가 다시 끼운다.
⑤ 양지 바른 곳에 둔다.

※ K공사는 농번기를 앞두고 Y군 농민들을 대상으로 트랙터 안전 사용법 및 주의사항에 대한 교육을 실시할 예정이다. 이어지는 질문에 답하시오. [69~70]

〈트랙터 안전 사용법 및 주의사항 교육〉

■ 사용방법

① 시동 전에 윤활유, 연료, 냉각수량을 필히 점검하고 트랙터에 승차한다.

② 주차브레이크와 변속레버의 중립을 먼저 확인한다. 그 후 클러치 페달을 완전히 밟은 채로 시동키를 돌린다 (클러치 페달을 완전히 밟지 않은 경우 시동모터 작동이 되지 않음).

③ 추운 날씨에는 시동키를 왼쪽으로 돌려 30 ~ 40초 정도 예열한 후 시동한다.

④ 작업기 연결에 앞서 작업기와 상부링크, 링크볼의 일치 여부, 체크체인을 점검한다.

⑤ 트랙터 후진 후 하부링크를 내리고 작업기와 트랙터가 수직이 되도록 트랙터를 정지하고 시동을 끈다(이때 주차 브레이크는 풀어둔다).

⑥ 뒷바퀴를 움직여가며 하부링크를 들어올려 왼쪽 − 오른쪽 순서로 작업기의 마운팅 핀에 끼운다.

⑦ 유니버셜조인트를 연결하고 반드시 커버를 씌운다.

⑧ 상부링크 연결 후 작업기의 전후, 좌우 수평을 조절한다.

■ 주의사항

① 운전자 외에는 절대 탑승하지 않는다(별도의 좌석이 있는 경우는 제외).

② 시동이 걸린 상태에서는 절대 하차해서는 안 된다.

③ 경사지에 주차할 때는 반드시 시동을 끄고 주차브레이크를 채운 후 받침목을 한다.

④ 포장에 드나들 때는 트랙터를 정방향으로 진입시킨다.

■ 오작동 시 확인 사항 및 조치방법

현상	원인	조치방법
트랙터 엔진이 시동되지 않음	① 연료가 없음 ② 연료계통에 공기가 들어있음 ③ 연료필터 막힘 ④ 에어클리너 엘리먼트 막힘 ⑤ 예열플러그의 단선	① 경유를 보충함 ② 연료탱크에서 분사펌프까지 연료파이프를 점검함 ③ 연료필터를 세척 및 교환함 ④ 에어클리너 엘리먼트를 청소 및 교환함 ⑤ 예열플러그를 교환함
트랙터 시동모터가 회전하지 않음	① 배터리 방전 ② 안전스위치 조정 불량 ③ 시동모터 불량 ④ 키 스위치 불량	① 배터리를 충전함 ② 안전스위치를 조정함 ③ 시동모터를 수리 또는 교환함 ④ 배선을 점검하고, 수리 후 새 퓨즈로 교환함
트랙터 소음기에서 흰 연기가 나옴	① 엔진 오일량의 과다 ② 엔진 오일 점도가 낮음	① 엔진 오일을 규정량까지 뺌 ② 점도가 높은 오일로 교환함
충전경고등이 소등되지 않음	① 퓨즈가 끊어짐 ② 팬벨트 늘어남 ③ 팬벨트 끊어짐	① 배선을 점검하고, 수리 후 새 퓨즈로 교환함 ② 장력을 조정함 ③ 교환함
소음기에서 검은 연기가 나옴	① 에어클리너 엘리먼트 막힘 ② 과부하 운전을 함 ③ 경유 이외의 연료를 사용	① 세척 또는 교환함 ② 부하를 가볍게 함 ③ 경유로 교환함

69 교육을 받고 돌아온 농업인 P씨는 트랙터 엔진이 시동되지 않는 원인을 파악한 후 조치를 취하고자 한다. 다음 중 문제의 원인을 파악하기 위해 반드시 확인해야 할 사항과 그에 따른 조치방법으로 적절하지 않은 것은?

① 연료의 유무를 확인한 후, 연료가 없다면 경유를 보충한다.

② 예열플러그의 단선일 경우 예열플러그를 교환한다.

③ 배터리의 방전 유무를 확인한 후, 배터리를 충전한다.

④ 연료필터가 막혔는지 확인한 후, 연료필터를 세척하거나 교환한다.

⑤ 연료계통에 공기가 들어있는지 확인하고, 만일 공기가 들어있다면 연료탱크에서 분사펌프까지 연료파이프를 점검한다.

70 K공사의 A사원은 트랙터 안전 사용법 및 주의사항 교육의 담당자이다. 교육을 마친 후의 질문 및 답변 시간에 답변한 내용으로 적절하지 않은 것은?

① Q : 추운 날씨에는 트랙터 시동을 어떻게 해야 하나요?

  A : 추운 날씨에는 시동키를 왼쪽으로 돌려 30 ~ 40초 정도 예열시킨 후, 시동하면 됩니다.

② Q : 저번에 주차브레이크와 변속레버의 중립을 확인한 후 클러치 페달을 밟은 채로 시동키를 돌렸는데도 시동이 켜지지 않던데 그건 왜 그런가요?

  A : 클러치 페달을 완전히 밟지 않았기 때문입니다. 반드시 클러치 페달을 완전히 밟아야 시동이 켜집니다.

③ Q : 트랙터 후진 후 하부링크를 내릴 때, 트랙터가 수직이 되도록 트랙터를 정지하고 시동을 끌 때 특별히 주의해야 할 사항들이 있나요?

  A : 주차 브레이크는 반드시 풀어주셔야 합니다.

④ Q : 트랙터에 승차하기 전 확인해야 할 사항들은 무엇이 있나요?

  A : 반드시 상부링크, 체크체인 확인, 그리고 링크볼의 일치 여부를 점검한 후 승차해야 합니다.

⑤ Q : 이번 주에 손주들이 놀러 와서 제 옆에 앉힌 후 트랙터를 운전하게 하고 싶은데 특별한 주의사항이 있을까요?

  A : 트랙터는 별도의 좌석이 있는 경우를 제외하고는 운전자 외에는 절대 탑승해서는 안 됩니다.

2일 차
기출응용 모의고사

www.sdedu.co.kr

〈문항 및 시험시간〉

평가영역	문항 수	시험시간	모바일 OMR 답안채점/성적분석 서비스		
[공통] 의사소통＋수리＋문제해결 [법정・상경] 자원관리＋정보 [전산] 정보＋조직이해 [발전설비운영] 자원관리＋기술	50문항	65분	법정・상경	전산	발전설비운영

2일 차 기출응용 모의고사

| 01 | 의사소통능력(공통)

01 다음 글의 내용으로 적절하지 않은 것은?

> '콘크리트'는 건축 재료로 다양하게 사용되고 있다. 일반적으로 콘크리트가 근대 기술의 산물로 알려져 있지만 콘크리트는 이미 고대 로마 시대에도 사용되었다. 로마 시대의 탁월한 건축미를 보여주는 판테온은 콘크리트 구조물인데, 반구형의 지붕인 돔은 오직 콘크리트로만 이루어져 있다. 로마인들은 콘크리트의 골재 배합을 달리하면서 돔의 상부로 갈수록 두께를 점점 줄여 지붕을 가볍게 할 수 있었다. 돔 지붕이 지름 45m 남짓의 넓은 원형 내부 공간과 이어지도록 하였고, 지붕의 중앙에는 지름 9m가 넘는 원형의 천창을 내어 빛이 내부 공간을 채울 수 있도록 하였다.
> 콘크리트는 시멘트에 모래와 자갈 등의 골재를 섞어 물로 반죽한 혼합물이다. 콘크리트에서 결합재 역할을 하는 시멘트가 물과 만나면 점성을 띠는 상태가 되며, 시간이 지남에 따라 수화 반응이 일어나 골재, 물, 시멘트가 결합하면서 굳어진다. 콘크리트의 수화 반응이 상온에서 일어나기 때문에 작업하기가 좋다. 반죽 상태의 콘크리트를 거푸집에 부어 경화시키면 다양한 형태와 크기의 구조물을 만들 수 있다. 콘크리트의 골재는 종류에 따라 강도와 밀도가 다양하므로 골재의 종류와 비율을 조절하여 콘크리트의 강도와 밀도를 다양하게 변화시킬 수 있다. 그리고 골재들 간의 접촉을 높여야 강도가 높아지기 때문에, 서로 다른 크기의 골재를 배합하는 것이 효과적이다.
> 콘크리트가 철근 콘크리트로 발전함에 따라 건축은 구조적으로 더욱 견고해지고, 형태 면에서는 더욱 다양하고 자유로운 표현이 가능해졌다. 일반적으로 콘크리트는 누르는 힘인 압축력에는 쉽게 부서지지 않지만 당기는 힘인 인장력에는 쉽게 부서진다. 압축력이나 인장력에 재료가 부서지지 않고 견딜 수 있는 단위 면적당 최대의 힘을 각각 압축 강도와 인장 강도라 한다. 콘크리트의 압축 강도는 인장 강도보다 10배 이상 높다.

① 고대 로마 시기에는 콘크리트를 이용해 건축물을 짓기도 했다.

② 콘크리트를 만들기 위해서는 시멘트와 모래, 자갈 등이 필요하다.

③ 수화 반응을 일으키기 위해서 콘크리트는 영하에서 제작한다.

④ 콘크리트의 강도를 높이기 위해선 크기가 다른 골재들을 배합해야 한다.

⑤ 일반 콘크리트보다 철근 콘크리트가 더 자유로운 표현이 가능하다.

02 다음 문단을 논리적 순서대로 바르게 나열한 것은?

(가) '인력이 필요해서 노동력을 불렀더니 사람이 왔더라.'라는 말이 있다. 인간을 경제적 요소로만 단순하게 생각했으나, 이에 따른 인권문제, 복지문제, 내국인과 이민자와의 갈등 등이 수반된다는 말이다. 프랑스처럼 우선 급하다고 이민자를 선별하지 않고 받으면 인종 갈등과 이민자의 빈곤화 등 많은 사회비용이 발생한다.

(나) 이제 다문화정책의 패러다임을 전환해야 한다. 한국에 들어온 다문화가족을 적극적으로 지원해야 한다. 다문화가족과 더불어 살면서 다양성과 개방성을 바탕으로 상생의 발전을 도모해야 한다. 그리고 결혼이민자만 다문화가족으로 볼 것이 아니라 외국인 근로자와 유학생, 북한이탈 주민까지 큰 틀에서 함께 보는 것도 필요하다.

(다) 다문화정책의 핵심은 두 가지이다. 첫째, 새로운 사회에 적응하려는 의지가 강해서 언어 배우기, 일자리, 문화 이해에 매우 적극적인 태도를 지닌 좋은 인력을 선별해서 입국하도록 하는 것이다. 둘째, 이민자가 새로운 사회에 잘 정착할 수 있도록 사회통합에 주력해야 하는 것이다. 해외 인구 유입 초기부터 사회 비용을 절약할 수 있는 사람들을 들어오게 하는 것이 중요하기 때문이다.

(라) 또한, 이미 들어온 이민자에게는 적극적인 지원을 해야 한다. 언어와 문화, 환경이 모두 낯선 이민자에게는 이민 초기에 세심한 배려가 필요하다. 특히 중요한 것은 다문화가족이 그들이 가지고 있는 강점을 활용하여 취약 계층이 아닌 주류층으로 설 수 있도록 지원해야 한다. 뿐만 아니라 이민자에 대한 지원 시기를 놓치거나 차별과 편견으로 내국인에게 증오감을 갖게 해서는 안 된다.

---

① (가) - (나) - (다) - (라)   ② (가) - (다) - (라) - (나)
③ (다) - (가) - (나) - (라)   ④ (다) - (가) - (라) - (나)
⑤ (다) - (나) - (라) - (가)

03 다음 글에 나타난 의사소통의 저해요인으로 가장 적절한 것은?

'말하지 않아도 알아요.'라는 TV 광고 음악에 많은 사람이 공감했던 것과 같이 과거 우리 사회에서는 자신의 의견을 직접적으로 드러내지 않는 것을 미덕이라고 생각했다. 하지만 직접 말하지 않아도 상대가 눈치껏 판단하고 행동해 주길 바라는 '눈치' 문화가 오히려 의사소통 과정에서의 불신과 오해를 낳는다.

---

① 의사소통 기법의 미숙
② 부족한 표현 능력
③ 평가적이며 판단적인 태도
④ 선입견과 고정관념
⑤ 폐쇄적인 의사소통 분위기

04 다음 글을 통해 추론할 수 없는 것은?

> 제약 연구원이란 제약 회사에서 약을 만드는 과정에 참여하는 사람을 말한다. 제약 연구원은 이러한 모든 단계에 참여하지만, 특히 신약 개발 단계와 임상 시험 단계에서 가장 중점적인 역할을 한다. 일반적으로 약을 만드는 과정은 새로운 약품을 개발하는 신약 개발 단계, 임상 시험을 통해 개발된 신약의 약효를 확인하는 임상 시험 단계, 식약처에 신약이 판매될 수 있도록 허가를 요청하는 약품 허가 요청 단계, 마지막으로 의료진과 환자를 대상으로 신약에 대해 홍보하는 영업 및 마케팅의 단계로 나눈다.
>
> 제약 연구원이 되기 위해서는 일반적으로 약학을 전공해야 한다고 생각하기 쉽지만, 약학 전공자 이외에도 생명 공학, 화학 공학, 유전 공학 전공자들이 제약 연구원으로 활발하게 참여하고 있다. 만일 신약 개발의 전문가가 되고 싶다면 해당 분야에서 오랫동안 연구한 경험이 필요하기 때문에 대학원에서 석사나 박사 학위를 취득하는 것이 유리하다.
>
> 제약 연구원이 되기 위해서는 전문적인 지식도 중요하지만, 사람의 생명과 관련된 일인 만큼 무엇보다도 꼼꼼함과 신중함, 책임 의식이 필요하다. 또한, 제약 회사라는 공동체 안에서 일을 하는 것이므로 원만한 일의 진행을 위해서 의사소통 능력도 필수적으로 요구된다. 오늘날 제약 분야가 빠르게 성장하고 있다는 점을 고려할 때, 일에 대한 도전 의식, 호기심과 탐구심 등도 제약 연구원에게 필요한 능력으로 꼽을 수 있다.

① 제약 연구원은 약품 허가 요청 단계에 참여한다.
② 오늘날 제약 연구원에게 요구되는 능력이 많아졌다.
③ 생명이나 유전 공학 전공자도 제약 연구원으로 일할 수 있다.
④ 신약 개발 전문가가 되려면 반드시 석사나 박사를 취득해야 한다.
⑤ 제약 연구원과 관련된 정보가 부족하다면 약학을 전공해야만 제약 연구원이 될 수 있다고 생각할 수 있다.

05 다음 글의 주제로 가장 적절한 것은?

> 높은 휘발유세는 자동차를 사용함으로써 발생하는 다음과 같은 문제들을 줄이는 교정적 역할을 수행한다. 첫째, 휘발유세는 사람들의 대중교통수단 이용을 유도하고, 자가용 사용을 억제함으로써 교통 혼잡을 줄여준다. 둘째, 교통사고 발생 시 대형 차량이나 승합차가 중소형 차량보다 더 치명적인 피해를 줄 가능성이 높다. 이와 관련해서 휘발유세는 휘발유를 많이 소비하는 대형 차량을 운행하는 사람에게 높은 비용을 치르게 함으로써 교통사고 위험에 대한 간접적인 비용을 징수하는 효과를 가진다. 셋째, 휘발유세는 휘발유 소비를 억제함으로써 대기오염을 줄이는 데 기여한다.

① 휘발유세의 용도   ② 높은 휘발유세의 정당성
③ 휘발유세의 지속적 인상   ④ 에너지 소비 절약
⑤ 휘발유세의 감소 원인

06 다음 중 밑줄 친 부분의 띄어쓰기가 옳지 않은 것은?

① 지금보다 나은 미래를 위해서 책을 읽어야 해.
② 공부하려고 책을 펴자 잠이 쏟아졌다.
③ 쉽게 잃어버릴 수 있는 물건은 따로 챙겨야 해.
④ 대답을 하기는 커녕 땅만 쳐다봤다.
⑤ 그 문제는 너뿐만 아니라 나에게도 어려웠어.

07 다음 중 빈칸 ㉠~㉢에 들어갈 단어가 바르게 연결된 것은?

| • 회사 동료의 결혼식에 ___㉠___ 했다. |
| • 디자인 공모전에 ___㉡___ 했다. |
| • 회사 경영에 ___㉢___ 하고 있다. |

	㉠	㉡	㉢
①	참석	참가	참여
②	참석	참여	참가
③	참여	참가	참석
④	참여	참석	참가
⑤	참가	참석	참여

08 다음 중 밑줄 친 부분과 같은 의미로 쓰인 것은?

| 앞으로 이태만 더 고생하면 논 몇 마지기는 잡을 수 있을 것 같다. |

① 한밑천을 잡다.
② 밧줄을 잡고 올라가다.
③ 그는 개를 잡아 개장국을 끓였다.
④ 심야에는 택시를 잡기가 다른 시간대보다 더 어렵다.
⑤ 그는 멱살을 잡고 사장과 싸우기 시작했다.

※ 다음 글을 읽고 이어지는 질문에 답하시오. [9~10]

현대 물리학의 확장 과정을 고려해 볼 때 우리는 현대 물리학의 발전 과정을 산업이나 공학, 다른 자연과학, 나아가서는 현대 문화 전반에 걸친 영역에서의 발전 과정과 분리해서 생각할 수 없다. 현대 물리학은 베이컨·갈릴레이·케플러의 업적, 그리고 17 ~ 18세기에 걸쳐 이루어진 자연과학의 실제적인 응용 과정에서부터 형성된 과학 발전의 맥락을 타고 탄생된 결과이다. 또한, 산업 과학의 진보, 새로운 산업계 장치의 발명과 증진은 자연에 대한 첨예한 지식을 촉구하는 결과를 낳았다. 그리고 자연에 대한 이해력의 성숙과 자연 법칙에 대한 수학적 표현의 정교함은 산업과학의 급격한 진전을 이루게 하였다.

자연과학과 산업과학의 성공적인 결합은 인간 생활의 폭을 넓히게 되는 결과를 낳았다. 교통과 통신망의 발전으로 인해 기술 문화의 확장 과정이 더욱 촉진되었고, 의심할 바 없이 지구상의 생활 조건은 근본에서부터 변화를 가져왔다. 그 변화가 진정으로 인류의 행복에 기여하는 것인지 저해하는 것인지는 모르지만, 우리들은 그 변화를 긍정적으로 보든 부정적으로 보든 그 변화가 인간의 통제 능력 밖으로 자꾸 치닫고 있음을 인정할 수밖에 없는 상황에 놓여있다. 특히 핵무기와 같은 새로운 무기의 발명은 이 세계의 정치적 판도를 근본적으로 바꾸어 놓았다. 핵무기를 갖지 않은 모든 국가는 어떤 방식으로든지, 핵무기 소유국에 의존하고 있으므로 독립국가라는 의미조차도 다시 생각해 보아야 할 것이다. 또한, 핵무기를 수단으로 해서 전쟁을 일으키려는 것은 실제로 자멸의 길을 스스로 택하는 격이 된다. 그 역으로 이런 위험 때문에 전쟁은 결코 일어나지 않는다는 낙관론도 많이 있지만, 이 입장은 자칫 잘못하면 그 낙관론 자체에만 빠질 우려가 있다.

핵무기의 발명은 과학자에게 새로운 방향으로의 문제 전환을 가져다주었다. 과학의 정치적 영향력은 제2차 세계 대전 이전보다 비약적으로 증대되어 왔다. 이로 인해 과학자, 특히 원자 물리학자들은 이중의 책임감을 떠안게 되었다. 첫 번째로 그들은 그가 속한 사회에 대하여 과학의 중요성을 인식시켜야 하는 책임감을 갖고 있다. 어떤 경우에, 그들은 대학 연구실의 굴레에서 벗어나야만 하는 일도 생긴다. 두 번째 그의 부담은 과학에 의해서 생긴 결과에 대한 책임감이다. 과학자들은 정치적인 문제에 나서기를 꺼려한다. 그리고 위정자들은 자신의 무지 때문에 과학의 소산물을 잘못 이용할 수가 있다. 그러므로 과학자는 항상 과학의 소산물이 잘못 이용될 때에 생기는 예기치 못한 위험 상황을 위정자들에게 자세히 알려줄 의무가 있다. 또한, 과학자는 사회 참여를 자주 요청받고 있다. 특히, 세계 평화를 위한 결의안에의 참여 등이 그것이다. 동시에 과학자는 자신의 분야에 있어서 국제적인 공동 작업의 조성을 위하여 최선을 다해야만 한다. 오늘날 많은 국가의 과학자들이 모여 핵물리학에 대한 탐구를 하고 있는 것은 아주 중요한 일로 평가된다.

09 다음 중 윗글의 핵심 내용을 가장 잘 파악한 반응은?

① 현대 물리학의 발전에 공헌한 베이컨, 갈릴레이 그리고 케플러의 지대한 업적은 아무리 높게 평가해도 지나치지 않아.

② 과학의 진보에 의해 인간 생활의 폭이 넓혀졌다고 했으니, 나도 과학 연구에 매진하여 인류 문명 발전에 이바지하고 싶어.

③ 핵무기를 소유하고 있어야만 진정한 독립 국가로 대접받을 수 있다고 생각하니, 우리나라도 하루 빨리 핵무기를 개발해야 할 것 같아.

④ 과학이 가치중립적이라고들 하지만 잘못 쓰일 때는 예기치 못한 재앙을 가져올 수도 있으므로 과학자의 역할이 그 어느 때보다 중요한 것 같아.

⑤ 현대 사회의 위기는 과학의 소산물을 잘못 이용하는 위정자들에 의해 초래된 것인데, 그 책임을 과학자들에게 전가하는 것은 주객이 전도된 것 같아.

10 다음 중 윗글의 내용으로 볼 때, 과학자의 역할로 보기 어려운 것은?

① 그가 속한 사회에 대해 과학의 중요성을 인식시켜야 한다.

② 과학에 의해 생긴 결과에 대해 책임을 져야 한다.

③ 위정자들의 잘못된 정치관을 바로잡아 줄 수가 있어야 한다.

④ 세계 평화를 위한 과학자의 책무를 외면해서는 안 된다.

⑤ 과학의 분야에서 국제적인 공동 작업의 조성을 위해 최선을 다해야 한다.

11 A ~ C 세 명의 친구가 가위바위보를 할 때, 세 번 안에 승자와 패자가 가려질 확률은?

① $\frac{1}{2}$

② $\frac{1}{3}$

③ $\frac{1}{21}$

④ $\frac{25}{27}$

⑤ $\frac{26}{27}$

12 사고 난 차를 견인하기 위해 A와 B 두 업체에서 견인차를 보내려고 한다. 사고지점은 B업체보다 A업체와 40km 더 가깝고, A업체의 견인차가 시속 63km의 일정한 속력으로 달리면 40분 만에 사고지점에 도착한다. B업체에서 보낸 견인차가 A업체의 견인차보다 늦게 도착하지 않으려면 B업체의 견인차가 내야 하는 최소 속력은?

① 119km/h

② 120km/h

③ 121km/h

④ 122km/h

⑤ 123km/h

13 조각 케이크 1조각을 정가로 팔면 3,000원의 이익을 얻는다. 만일, 장사가 되지 않아 정가에서 20%를 할인하여 5개 팔았을 때 순이익과 조각 케이크 1조각당 정가에서 2,000원씩 할인하여 4개를 팔았을 때의 매출액이 같다면, 이 상품의 정가는 얼마인가?

① 4,000원

② 4,100원

③ 4,300원

④ 4,400원

⑤ 4,600원

14 다음은 K국의 청년 고용동향에 대한 자료이다. 이에 대한 설명으로 옳지 않은 것은?

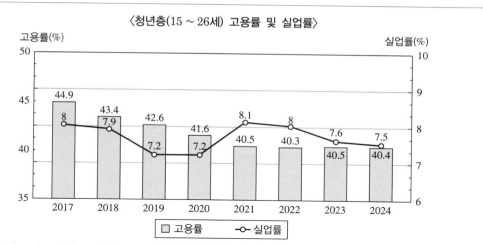

〈청년층(15 ~ 26세) 고용률 및 실업률〉

- (실업률) : (실업자수÷경제활동인구)×100
- (고용률) : (취업자수÷생산가능인구)×100

〈청년층(15 ~ 26세) 고용동향〉

(단위 : %, 천 명)

구분	2017년	2018년	2019년	2020년	2021년	2022년	2023년	2024년
생산가능인구	9,920	9,843	9,855	9,822	9,780	9,705	9,589	9,517
경제활동인구	4,836	4,634	4,530	4,398	4,304	4,254	4,199	4,156
경제활동참가율	48.8	47.1	46.0	44.8	44.0	43.8	43.8	43.7

- 생산가능인구 : 만 15세 이상 인구
- 경제활동인구 : 만 15세 이상 인구 중 취업자와 실업자
- 경제활동참가율 : [(경제활동인구)÷(생산가능인구)]×100

① 2017년부터 2019년까지 청년층 고용률과 실업률의 증감추이는 동일하다.
② 전년과 비교했을 때 2018년에 경제활동인구가 가장 많이 감소했다.
③ 생산가능인구는 매년 감소하고 있다.
④ 고용률 대비 실업률 비율이 가장 높았던 해는 2021년이다.
⑤ 경제활동참가율은 전체적으로 감소하고 있다.

15 다음은 2024년 국가별 재외동포 인원 현황에 대한 자료이다. 이에 대한 설명으로 옳은 것은?(단, 소수점 둘째 자리에서 반올림한다)

〈2024년 재외동포 현황〉

(단위 : 명)

구분	시민권자	영주권자	일반 체류자
중국	2,160,712	342	300,332
홍콩	6,949	342	11,678
인도	22	0	11,251
이란	3	1	243
일본	736,326	543	88,108
라오스	8	0	3,042
몽골	32	0	2,132
미얀마	18	0	3,842
네팔	3	0	769
싱가포르	2,781	312	18,313
대만	773	331	4,406
태국	205	0	19,995
터키	0	0	2,951
베트남	0	0	172,684
캐나다	187,390	1,324	53,036
덴마크	8,747	324	710
프랑스	8,961	6,541	13,665
루마니아	61	1	305
러시아	163,560	351	6,022
스위스	2,082	341	1,513

※ (재외동포 수)＝(시민권자)＋(영주권자)＋(일반 체류자)

① 영주권자가 없는 국가의 일반 체류자 수의 합은 중국의 일반 체류자의 수보다 크다.
② 일본의 일반 체류자 대비 시민권자 비율은 800%가 넘는다.
③ 영주권자가 시민권자의 절반보다 많은 국가는 재외동포의 수가 3만 명 이상이다.
④ 재외동포 수가 가장 많은 국가는 시민권자, 영주권자, 일반 체류자의 인원도 각각 1순위이다.
⑤ 일반 체류자보다 시민권자가 많은 국가의 영주권자 수는 국가마다 300명 이상이다.

16 다음은 4년간 초콜릿 수·출입 추이와 2024년 5개국 수·출입 추이에 대한 자료이다. 이에 대한 설명으로 옳지 않은 것은?

〈4년간 초콜릿 수·출입 추이〉

(단위 : 천 달러, 톤)

구분	수출금액	수입금액	수출중량	수입중량
2021년	24,351	212,579	2,853	30,669
2022년	22,684	211,438	2,702	31,067
2023년	22,576	220,479	3,223	32,973
2024년	18,244	218,401	2,513	32,649

〈2024년 5개국 초콜릿 수·출입 추이〉

(단위 : 천 달러, 톤)

구분	수출금액	수입금액	수출중량	수입중량
미국	518	39,090	89.9	6,008.9
중국	6,049	14,857	907.2	3,624.4
말레이시아	275	25,442	15.3	3,530.4
싱가포르	61	12,852	12.9	3,173.7
독일	1	18,772	0.4	2,497.4

※ (무역수지)＝(수출금액)－(수입금액)

① 2021 ~ 2024년 동안 수출금액은 매년 감소했고, 수출중량 추이는 감소와 증가를 반복했다.
② 2024년 5개국 수입금액 총합은 전체 수입금액의 45% 이상을 차지한다.
③ 무역수지는 2022년부터 2024년까지 매년 전년 대비 감소했다.
④ 2024년 5개 국가에서 수입중량이 클수록 수입금액도 높아진다.
⑤ 2024년 5개 국가에서 무역수지가 가장 낮은 국가는 미국이다.

※ 다음은 우리나라 업종별 근로자 수 및 고령근로자 비율과 국가별 65세 이상 경제활동 참가율 현황에 대한 자료이다. 이어지는 질문에 답하시오. **[17~18]**

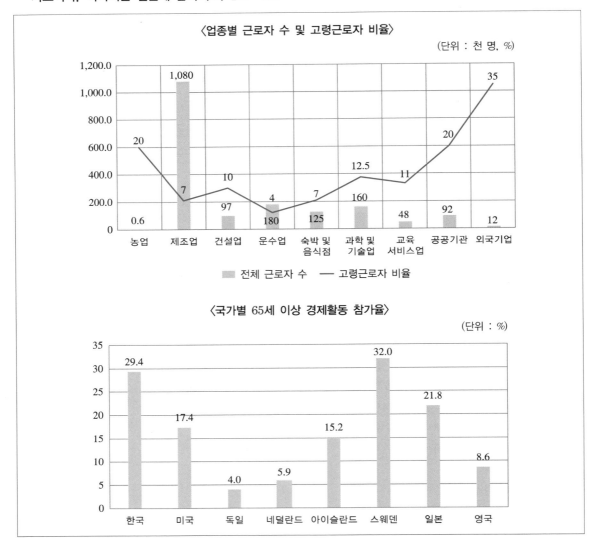

〈업종별 근로자 수 및 고령근로자 비율〉

(단위 : 천 명, %)

〈국가별 65세 이상 경제활동 참가율〉

(단위 : %)

17 우리나라 고령근로자 현황과 국가별 경제활동 참가율에 대한 설명으로 옳지 않은 것은?(단, 비율은 소수점 둘째 자리에서 반올림한다)

① 네덜란드의 조사 인구가 아이슬란드보다 2배 많아도 네덜란드의 고령근로자 수는 아이슬란드보다 적다.

② 운수업 및 교육 서비스업에 종사하는 고령근로자는 제조업에 종사하는 고령근로자 수의 15% 이상이다.

③ 모든 국가의 65세 이상 경제활동 참가율 합과 우리나라 업종별 고령근로자 비율 총합의 차이는 8.7%p이다.

④ 농업과 제조업을 제외한 모든 업종의 전체 근로자 수에서 공공기관과 외국기업에 종사하는 전체 근로자 비율은 15% 미만이다.

⑤ 건설업과 숙박 및 음식점, 과학 및 기술업에 종사하는 총 고령근로자 수는 제조업에 종사하는 고령근로자 수보다 37.15천 명 적다.

18 국가별 65세 이상 경제활동 참가조사 인구가 다음과 같을 때, 빈칸 (A), (B)에 들어갈 수로 옳은 것은?

〈국가별 65세 이상 경제활동 참가조사 인구〉

(단위 : 만 명)

구분	한국	미국	독일	네덜란드	아이슬란드	스웨덴	일본	영국
조사 인구	750	14,200	2,800	3,510	3,560	5,600	15,200	13,800
고령근로자	(A)	2,470.8	112	207.09	541.12	(B)	3,313.6	1,186.8

	(A)	(B)
①	3,300	304.44
②	3,400	304.44
③	3,300	296.7
④	3,400	296.7
⑤	3,500	296.7

※ 다음은 K공사 직원 1,200명을 대상으로 조사한 자료이다. 이어지는 질문에 답하시오. [19~20]

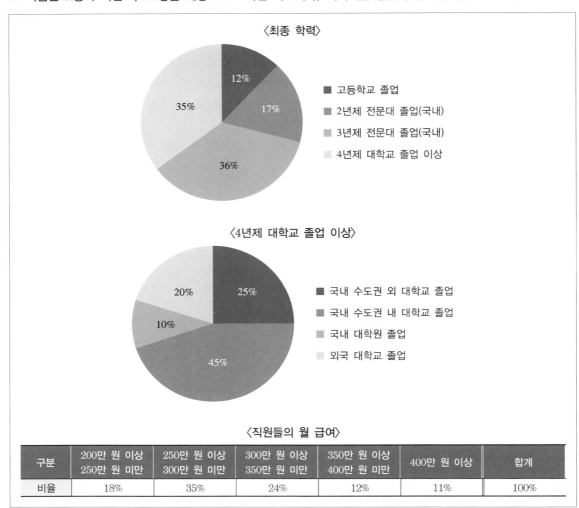

〈최종 학력〉

- 고등학교 졸업
- 2년제 전문대 졸업(국내)
- 3년제 전문대 졸업(국내)
- 4년제 대학교 졸업 이상

〈4년제 대학교 졸업 이상〉

- 국내 수도권 외 대학교 졸업
- 국내 수도권 내 대학교 졸업
- 국내 대학원 졸업
- 외국 대학교 졸업

〈직원들의 월 급여〉

구분	200만 원 이상 250만 원 미만	250만 원 이상 300만 원 미만	300만 원 이상 350만 원 미만	350만 원 이상 400만 원 미만	400만 원 이상	합계
비율	18%	35%	24%	12%	11%	100%

19 다음 중 자료에 대한 설명으로 옳지 않은 것은?

① 직원 중 4년제 국내 수도권 내 대학교 졸업자 수는 전체직원의 15% 이상을 차지한다.

② 월 급여가 300만 원 미만인 직원은 350만 원 이상인 직원의 2.5배 이상이다.

③ 전체직원이 1,000명이라 할 때, 외국 대학교 졸업의 학력을 가진 직원은 70명이다.

④ 고등학교 졸업학력을 가진 직원의 월 급여는 모두 300만 원 미만이라 할 때, 이 인원이 월 급여 300만 원 미만에서 차지하는 비율은 20% 이상이다.

⑤ 4년제 대학교 졸업 이상의 학력을 가진 직원의 월 급여는 모두 300만 원 이상이라 할 때, 이 인원이 월 급여 300만 원 이상에서 차지하는 비율은 78% 이하이다.

20 국내소재 대학 및 대학원 졸업자 25%의 월 급여가 300만 원 이상일 때, 이들이 월 급여 300만 원 이상인 직원 인원에서 차지하는 비율은?(단, 소수점 첫째 자리에서 버림한다)

① 28% ② 32%

③ 36% ④ 40%

⑤ 43%

21 다음은 정부기관의 운영방식을 나타낸 자료이다. 이에 대한 내용으로 적절한 것을 〈보기〉에서 모두 고르면? (단, 책임운영기관인 A는 중앙행정기관인 B의 소속이다)

〈정부기관의 운영방식〉

구분	책임운영기관	중앙행정기관
설치근거	• 행정자치부장관이 소속 중앙행정기관의 장과 기획예산처장관의 의견을 들어 설치 • 소속 중앙행정기관의 장이 행정자치부장관과 협의하여 설치 가능	• 소속 중앙행정기관의 설치와 직무범위는 법률(정부조직법)로 규정
기관장 임용	• 소속 중앙행정기관장이 공모(계약직, 5년 범위 내 2년 임기 보장)	• 국무총리가 제청, 대통령이 임명
직원 임명권자	• 부(副)기관장은 소속 중앙행정기관장 • 그 밖에는 소속 책임운영기관장	• 3급 이상은 대통령 • 4급 이하는 소속 중앙행정기관장
직제 제·개정	• 소속 중앙행정기관장의 승인을 얻어 행정자치부와 협의하여 기본운영규정에 규정	• 소속 중앙행정기관의 장이 행정자치부장관에게 제출 • 소속 중앙행정기관의 장은 필요한 경우 직제시행규칙을 제·개정
정원관리	• 총정원만 대통령령으로 규정 • 직급별 정원은 소속 중앙행정기관장의 승인을 얻어 기본운영규정에 규정	• 직급별 정원을 대통령령으로 규정
초과수입금	• 직접·간접비용에 사용 가능	• 사용 불가

보기

ㄱ. A기관의 5급 사무관 정원은 B기관장의 승인을 받아 대통령령으로 규정되었다.
ㄴ. A기관은 국제협력실 신설을 위한 직제개정을 하고자 B기관장의 승인을 얻었다.
ㄷ. B기관의 김사무관은 중점사업 실적에 의한 초과수입금을 하반기의 중점사업을 위하여 재투자하였다.
ㄹ. A기관 총무과 소속의 6급 박주사는 A기관장의 임명을 받았다.

① ㄱ, ㄴ   ② ㄱ, ㄷ
③ ㄴ, ㄷ   ④ ㄴ, ㄹ
⑤ ㄷ, ㄹ

22 X제품을 운송하는 Q씨는 업무상 편의를 위해 고객의 주문 내역을 임의의 기호로 기록하고 있다. 다음과 같은 주문 전화가 왔을 때 Q씨가 기록한 기호로 옳은 것은?

〈임의기호〉

재료	연강	고강도강	초고강도강	후열처리강
	MS	HSS	AHSS	PHTS
판매량	낱개	1묶음	1box	1set
	01	10	11	00
지역	서울	경기남부	경기북부	인천
	E	S	N	W
윤활유 사용	청정작용	냉각작용	윤활작용	밀폐작용
	P	C	I	S
용도	베어링	스프링	타이어코드	기계구조
	SB	SS	ST	SM

※ Q씨는 [재료] – [판매량] – [지역] – [윤활유 사용] – [용도]의 순서로 기호를 기록함

〈주문 전화〉

Q씨 나야. 인천 지점에서 같이 일했던 P. 필요한 것이 있어서 전화했어. 일단 서울 지점의 B씨가 스프링으로 사용할 제품이 필요하다고 하는데 한 박스 정도면 될 것 같아. 이전에 주문했던 대로 연강에 윤활용으로 윤활유를 사용한 제품으로 부탁하네. 나는 이번에 경기 남쪽으로 가는데 거기에 있는 내 사무실 알지? 거기로 초고강도강 타이어코드용으로 1세트 보내줘. 튼실한 걸로 밀폐용 윤활유 사용해서 부탁해. 저번에 냉각용으로 사용한 제품은 생각보다 좋진 않았어.

① MS11EISB, AHSS00SSST
② MS11EISS, AHSS00SSST
③ MS11EISS, HSS00SSST
④ MS11WISS, AHSS10SSST
⑤ MS11WISS, AHSS00SCST

23 A는 서점에서 소설, 에세이, 만화, 잡지, 수험서를 구매했다. 다음 〈조건〉이 모두 참일 때 A가 세 번째로 구매한 책으로 옳은 것은?

> **조건**
> • 만화와 소설보다 잡지를 먼저 구매했다.
> • 수험서를 가장 먼저 구매하지 않았다.
> • 에세이와 만화를 연달아 구매하지 않았다.
> • 수험서를 구매한 다음 곧바로 에세이를 구매했다.
> • 에세이나 소설을 마지막에 구매하지 않았다.

① 소설
② 에세이
③ 만화
④ 잡지
⑤ 수험서

24 K공사에 근무 중인 A ~ D는 이번 인사발령을 통해 용인, 인천, 안양, 과천의 4개 지점에서 각각 근무하게 되었다. 다음 〈조건〉을 참고할 때, 반드시 참인 것은?

> **조건**
> • 이미 근무했던 지점에서는 다시 근무할 수 없다.
> • A와 B는 용인 지점에서 근무한 적이 있다.
> • C와 D는 인천 지점에서 근무한 적이 있다.
> • A는 이번 인사발령을 통해 과천 지점에서 근무하게 되었다.

① A는 안양 지점에서 근무한 적이 있다.
② B는 과천 지점에서 근무한 적이 있다.
③ B는 인천 지점에서 근무하게 되었다.
④ C는 용인 지점에서 근무하게 되었다.
⑤ D는 안양 지점에서 근무하게 되었다.

25 다음은 K공사의 국내 자율주행자동차 산업에 대한 SWOT 분석 결과이다. 이를 바탕으로 경영 전략을 세웠을 때, 〈보기〉에서 적절하지 않은 것을 모두 고르면?

〈국내 자율주행자동차 산업에 대한 SWOT 분석 결과〉

구분	분석 결과
강점(Strength)	• 민간 자율주행기술 R&D지원을 위한 대규모 예산 확보 • 국내외에서 우수한 평가를 받는 국내 자동차기업 존재
약점(Weakness)	• 국내 민간기업의 자율주행기술 투자 미비 • 기술적 안전성 확보 미비
기회(Opportunity)	• 국가의 지속적 자율주행자동차 R&D 지원법안 본회의 통과 • 완성도 있는 자율주행기술을 갖춘 외국 기업들의 등장
위협(Threat)	• 자율주행차에 대한 국민들의 심리적 거부감 • 자율주행차에 대한 국가의 과도한 규제

〈SWOT 분석에 의한 경영 전략〉

• SO전략 : 기회를 이용해 강점을 활용하는 전략
• ST전략 : 강점을 활용하여 위협을 최소화하거나 극복하는 전략
• WO전략 : 기회를 활용하여 약점을 보완하는 전략
• WT전략 : 약점을 최소화하고 위협을 회피하는 전략

보기

ㄱ. 자율주행기술 수준이 우수한 외국 기업과의 기술이전협약을 통해 국내 우수 자동차기업들의 자율주행기술 연구 및 상용화 수준을 향상시키려는 전략은 SO전략에 해당한다.
ㄴ. 민간의 자율주행기술 R&D를 적극 지원하여 자율주행기술의 안전성을 높이려는 전략은 ST전략에 해당한다.
ㄷ. 자율주행자동차 R&D를 지원하는 법률을 토대로 국내 기업의 기술개발을 적극 지원하여 안전성을 확보하려는 전략은 WO전략에 해당한다.
ㄹ. 자율주행기술개발에 대한 국내기업의 투자가 부족하므로 국가기관이 주도하여 기술개발을 추진하는 전략은 WT전략에 해당한다.

① ㄱ, ㄴ   ② ㄱ, ㄷ
③ ㄴ, ㄷ   ④ ㄴ, ㄹ
⑤ ㄱ, ㄴ, ㄷ

26 다음 중 (가) ~ (다)의 문제해결 방법을 바르게 연결한 것은?

> (가) 상이한 문화적 토양을 가지고 있는 구성원을 가정하고, 서로의 생각을 직설적으로 주장하고 논쟁이나 협상을 통해 서로의 의견을 조정해 가는 방법이다. 이때 논리, 즉 사실과 원칙에 근거한 토론이 중심적 역할을 한다.
>
> (나) 깊이 있는 커뮤니케이션을 통해 서로의 문제점을 이해하고 공감함으로써 창조적인 문제해결을 도모한다. 초기에 생각하지 못했던 창조적인 해결 방법이 도출되고, 동시에 구성원의 동기와 팀워크가 강화된다.
>
> (다) 조직 구성원들을 같은 문화적 토양을 가지고 이심전심으로 서로를 이해하는 상황으로 가정한다. 무언가를 시사하거나 암시를 통하여 의사를 전달하고 기분을 서로 통하게 함으로써 문제해결을 도모하려고 한다.

	(가)	(나)	(다)
①	소프트 어프로치	하드 어프로치	퍼실리테이션
②	소프트 어프로치	퍼실리테이션	하드 어프로치
③	하드 어프로치	퍼실리테이션	소프트 어프로치
④	하드 어프로치	소프트 어프로치	퍼실리테이션
⑤	퍼실리테이션	소프트 어프로치	하드 어프로치

27 다음 사례에서 K사가 문제해결에 사용한 사고방식으로 가장 적절한 것은?

> 게임 업체인 K사는 2000년대 이후 지속적인 하락세를 보였으나, 최근 AR 기반의 모바일 게임을 통해 변신에 성공했다. K사는 대표이사가 한때 "모바일 게임 시장이 곧 사라질 것"이라고 말했을 정도로 기존에 강세를 보이던 분야인 휴대용 게임만을 고집했었다. 그러나 기존의 관점에서 벗어나 신기술인 AR에 주목했고, 그동안 홀대했던 모바일 게임 분야에 뛰어들었다. 오히려 변화를 자각하고 새로운 기술을 활용하자 좋은 결과가 따른 것이다.

① 전략적 사고
② 분석적 사고
③ 발상의 전환
④ 내·외부자원의 효과적 활용
⑤ 발산적 사고

28 A, B 두 여행팀은 다음 정보에 따라 자신의 효용을 극대화하는 방향으로 관광지 이동을 결정한다고 한다. 각 여행팀은 어떤 결정을 할 것이며, 그때 두 여행팀의 총효용은 얼마인가?

〈여행팀의 효용정보〉

- A여행팀과 B여행팀이 동시에 오면 각각 10, 15의 효용을 얻는다.
- A여행팀은 왔으나, B여행팀이 안 온다면 각각 15, 10의 효용을 얻는다.
- A여행팀은 안 오고, B여행팀만 왔을 땐 각각 25, 20의 효용을 얻는다.
- A, B여행팀이 모두 오지 않았을 때는 각각 35, 15의 효용을 얻는다.

〈결정방법〉

A, B여행팀 모두 결정할 때 효용의 총합은 신경 쓰지 않는다. 상대방이 어떤 선택을 했는지는 알 수 없고 서로 상의하지 않는다. 각 팀은 자신의 선택에 따른 다른 팀의 효용이 얼마인지는 알 수 있다. 이때 다른 팀의 선택을 예상해서 자신의 효용을 극대화하는 선택을 한다.

	A여행팀	B여행팀	총효용
①	관광지에 간다	관광지에 간다	25
②	관광지에 가지 않는다	관광지에 간다	45
③	관광지에 간다	관광지에 가지 않는다	25
④	관광지에 가지 않는다	관광지에 가지 않는다	50
⑤	관광지에 간다	관광지에 간다	50

29 다음 대화의 ㉠과 ㉡에 들어갈 말을 바르게 나열한 것은?

> 갑 : A와 B 모두 회의에 참석한다면, C도 참석해.
> 을 : C는 회의 기간 중 해외 출장이라 참석하지 못해.
> 갑 : 그럼 A와 B 중 적어도 한 사람은 참석하지 못하겠네.
> 을 : 그래도 A와 D 중 적어도 한 사람은 참석해.
> 갑 : 그럼 A는 회의에 반드시 참석하겠군.
> 을 : 너는 _____㉠_____고 생각하고 있구나?
> 갑 : 맞아. 그리고 우리 생각이 모두 참이라면, E와 F 모두 참석해.
> 을 : 그래. 그 까닭은 _____㉡_____ 때문이지.

① ㉠ : B가 회의에 참석한다
　 ㉡ : E와 F 모두 회의에 참석한다면 B는 불참하기

② ㉠ : B가 회의에 참석한다
　 ㉡ : E와 F가 모두 회의에 참석하면 B도 참석하기

③ ㉠ : B가 회의에 참석한다
　 ㉡ : B가 회의에 참석하면 E와 F도 모두 참석하기

④ ㉠ : D가 회의에 불참한다
　 ㉡ : B가 회의에 불참한다면 E와 F 모두 참석하기

⑤ ㉠ : D가 회의에 불참한다
　 ㉡ : E와 F 모두 회의에 참석하면 B도 참석하기

30 K기업의 시설과에 직원 A ~ F가 있다. 이들 중 4명의 직원으로만 팀을 구성하여 회의에 참석해 달라는 요청이 있었다. E가 불가피한 사정으로 회의에 참석할 수 없을 때, 다음 〈조건〉에 따라 모두 몇 개의 팀이 구성될 수 있는가?

> **조건**
> • A 또는 B는 반드시 참석해야 한다. 하지만 A, B가 함께 참석할 수 없다.
> • D 또는 E는 반드시 참석해야 한다. 하지만 D, E가 함께 참석할 수 없다.
> • 만약 C가 참석하지 않게 된다면 D도 참석할 수 없다.
> • 만약 B가 참석하지 않게 된다면 F도 참석할 수 없다.

① 0개　　　　　　　　　　　② 1개
③ 2개　　　　　　　　　　　④ 3개
⑤ 4개

31 수인이는 베트남 여행을 위해 인천국제공항에서 환전하기로 하였다. 다음은 K환전소의 당일 환율 및 수수료를 나타낸 자료이다. 수인이가 한국 돈으로 베트남 현금 1,670만 동을 환전한다고 할 때, 수수료까지 포함하여 필요한 돈은 얼마인가?(단, 모든 계산과정에서 구한 값은 일의 자리에서 버림한다)

〈K환전소 환율 및 수수료〉

• 베트남 환율 : 483원/만 동
• 수수료 : 0.5%
• 우대사항 : 50만 원 이상 환전 시 70만 원까지 수수료 0.4%로 인하 적용
    100만 원 이상 환전 시 총금액 수수료 0.4%로 인하 적용

① 808,840원
② 808,940원
③ 809,840원
④ 809,940원
⑤ 810,040원

32 K공사 인사관리부에서 근무하는 W대리는 2박 3일간 실시하는 신입사원 연수에 대한 기획안과 예산안을 작성해 제출해야 한다. 그중 식사에 대한 예산을 측정하기 위해 연수원에서 다음과 같이 메뉴별 가격 및 안내문을 받았다. 연수를 가는 신입사원은 총 50명이지만 이 중 15명은 둘째 날 오전 7시에 후발대로 도착할 예정이다. 예산은 최대 금액으로 편성할 때, W대리가 식사비 예산으로 측정할 금액은?

〈메뉴〉

정식 ·································· 9,000원
일품 ·································· 8,000원
스파게티 ····························· 7,000원
비빔밥 ································ 5,000원
낙지덮밥 ······························ 6,000원

〈안내문〉

• 식사시간 : (조식) 08:00 ～ 09:00 / (중식) 12:00 ～ 13:00 / (석식) 18:00 ～ 19:00
• 편의를 위하여 도착 후 첫 식사인 중식은 정식, 셋째 날 마지막 식사인 조식은 일품으로 통일한다.
• 나머지 식사는 정식과 일품을 제외한 메뉴에서 자유롭게 선택한다.

① 1,820,000원
② 1,970,000원
③ 2,010,000원
④ 2,025,000원
⑤ 2,070,000원

33 다음 자료를 근거로 판단할 때, A ~ E 중 두 번째로 많은 지원금을 받는 모임은?

〈지원계획〉

- 지원을 받기 위해서는 한 모임당 6명 이상 9명 미만으로 구성되어야 한다.
- 기본지원금은 모임당 1,500만 원을 기본으로 지원한다. 단, 상품개발을 위한 모임의 경우는 2,000만 원을 지원한다.
- 추가지원금

등급	상	중	하
추가지원금(만 원/명)	120	100	70

※ 추가지원금은 연구 계획 사전평가결과에 따라 달라짐
- 협업 장려를 위해 협업이 인정되는 모임에는 위의 두 지원금을 합한 금액의 30%를 별도로 지원한다.

〈연구모임 현황 및 평가결과〉

모임	상품개발 여부	구성원 수	연구 계획 사전평가결과	협업 인정 여부
A	○	5	상	○
B	×	6	중	×
C	×	8	상	○
D	○	7	중	×
E	×	9	하	×

① A

② B

③ C

④ D

⑤ E

34 다음은 K회사의 성과급 지급 기준에 대한 자료이다. 甲대리가 받은 성과평가 등급이 다음과 같을 때, 甲대리가 받게 될 성과급은 얼마인가?

〈K회사 성과급 지급 기준〉

■ 개인 성과평가 점수

총	실적	난이도 평가	중요도 평가	신속성
100점	30점	20점	30점	20점

■ 각 성과평가 항목에 대한 등급별 가중치

등급	실적	난이도 평가	중요도 평가	신속성
A등급(매우 우수)	1	1	1	1
B등급(우수)	0.8	0.8	0.8	0.8
C등급(보통)	0.6	0.6	0.6	0.6
D등급(미흡)	0.4	0.4	0.4	0.4

■ 성과평가 결과에 따른 성과급 지급액

구분	성과급 지급액
85점 이상	120만 원
75점 이상 85점 미만	100만 원
65점 이상 75점 미만	80만 원
55점 이상 65점 미만	60만 원
55점 미만	40만 원

〈甲대리 성과평가 등급〉

실적	난이도 평가	중요도 평가	신속성
A등급	B등급	D등급	B등급

① 40만 원
② 60만 원
③ 80만 원
④ 100만 원
⑤ 120만 원

35 다음은 K회사 신제품 개발1팀의 하루 업무 스케줄이다. 신입사원 A씨는 스케줄을 바탕으로 금일 회의 시간을 정하려고 한다. 1시간 동안 진행될 팀 회의의 가장 적절한 시간대는 언제인가?

〈K회사 신제품 개발1팀 스케줄〉

시간	직급별 스케줄				
	부장	차장	과장	대리	사원
09:00 ~ 10:00	업무회의				
10:00 ~ 11:00					비품요청
11:00 ~ 12:00			시장조사	시장조사	시장조사
12:00 ~ 13:00	점심식사				
13:00 ~ 14:00	개발전략수립		시장조사	시장조사	시장조사
14:00 ~ 15:00		샘플검수	제품구상	제품구상	제품구상
15:00 ~ 16:00			제품개발	제품개발	제품개발
16:00 ~ 17:00					
17:00 ~ 18:00			결과보고	결과보고	

① 09:00 ~ 10:00
② 10:00 ~ 11:00
③ 14:00 ~ 15:00
④ 16:00 ~ 17:00
⑤ 17:00 ~ 18:00

36 해외로 출장을 가는 김대리는 다음과 같이 이동하려고 계획하고 있다. 연착 없이 계획대로 출장지에 도착했을 때의 현지 시각은?

- 서울 시각으로 5일 오후 1시 35분에 출발하는 비행기를 타고, 경유지 한 곳을 거쳐 출장지에 도착한다.
- 경유지는 서울보다 1시간 빠르고, 출장지는 경유지보다 2시간 느리다.
- 첫 번째 비행은 3시간 45분이 소요된다.
- 경유지에서 3시간 50분을 대기하고 출발한다.
- 두 번째 비행은 9시간 25분이 소요된다.

① 오전 5시 35분
② 오전 6시
③ 오후 5시 35분
④ 오후 6시
⑤ 오전 7시

37 K공사는 직원들의 교양증진을 위해 사내 도서관에 도서를 추가로 구비하고자 한다. 새로 구매할 도서는 직원들을 대상으로 한 사전조사 결과를 바탕으로 선정점수를 결정한다. 〈조건〉에 따라 추가로 구매할 도서를 선정할 때, 다음 중 최종 선정될 도서는?

〈후보 도서 사전조사 결과〉

도서명	저자	흥미도 점수(점)	유익성 점수(점)
재테크, 답은 있다	정우택	6	8
여행학개론	W. George	7	6
부장님의 서랍	김수권	6	7
IT혁명의 시작	정인성, 유오진	5	8
경제정의론	S. Collins	4	5
건강제일주의	임시학	8	5

조건

- K공사는 전 직원들을 대상으로 후보 도서들에 대한 사전조사를 하였다. 각 후보 도서에 대한 흥미도 점수와 유익성 점수는 전 직원들이 10점 만점으로 부여한 점수의 평균값이다.
- 흥미도 점수와 유익성 점수를 3 : 2의 가중치로 합산하여 1차 점수를 산정하고, 1차 점수가 높은 후보 도서 3개를 1차 선정한다.
- 1차 선정된 후보 도서 중 해외저자의 도서는 가점 1점을 부여하여 2차 점수를 산정한다.
- 2차 점수가 가장 높은 2개의 도서를 최종 선정한다. 만일 선정된 후보 도서들의 2차 점수가 모두 동일한 경우, 유익성 점수가 가장 낮은 후보 도서는 탈락시킨다.

① 재테크, 답은 있다 / 여행학개론
② 재테크, 답은 있다 / 건강제일주의
③ 여행학개론 / 부장님의 서랍
④ 여행학개론 / 건강제일주의
⑤ IT혁명의 시작 / 건강제일주의

38 다음은 K공사의 성과급 지급 기준과 영업팀의 평가표이다. 영업팀에게 지급되는 성과급의 1년 총액은?(단, 성과평가 등급이 A등급이면 직전 분기 차감액의 50%를 가산하여 지급한다)

〈성과급 지급 기준〉

성과평가 점수	성과평가 등급	분기별 성과급 지급액
9.0 이상	A	100만 원
8.0 ~ 8.9	B	90만 원(10만 원 차감)
7.0 ~ 7.9	C	80만 원(20만 원 차감)
6.9 이하	D	40만 원(60만 원 차감)

〈영업팀 평가표〉

구분	1분기	2분기	3분기	4분기
유용성	8	8	10	8
안정성	8	6	8	8
서비스 만족도	6	8	10	8

※ (성과평가 점수)=[(유용성)×0.4]+[(안정성)×0.4]+[(서비스 만족도)×0.2]

① 350만 원
② 360만 원
③ 370만 원
④ 380만 원
⑤ 400만 원

39 다음은 K회사의 TV 광고모델 후보 5명에 대한 자료이다. 〈조건〉을 적용하여 광고모델을 선정할 때, 총 광고효과가 가장 큰 모델은?(단, 광고는 TV를 통해서만 1년 이내에 모두 방송된다)

〈광고모델별 1년 계약금 및 광고 1회당 광고효과〉

(단위 : 만 원)

광고모델	1년 계약금	1회당 광고효과	
		수익 증대 효과	브랜드 가치 증대 효과
지후	1,000	100	100
문희	600	60	100
석이	700	60	110
서현	800	50	140
슬이	1,200	110	110

※ 1회당 광고비는 20만 원임

조건

• (총 광고효과)＝(1회당 광고효과)×(1년 광고횟수)
• (1회당 광고효과)＝(1회당 수익 증대 효과)＋(1회당 브랜드 가치 증대 효과)
• (1년 광고횟수)＝(1년 광고비)÷(1회당 광고비)
• (1년 광고비)＝3,000만 원－(1년 계약금)

① 지후
② 문희
③ 석이
④ 서현
⑤ 슬이

40 K공단의 해외사업부는 5월 중에 2박 3일로 워크숍을 떠나려고 한다. 다음 자료와 〈조건〉을 고려했을 때, 워크숍 일정으로 가장 적절한 날짜는?

〈미세먼지 PM10 등급〉

구간	좋음	보통	약간 나쁨	나쁨	매우 나쁨
예측농도($\mu\text{g/m}^3 \cdot$ 일)	0 ~ 30	31 ~ 80	81 ~ 120	121 ~ 200	201 ~

〈5월 미세먼지 예보〉

(단위 : $\mu\text{g/m}^3$)

일	월	화	수	목	금	토
	1 204	2 125	3 123	4 25	5 132	6 70
7 10	8 115	9 30	10 200	11 116	12 121	13 62
14 56	15 150	16 140	17 135	18 122	19 98	20 205
21 77	22 17	23 174	24 155	25 110	26 80	27 181
28 125	29 70	30 85	31 125			

조건
- 첫째 날과 둘째 날은 예측농도가 '좋음 ~ 약간 나쁨' 사이여야 한다.
- 워크숍 일정은 평일로 하되, 불가피할 시 토요일을 워크숍 마지막 날로 정할 수 있다.
- 매달 둘째, 넷째 주 수요일은 기획회의가 있다.
- 셋째 주 금요일 저녁에는 우수성과팀 시상식이 있다.
- 5월 29 ~ 31일은 중국 현지에서 열리는 컨퍼런스에 참여해야 한다.

① 1 ~ 3일
② 8 ~ 10일
③ 17 ~ 19일
④ 25 ~ 27일
⑤ 29 ~ 31일

41 다음 중 데이터 입력에 대한 설명으로 옳지 않은 것은?

① 셀 안에서 줄 바꿈을 하려면 〈Alt〉+〈Enter〉를 누른다.

② 열의 너비가 좁아 입력된 날짜 데이터 전체를 표시하지 못하는 경우 셀의 너비에 맞춰 '#'이 반복 표시된다.

③ 여러 셀에 숫자나 문자 데이터를 한 번에 입력하려면 여러 셀이 선택된 상태에서 데이터를 입력한 후 바로 〈Shift〉+〈Enter〉를 누른다.

④ 한 행을 블록 설정한 상태에서 〈Enter〉를 누르면 블록 내의 셀이 오른쪽 방향으로 순차적으로 선택되어 행단위로 데이터를 쉽게 입력할 수 있다.

⑤ 〈Ctrl〉+ 세미콜론(;)을 누르면 오늘 날짜, 〈Ctrl〉+〈Shift〉+ 세미콜론(;)을 누르면 현재 시각이 입력된다.

42 다음은 K사의 신입공채 지원자들에 대한 평가점수를 정리한 자료이다. [B9] 셀에 아래와 같은 함수를 실행하였을 때, [B9]의 결괏값으로 옳지 않은 것은?

	A	B	C	D	E
1	이름	협동점수	태도점수	발표점수	필기점수
2	부경필	75	80	92	83
3	김효남	86	93	74	95
4	박현정	64	78	94	80
5	백자영	79	86	72	97
6	이병현	95	82	79	86
7	노경미	91	86	80	79
8					
9	점수				

	[B9]에 입력된 함수	[B9]의 결괏값
①	=AVERAGE(LARGE(B2:E2,3),SMALL(B5:E5,2))	79.5
②	=SUM(MAX(B3:E3),MIN(B7:E7))	174
③	=AVERAGE(MAX(B7:E7),COUNTA(B6:E6))	50
④	=SUM(MAXA(B4:E4),COUNT(B3:E3))	98
⑤	=AVERAGE(SMALL(B3:E3,3),LARGE(B7:E7,3))	86.5

43 K공사의 P사원은 고객의 지출성향을 파악하기 위하여 다음과 같은 내역을 조사하여 파일을 작성하였다. 다음 중 외식비로 지출된 금액의 총액을 구하고자 할 때, [G5] 셀에 들어갈 함수식으로 옳은 것은?

	A	B	C	D	E	F	G
1							
2		날짜	항목	지출금액			
3		01월 02일	외식비	35,000			
4		01월 05일	교육비	150,000			
5		01월 10일	월세	500,000		외식비 합계	
6		01월 14일	외식비	40,000			
7		01월 19일	기부	1,000,000			
8		01월 21일	교통비	8,000			
9		01월 25일	외식비	20,000			
10		01월 30일	외식비	15,000			
11		01월 31일	교통비	2,000			
12		02월 05일	외식비	22,000			
13		02월 07일	교통비	6,000			
14		02월 09일	교육비	120,000			
15		02월 10일	월세	500,000			
16		02월 13일	외식비	38,000			
17		02월 15일	외식비	32,000			
18		02월 16일	교통비	4,000			
19		02월 20일	외식비	42,000			
20		02월 21일	교통비	6,000			
21		02월 23일	외식비	18,000			
22		02월 24일	교통비	8,000			
23							
24							

① =SUMIF(C4:C23, "외식비", D4:D23)

② =SUMIF(C3:C22, "외식비", D3:D22)

③ =SUMIF(C3:C22, "C3", D3:D22)

④ =SUMIF("외식비", C3:C22, D3:D22)

⑤ =SUMIF(C3:C22, D3:D22, "외식비")

44 다음은 K회사의 공장별 3월 생산량 현황이다. 각 셀에 들어갈 함수와 결괏값으로 옳지 않은 것은?

	A	B	C	D	E	F
1	〈K회사 공장 3월 생산량 현황〉					
2	구분	생산량	단가	금액	순위	
3					생산량 기준	금액 기준
4	안양공장	123,000	10	1,230,000		
5	청주공장	90,000	15	1,350,000		
6	제주공장	50,000	15	750,000		
7	강원공장	110,000	11	1,210,000		
8	진주공장	99,000	12	1,188,000		
9	계	472,000		5,728,000		

① [F4] : =RANK(D4,D4:D8,1) → 4

② [E4] : =RANK(B4,B4:B8,0) → 1

③ [E6] : =RANK(B6,B4:B8,0) → 5

④ [F8] : =RANK(D8,D4:D8,0) → 2

⑤ [E8] : =RANK(B8,B4:B8,0) → 3

45 다음 C 프로그램의 실행 결과로 옳은 것은?

```
#include ⟨stdio.h⟩
int main( )
{
    int sum = 95;
    sum += 3;
    printf("5 + 3 = %d\n", sum);
     return 0;
}
```

① 0

② 1

③ 92

④ 95

⑤ 98

46 고객들의 주민등록번호 앞자리를 정리해 생년, 월, 일로 구분하고자 한다. 각 셀에 사용할 함수식으로 옳은 것은?

▲	A	B	C	D	E
1	이름	주민등록번호 앞자리	생년	월	일
2	김천국	950215			
3	김낙원	920222			
4	박세상	940218			
5	박우주	630521			
6	강주변	880522			
7	홍시요	891021			
8	조자주	910310			

① [C2] : =LEFT(B2,2)
② [D3] : =LEFT(B3,4)
③ [E7] : =RIGHT(B7,3)
④ [D8] : =MID(B7,3,2)
⑤ [E4] : =MID(B4,4,2)

47 다음 중 컴퓨터 바이러스에 대한 설명으로 옳지 않은 것은?

① 소프트웨어뿐만 아니라 하드웨어의 성능에도 영향을 미칠 수 있다.
② 보통 소프트웨어 형태로 감염되나 메일이나 첨부파일은 감염의 확률이 매우 적다.
③ 인터넷의 공개 자료실에 있는 파일을 다운로드하여 설치할 때 감염될 수 있다.
④ 온라인 채팅이나 인스턴트 메신저 프로그램을 통해서 전파되기도 한다.
⑤ 사용자가 인지하지 못한 사이 자가 복제를 통해 다른 정상적인 프로그램을 감염시켜 해당 프로그램이나 다른 데이터 파일 등을 파괴한다.

48 K공사의 L사원은 거래처의 컴퓨터를 빌려서 쓰게 되었는데, 해당 컴퓨터를 부팅하고 바탕화면에 저장된 엑셀 파일을 열자 어디에 사용될지 모르는 고객의 상세한 신상정보가 담겨 있었다. 다음 중 L사원이 취해야 할 태도로 가장 적절한 것은?

① 고객 신상정보를 즉시 지우고 빌린 컴퓨터를 사용한다.
② 고객 신상정보의 훼손을 방지하고자 자신의 USB에 백업해두고 보관해준다.
③ 고객 신상정보를 저장장치에 복사해서 빌린 거래처 담당자에게 되돌려준다.
④ 거래처에 고객 신상정보 삭제를 요청한다.
⑤ 고객 신상정보에 나와 있는 고객에게 연락하여 알려준다.

※ K병원에서 근무하는 A사원은 건강검진 관리 현황을 정리하고 있다. 이어지는 질문에 답하시오. [49~50]

	A	B	C	D	E	F
1	〈건강검진 관리 현황〉					
2	이름	검사구분	주민등록번호	검진일	검사항목 수	성별
3	강민희	종합검진	960809-2******	2024-11-12	18	
4	김범민	종합검진	010323-3******	2024-03-13	17	
5	조현진	기본검진	020519-3******	2024-09-07	10	
6	최진석	추가검진	871205-1******	2024-11-06	6	
7	한기욱	추가검진	980232-1******	2024-04-22	3	
8	정소희	종합검진	001015-4******	2024-02-19	17	
9	김은정	기본검진	891025-2******	2024-10-14	10	
10	박미옥	추가검진	011002-4******	2024-07-21	5	

49 다음 중 2024년 하반기에 검진받은 사람의 수를 확인하려고 할 때 사용해야 할 함수는?

① COUNT

② COUNTA

③ SUMIF

④ MATCH

⑤ COUNTIF

50 다음 중 주민등록번호를 통해 성별을 구분하려고 할 때, 각 셀에 필요한 함수식으로 옳은 것은?

① F3 : =IF(AND(MID(C3,8,1)="2",MID(C3,8,1)="4"),"여자","남자")

② F4 : =IF(AND(MID(C4,8,1)="2",MID(C4,8,1)="4"),"여자","남자")

③ F7 : =IF(OR(MID(C7,8,1)="2",MID(C7,8,1)="4"),"여자","남자")

④ F9 : =IF(OR(MID(C9,8,1)="1",MID(C9,8,1)="3"),"여자","남자")

⑤ F6 : =IF(OR(MID(C6,8,1)="2",MID(C6,8,1)="3"),"남자","여자")

51 다음 〈보기〉 중 조직의 의사결정에 대한 설명으로 옳은 것을 모두 고르면?

> **보기**
> ㉠ 조직 내부 문제에 대한 진단은 비공식적으로 이루어지기도 한다.
> ㉡ 조직 문제에 대한 대안은 기존 방법을 벗어나는 방법에서 새롭게 설계하는 것이 가장 바람직하다.
> ㉢ 조직의 의사결정은 기존 결정에 대한 점진적 수정보다는 급진적인 변화가 발생하는 경향이 존재한다.
> ㉣ 조직 문제에 대한 대안으로 선택된 방안은 조직 내 공식적 승인절차를 거친 후에 실행된다.

① ㉠, ㉡   ② ㉠, ㉣
③ ㉡, ㉢   ④ ㉡, ㉣
⑤ ㉢, ㉣

52 다음은 K회사의 신제품 관련 회의가 끝난 후 작성된 회의록이다. 이를 이해한 내용으로 옳지 않은 것은?

회의일시	2025.03.07	부서	홍보팀, 영업팀, 기획팀
참석자	홍보팀 팀장, 영업팀 팀장, 기획팀 팀장		
회의안건	신제품 홍보 및 판매 방안		
회의내용	- 경쟁 업체와 차별화된 마케팅 전략 필요 - 적극적인 홍보 및 판매 전략 필요 - 대리점 실적 파악 및 소비자 반응 파악 필요 - 홍보팀 업무 증가에 따라 팀원 보충 필요		
회의결과	- 홍보용 보도 자료 작성 및 홍보용 사은품 구매 요청 - 대리점별 신제품 판매량 조사 실시 - 마케팅 기획안 작성 및 공유 - 홍보팀 경력직 채용 공고		

① 이번 회의안건은 여러 팀의 협업이 필요한 사안이다.
② 기획팀은 마케팅 기획안을 작성하고, 이를 다른 팀과 공유해야 한다.
③ 홍보팀 팀장은 경력직 채용 공고와 관련하여 인사팀에 업무협조를 요청해야 한다.
④ 대리점의 신제품 판매량 조사는 소비자들의 반응을 파악하기 위한 것이다.
⑤ 영업팀은 홍보용 보도 자료를 작성하고, 홍보용 사은품을 구매해야 한다.

53 다음은 최팀장이 김사원에게 남긴 음성메시지이다. 김사원이 가장 먼저 처리해야 할 일로 옳은 것은?

> 지금 업무 때문에 밖에 나와 있는데, 전화를 안 받아서 음성메시지 남겨요. 내가 중요한 서류를 안 가져왔어요. 미안한데 점심시간에 서류 좀 가져다 줄 수 있어요? 아, 그리고 이팀장한테 퇴근 전에 전화 좀 달라고 해 줘요. 급한 건 아닌데 확인할 게 있어서 그래요. 나는 오늘 여기서 퇴근할 거니까 회사로 연락 오는 거 있으면 정리해서 오후에 알려 주고. 오전에 박과장이 문의사항이 있어서 방문하기로 했으니까 응대 잘 할 수 있도록 해요. 박과장이 문의한 사항은 관련 서류 정리해서 내 책상에 두었으니까 미리 읽어 보고 궁금한 사항 있으면 연락 주세요.

① 박과장 응대하기
② 최팀장에게 서류 가져다 주기
③ 회사로 온 연락 최팀장에게 알려 주기
④ 이팀장에게 전화하라고 전하기
⑤ 최팀장 책상의 서류 읽어 보기

54 K기업에서는 부패방지 교육을 위해 오늘 일과 중 1시간을 반영하여 부서별로 토론식 교육을 할 것을 지시하였다. A사원은 적당한 교육시간을 판단하여 보고하여야 한다. 부서원의 스케줄이 다음과 같을 때, 교육을 편성하기에 가장 적절한 시간은 언제인가?

시간	직급별 스케줄				
	부장	차장	과장	대리	사원
09:00 ~ 10:00	부서장 회의				
10:00 ~ 11:00					비품 신청
11:00 ~ 12:00			고객 응대		
12:00 ~ 13:00	점심식사				
13:00 ~ 14:00	부서 업무 회의				
14:00 ~ 15:00				타 지점 방문	
15:00 ~ 16:00			일일 업무 결산		
16:00 ~ 17:00		업무보고			
17:00 ~ 18:00	업무보고				

① 09:00 ~ 10:00
② 10:00 ~ 11:00
③ 13:00 ~ 14:00
④ 14:00 ~ 15:00
⑤ 15:00 ~ 16:00

55 다음 대화를 읽고 조직 목표의 기능과 특징으로 적절하지 않은 것은?

> 이대리 : 박부장님께서 우리 회사의 목표가 무엇인지 생각해 본 적 있냐고 하셨을 때 당황했어. 평소에 딱히 생각하고 지내지 않았던 것 같아.
> 김대리 : 응, 그러기 쉽지. 개인에게 목표가 있어야 그것을 위해서 무언가를 하는 것처럼 당연히 조직에도 목표가 있어야 하는데 조직에 속해 있으면 당연히 알아두어야 한다고 생각해.

① 조직이 존재하는 정당성을 제공한다.
② 의사결정을 할 때뿐만 아니라 하고 나서의 기준으로도 작용한다.
③ 공식적 목표와 실제적 목표는 다를 수 있다.
④ 동시에 여러 개를 추구하는 것보다 하나씩 순차적으로 처리해야 한다.
⑤ 목표 간에는 위계 관계와 상호 관계가 공존한다.

56 다음 〈보기〉 중 경영의 4요소로 옳은 것을 모두 고르면?

> **보기**
> ㄱ. 조직의 목적을 달성하기 위해 경영자가 수립하는 것으로 더욱 구체적인 방법과 과정이 담겨 있다.
> ㄴ. 조직에서 일하는 구성원으로 경영은 이들의 직무수행에 기초하여 이루어지기 때문에 이것의 배치 및 활용이 중요하다.
> ㄷ. 생산자가 상품 또는 서비스를 소비자에게 유통하는 데 관련된 모든 체계적 경영 활동이다.
> ㄹ. 특정의 경제적 실체에 관하여 이해관계를 이루는 사람들에게 합리적인 경제적 의사결정을 하는 데 유용한 재무적 정보를 제공하기 위한 일련의 과정 또는 체계이다.
> ㅁ. 경영하는 데 사용할 수 있는 돈으로, 이것이 충분히 확보되는 정도에 따라 경영의 방향과 범위가 정해지게 된다.
> ㅂ. 조직이 변화하는 환경에 적응하기 위하여 경영활동을 체계화하는 것으로, 목표달성을 위한 수단이다.

① ㄱ, ㄴ, ㄷ, ㄹ   ② ㄱ, ㄴ, ㄷ, ㅁ
③ ㄱ, ㄴ, ㅁ, ㅂ   ④ ㄷ, ㄹ, ㅁ, ㅂ
⑤ ㄴ, ㄷ, ㅁ, ㅂ

57 다음 중 경영 전략 추진과정을 바르게 나열한 것은?

① 경영 전략 도출 → 환경 분석 → 전략 목표 설정 → 경영 전략 실행 → 평가 및 피드백
② 경영 전략 도출 → 경영 전략 실행 → 전략 목표 설정 → 환경 분석 → 평가 및 피드백
③ 전략 목표 설정 → 환경 분석 → 경영 전략 도출 → 경영 전략 실행 → 평가 및 피드백
④ 전략 목표 설정 → 경영 전략 도출 → 경영 전략 실행 → 환경 분석 → 평가 및 피드백
⑤ 환경 분석 → 전략 목표 설정 → 경영 전략 도출 → 경영 전략 실행 → 평가 및 피드백

58 K광고회사에 근무 중인 A대리는 S기업의 스마트폰 광고 프로젝트를 진행하게 되었고, 마침내 최종 결과물을 발표할 일만 남겨두고 있다. A대리가 광고를 의뢰한 업체의 관계자를 대상으로 프레젠테이션을 진행한다고 할 때, 다음 〈보기〉 중 A대리가 준비해야 할 일을 모두 고르면?

> **보기**
> ㉠ 프레젠테이션할 내용을 완전히 숙지한다.
> ㉡ 프레젠테이션 예행연습을 한다.
> ㉢ 팀원들의 니즈를 파악한다.
> ㉣ 프레젠테이션에 활용할 다양한 시청각 기자재를 준비한다.
> ㉤ 요점을 구체적이면서도 자세하게 전달할 수 있도록 연습한다.

① ㉠, ㉡   ② ㉡, ㉢
③ ㉠, ㉡, ㉢   ④ ㉠, ㉡, ㉣
⑤ ㉡, ㉣, ㉤

59 김팀장은 매주 화요일 팀원이 모두 참여하는 팀 회의를 통해 중요한 사항에 대해 함께 결정한다. 처음에는 회의로 인해 개인 업무를 처리할 시간이 줄어들 것이라는 팀원들의 걱정도 있었지만, 우려와 달리 많은 장점을 발견하게 되었다. 다음 중 김팀장이 발견한 조직 내 집단의사결정의 장점으로 옳지 않은 것은?

① 각자 다른 시각으로 문제를 바라봄에 따라 다양한 견해를 가지고 접근할 수 있다.
② 결정된 사항에 대하여 구성원들이 보다 수월하게 수용할 수 있다.
③ 구성원 간 의사소통의 기회가 향상된다.
④ 더 많은 지식과 정보로 효과적인 결정을 하도록 돕는다.
⑤ 의견이 서로 불일치하더라도 빠르게 의사결정을 완료할 수 있다.

60 다음 중 조직 목표의 기능에 대한 설명으로 옳지 않은 것은?

① 조직이 나아갈 방향을 제시해 주는 기능을 한다.
② 조직 구성원의 의사결정 기준의 기능을 한다.
③ 조직 구성원의 행동에 동기를 유발시키는 기능을 한다.
④ 조직을 운영하는 데 융통성을 제공하는 기능을 한다.
⑤ 조직 구조나 운영 과정과 같이 조직 체제를 구체화할 수 있는 기준이 된다.

※ 사내 의무실 체온계의 고장으로 새로운 체온계를 구입하였다. 다음 설명서를 읽고 이어지는 질문에 답하시오.
 [61~62]

〈설명서〉

■ **사용방법**
1) 체온을 측정하기 전 새 렌즈필터를 부착하여 주세요.
2) 〈ON〉 버튼을 눌러 액정화면이 켜지면 귓속에 체온계를 삽입합니다.
3) 〈START〉 버튼을 눌러 체온을 측정합니다.
4) 측정이 잘 이루어졌으면 '삐' 소리와 함께 측정 결과가 액정화면에 표시됩니다.
5) 60초 이상 사용하지 않으면 자동으로 전원이 꺼집니다.

■ **체온 측정을 위한 주의사항**
– 오른쪽 귀에서 측정한 체온은 왼쪽 귀에서 측정한 체온과 다를 수 있습니다. 그러므로 항상 같은 귀에서 체온을 측정하십시오.
– 체온을 측정할 때는 정확한 측정을 위해 과다한 귀지가 없도록 하십시오.
– 한쪽 귀를 바닥에 대고 누워 있었을 때, 매우 춥거나 더운 곳에 노출되어 있는 경우, 목욕을 한 직후 등은 외부적 요인에 의해 귀 체온측정에 영향을 미칠 수 있으므로 이런 경우에는 30분 정도 기다리신 후 측정하십시오.

■ **문제해결**

상태	해결방법	에러 메시지
렌즈필터가 부착되어 있지 않음	렌즈필터를 끼우세요.	▬ ▬
체온계가 렌즈의 정확한 위치를 감지할 수 없어 정확한 측정이 어려움	〈ON〉 버튼을 3초간 길게 눌러 화면을 지운 다음 정확한 위치에 체온계를 넣어 측정합니다.	POE
측정체온이 정상범위 (34 ~ 42.2℃)를 벗어난 경우 – HI : 매우 높음 – LO : 매우 낮음	온도가 10℃와 40℃ 사이인 장소에서 체온계를 30분간 보관한 다음 다시 측정하세요.	HI℃ LO℃
건전지 수명이 다하여 체온 측정이 불가능한 상태	새로운 건전지(1.5V AA타입 2개)로 교체하세요.	▬ ▬ ▬

61 근무 중 몸이 좋지 않아 의무실을 방문한 A사원은 설명서를 바탕으로 체온을 측정하려고 한다. 다음 중 체온 측정 과정으로 가장 적절한 것은?

① 렌즈필터가 깨끗하여 새 것으로 교체하지 않고 체온을 측정하였다.

② 오른쪽 귀의 체온이 38℃로 측정되어 다시 왼쪽 귀의 체온을 측정하였다.

③ 정확한 측정을 위해 귓속의 귀지를 제거한 다음 체온을 측정하였다.

④ 정확한 측정을 위해 영점 조정을 맞춘 뒤 체온을 측정하였다.

⑤ 구비되어 있는 렌즈필터가 없어 렌즈를 알코올 솜으로 닦은 후 측정하였다.

62 체온계 사용 중 'POE'의 에러 메시지가 떴다. 이에 대한 해결방법으로 가장 적절한 것은?

① 〈ON〉 버튼을 3초간 길게 눌러 화면을 지운 다음 정확한 위치에서 다시 측정한다.

② 렌즈필터가 부착되어 있지 않으므로 깨끗한 새 렌즈필터를 끼운다.

③ 1분간 그대로 둬서 전원을 끈 다음 〈ON〉 버튼을 눌러 다시 액정화면을 켠다.

④ 건전지 삽입구를 열어 1.5V AA타입 2개의 새 건전지로 교체한다.

⑤ 온도가 10℃와 40℃ 사이인 장소에서 체온계를 30분간 보관한 다음 다시 측정한다.

※ 교육서비스 업체인 K사에서는 업무 효율화를 위해 업무용 태블릿PC '에듀프렌드'를 전 직원에게 제공하기로 결정하였다. 다음 제품 설명서를 참고하여 이어지는 질문에 답하시오. [63~64]

〈제품 설명서〉

■ 지원기능
1. 학습자 관리
   - 인적사항 등록 매뉴얼에서 학습자 인적사항을 등록할 수 있습니다.
   - 학습자 지도 및 평가 계획안을 첨부하여 등록할 수 있습니다.
   - 입력된 학습자 인적사항은 가나다순 또는 등록일자순, 나이순, 지역순으로 정렬할 수 있습니다.
   - 키워드 입력을 통해 원하는 학습자 정보를 검색할 수 있습니다.
2. 교사 스케줄링
   - 캘린더에 일정을 등록할 수 있고, 등록된 일정은 월별·주별·시간대별로 설정하여 확인할 수 있습니다.
   - 중요한 일정은 알람을 설정할 수 있습니다.
   - 위치정보를 활용해 학습자 방문지와의 거리 및 시간 정보와 경로를 탐색할 수 있습니다.
   - Office 문서작성을 지원하며, 터치펜으로 메모를 작성할 수 있습니다.
3. 커뮤니티
   - 커뮤니티에 접속해 공지사항을 확인할 수 있고, 게시판 기능을 활용할 수 있습니다.
   - 화상전화를 지원하여, 학습자와 시간과 장소에 제한 없이 소통할 수 있습니다.

■ 제품사양

프로세서	CPU 속도 1.7GHz	
디스플레이	Size 165.5×77×8.8mm, Weight 200g	
	해상도 2960×1440	
메모리	내장 500GB, 외장 500GB(총 1TB 지원)	
카메라	표준 2,400만 화소	
연결	USB 지원	블루투스 지원
	GPS 지원	이어잭 지원
	Wi-Fi 지원	-
배터리	표준 배터리 용량 4000mAh	
	비디오 재생시간 20h	

■ 주의사항
   - 물 또는 빗물에 던지거나 담그지 마십시오.
   - 젖은 배터리를 사용하거나 충전하지 마십시오.
   - 화기 가까이 두지 마십시오(가급적 0 ~ 40℃ 사이에서 사용하세요).
   - 신용카드, 전화카드, 통장 등의 자성을 이용한 제품에 가까이 두지 마십시오.
   - 소량의 유해물질이 있으니 기기를 분해하지 마십시오.
   - 기기를 떨어뜨리지 마십시오.
   - 기기에 색을 칠하거나 도료를 입히지 마십시오.
   - 출력 커넥터에 허용되는 헤드셋 또는 이어폰을 사용하십시오.
   ※ 지시사항을 위반하였을 때 제품손상이 발생할 수 있음

63 A사원은 '에듀프렌드'를 제공받아 업무를 수행하였다. 다음 중 A사원이 에듀프렌드를 사용하여 수행한 업무로 적절하지 않은 것은?

① 학습자 지도 및 평가 계획안의 메모리 용량(600GB)이 커서 일부분을 업로드하지 못하였다.

② 인적사항 등록 매뉴얼에서 A사원이 관리하는 학생 100명의 인적사항을 등록하였다.

③ A사원의 관리대상인 학습자 B군과 미팅을 잡고, 캘린더에 일정 알람을 등록하였다.

④ 위치정보를 활용해 학습자 B군의 집까지 최적 경로와 소요 시간을 탐색하였다.

⑤ 커뮤니티에 접속하여 공지사항을 통해 상반기 워크숍 일정을 확인하였다.

64 A사원이 '에듀프렌드'를 사용하기 위해 전원 버튼을 눌렀지만, 전원이 켜지지 않았다. 다음 중 그 원인으로 적절하지 않은 것은?

① 에듀프렌드의 출력 커넥터와 맞지 않는 이어폰을 꽂아 사용하였다.

② 차량용 자석 거치대를 설치하여 운전 시에 에듀프렌드를 자석 거치대 위에 두었다.

③ 식당에서 물을 쏟아 가방에 들어있던 에듀프렌드가 물에 젖어버렸다.

④ 주머니에 들어 있던 에듀프렌드를 바닥으로 떨어뜨렸다.

⑤ 에듀프렌드에 보호 커버를 씌우고, 보호 커버 위에 매직펜으로 이름을 썼다.

65 다음 설명에 해당하는 벤치마킹으로 옳은 것은?

> 프로세스에 있어 최고로 우수한 성과를 보유한 동일 업종의 비경쟁적 기업을 대상으로 한다. 접근 및 자료 수집이 용이하고, 비교 가능한 업무·기술 습득이 상대적으로 용이한 반면, 문화 및 제도적인 차이로 발생되는 효과에 대한 검토가 없을 경우, 잘못된 분석 결과의 발생 가능성이 높은 단점이 있다.

① 내부 벤치마킹　　　　　　　　　　② 경쟁적 벤치마킹
③ 비경쟁적 벤치마킹　　　　　　　　④ 글로벌 벤치마킹
⑤ 간접적 벤치마킹

66 다음 글을 읽고 추론할 수 있는 기술 혁신의 특성으로 옳은 것은?

> 인간의 개별적인 지능과 창의성, 상호학습을 통해 발생하는 새로운 지식과 경험은 빠른 속도로 축적되고 학습되지만, 이러한 지식은 문서화되기 어렵기 때문에 다른 사람들에게 쉽게 전파될 수 없다. 따라서 연구개발에 참가한 연구원과 엔지니어들이 그 기업을 떠나는 경우 기술과 지식의 손실이 크게 발생하여 기술 개발을 지속할 수 없는 경우가 종종 발생한다.

① 기술 혁신은 그 과정 자체가 매우 불확실하다.
② 기술 혁신은 장기간의 시간을 필요로 한다.
③ 기술 혁신은 지식 집약적인 활동이다.
④ 기술 혁신 과정의 불확실성과 모호함은 기업 내에서 많은 갈등을 유발할 수 있다.
⑤ 기술 혁신은 조직의 경계를 넘나든다.

67 다음 중 산업 재해의 예방 대책 순서로 옳은 것은?

① 사실의 발견 → 안전 관리 조직 → 원인 분석 → 시정책 선정 → 시정책 적용 및 뒤처리
② 사실의 발견 → 원인 분석 → 시정책 선정 → 안전 관리 조직 → 시정책 적용 및 뒤처리
③ 안전 관리 조직 → 원인 분석 → 사실의 발견 → 시정책 선정 → 시정책 적용 및 뒤처리
④ 안전 관리 조직 → 사실의 발견 → 원인 분석 → 시정책 선정 → 시정책 적용 및 뒤처리
⑤ 안전 관리 조직 → 원인 분석 → 시정책 선정 → 사실의 발견 → 시정책 적용 및 뒤처리

68 다음 사례의 재해를 예방하기 위한 대책으로 옳지 않은 것은?

> | 재해 개요 | K기업에 설치된 소각로 하부에서 소각재 및 이물질을 하부 배출구로 밀어주는 4번 푸셔가 정상 작동되지 않아 경고판을 무시한 피재해자가 전원부의 차단 없이 에어건을 사용하여 정비 작업 중, 갑자기 작동된 4번 푸셔에 상체가 끼어 사망한 재해 |
> | --- | --- |

① 근로자 상호 간에 불안전한 행동을 지적하여 안전에 대한 이해를 증진시킨다.
② 설비의 정비, 청소 등의 작업 시 근로자가 위험해질 우려가 있는 경우 설비를 정지시킨다.
③ 설비의 운전을 정지하였을 때, 타인이 설비를 운전하는 것을 방지한다.
④ 끼임에 대한 위험성이 있는 장소에는 방호울이나 방책을 설치한다.
⑤ 기계가 양호한 상태로 작동되도록 유지 관리를 한다.

69 다음 중 기술 혁신 과정의 핵심적인 역할이 아닌 것은?

① 아이디어 모방 ② 챔피언
③ 프로젝트 관리 ④ 정보 수문장
⑤ 후원

70 다음 글에 나타난 산업 재해의 원인으로 옳지 않은 것은?

> 전선 제조 사업장에서 고장난 변압기 교체를 위해 K전력 작업자가 변전실에서 작업 준비하던 중 특고압 배전반 내 충전부 COS 1차 홀더에 접촉 감전되어 치료 도중 사망하였다. 증언에 따르면 변전실 TR-5 패널의 내부는 협소하고, 피재해자의 키에 비하여 경첩의 높이가 높아 문턱 위에 서서 불안전한 작업자세로 작업을 실시하였다고 한다. 또한, 피재해자는 전기 관련 자격이 없었으며, 복장은 일반 안전화, 면장갑, 패딩점퍼를 착용한 상태였다.

① 불안전한 행동 ② 불안전한 상태
③ 작업 관리상 원인 ④ 기술적 원인
⑤ 작업 준비 불충분

3일 차
기출응용 모의고사

www.sdedu.co.kr

〈문항 및 시험시간〉

평가영역	문항 수	시험시간	모바일 OMR 답안채점/성적분석 서비스		
[공통] 의사소통＋수리＋문제해결 [법정·상경] 자원관리＋정보 [전산] 정보＋조직이해 [발전설비운영] 자원관리＋기술	50문항	65분	법정·상경	전산	발전설비운영

3일 차 기출응용 모의고사

문항 수 : 50문항
시험시간 : 65분

| 01 | 의사소통능력(공통)

01 다음 글의 제목으로 가장 적절한 것은?

> 맥주의 주원료는 양조용수·보리·홉 등이다. 맥주를 양조하기 위해서는 일반적으로 맥주생산량의 $10 \sim 20$ 배 정도 되는 물이 필요하며, 이것을 양조용수라고 한다. 양조용수는 맥주의 종류와 품질을 좌우하며, 무색·무취·투명해야 한다. 보리를 싹틔워 맥아로 만든 것을 사용하여 맥주를 제조하는데, 맥주용 보리로는 곡립이 고르고 녹말질이 많으며 단백질이 적은 것, 그리고 곡피(穀皮)가 얇으며 발아력이 왕성한 것이 좋다. 홉은 맥주 특유의 쌉쌀한 향과 쓴맛을 만들어 내는 주요 첨가물이며, 맥주를 맑게 하고 잡균의 번식을 막아주는 역할을 한다.
>
> 맥주의 제조공정을 살펴보면 맥아제조, 담금, 발효, 저장, 여과의 다섯 단계로 나눌 수 있다. 이 중 발효공정은 맥즙이 발효되어 술이 되는 과정을 말하는데, 효모가 발효탱크 속에서 맥즙에 있는 당분을 알코올과 탄산가스로 분해한다. 이 공정은 1주일간 이어지며, 그동안 맥즙 안에 있던 당분은 점점 줄어들고 알코올과 탄산가스가 늘어나 맥주가 되는 것이다. 이때 발효 중 맥즙의 온도 상승을 막기 위해 탱크를 냉각 코일로 감고 그 표면을 하얀 폴리우레탄으로 단열시키는데, 그 모습이 마치 남극의 이글루처럼 보이기도 한다.
>
> 발효의 방법에 따라 하면발효 맥주와 상면발효 맥주로 구분되는데, 이는 어떤 온도에서 발효시키느냐에 달려 있다. 세계 맥주 생산량의 70%를 차지하는 하면발효 맥주는 발효 중 밑으로 가라앉는 효모를 사용해 저온에서 발효시킨 맥주를 말한다. 요즘 유행하는 드래프트비어가 바로 여기에 속한다. 반면, 상면발효 맥주는 주로 영국, 미국, 캐나다, 벨기에 등에서 생산되며 발효 중 표면에 떠오르는 효모로 비교적 높은 온도에서 발효시킨 맥주를 말한다. 에일, 스타우트 등이 상면발효 맥주에 포함된다.

① 홉과 발효 방법의 종류에 따른 맥주 구분법
② 주원료에 따른 맥주의 발효 방법 분류
③ 맥주의 주원료와 발효 방법에 따른 맥주의 종류
④ 맥주의 제조공정
⑤ 맥주의 발효 과정

02 다음 글을 바탕으로 할 때 〈보기〉의 밑줄 친 정책의 방향에 대한 추론으로 가장 적절한 것은?

동일한 환경에서 야구공과 고무공을 튕겨 보면, 고무공이 훨씬 민감하게 튀어 오르는 것을 볼 수 있다. 즉, 고무공은 야구공보다 탄력이 좋다. 일정한 가격에서 사람들이 사고자 하는 물건의 양인 수요량에도 탄력성의 개념이 적용될 수 있다. 재화의 가격이 변화할 때 수요량도 변화하게 되는 것이다. 이때 경제학에서는 가격 변화에 대한 수요량 변화의 민감도를 측정하는 표준화된 방법을 수요 탄력성이라고 한다.

수요 탄력성은 수요량의 변화 비율을 가격의 변화 비율로 나눈 값이다. 일반적으로 가격과 수요량은 반비례하므로 수요 탄력성은 음(−)의 값을 가진다. 그러나 통상적으로 음의 부호를 생략하고 절댓값만 표시한다. 가격에 따른 수요량 변화율에 따라 상품의 수요는 '단위 탄력적', '탄력적', '완전 탄력적', '비탄력적', '완전 비탄력적'으로 나눌 수 있다. 수요 탄력성이 1인 경우 수요는 '단위 탄력적'이라고 불린다. 또한, 수요 탄력성이 1보다 큰 경우 수요는 '탄력적'이라고 불린다. 한편 영(0)에 가까운 아주 작은 가격 변화에도 수요량이 매우 크게 변화하면 수요 탄력성은 무한대가 된다. 이 경우의 수요는 '완전 탄력적'이라고 불린다. 소비하지 않아도 생활에 지장이 없는 사치품이 이에 해당한다. 반면, 수요 탄력성이 1보다 작다면 수요는 '비탄력적'이라고 불린다. 만일 가격이 아무리 변해도 수요량에 어떠한 변화도 나타나지 않는다면 수요 탄력성은 영(0)이 된다. 이 경우 수요는 '완전 비탄력적'이라고 불린다. 생필품이 이에 해당한다.

수요 탄력성의 크기는 상품의 가격이 변할 때 이 상품에 대한 소비자의 지출이 어떻게 변하는지를 알려 준다. 상품에 대한 소비자의 지출액은 가격에 수요량을 곱한 것이다. 먼저 상품의 수요가 탄력적인 경우를 따져보자. 이 경우에는 수요 탄력성이 1보다 크기 때문에, 가격이 오른 정도에 비해 수요량이 많이 감소한다. 이에 따라, 가격이 상승하면 소비자의 지출액은 가격이 오르기 전보다 감소한다. 반면에 가격이 내릴 때는 가격이 내린 정도에 비해 수요량이 많아지므로 소비자의 지출액은 증가한다. 물론 수요가 비탄력적이면 위와 반대되는 현상이 일어난다. 즉, 가격이 상승하면 소비자의 지출액은 증가하며, 가격이 하락하면 소비자의 지출액은 감소하게 된다.

> **보기**
>
> K국가의 정부는 경제 안정화를 위해 개별 소비자들이 지출액을 줄이도록 유도하는 <u>정책</u>을 시행하기로 하였다.

① 생필품의 가격은 높이고 사치품의 가격은 유지하려고 할 것이다.
② 생필품의 가격은 낮추고 사치품의 가격은 높이려고 할 것이다.
③ 생필품의 가격은 유지하고 사치품의 가격은 낮추려고 할 것이다.
④ 생필품과 사치품의 가격을 모두 유지하려고 할 것이다.
⑤ 생필품과 사치품의 가격을 모두 낮추려고 할 것이다.

03 다음 문단을 논리적 순서대로 바르게 나열한 것은?

> (가) 상품 생산자, 즉 판매자는 화폐를 얻기 위해 자신의 상품을 시장에 내놓는다. 하지만 생산자가 만들어
> 낸 상품이 시장에 들어서서 다른 상품이나 화폐와 관계를 맺게 되면, 이제 그 상품은 주인에게 복종하기
> 를 멈추고 자립적인 삶을 살아가게 된다.
> (나) 이처럼 상품이나 시장 법칙은 인간에 의해 산출된 것이지만, 이제 거꾸로 상품이나 시장 법칙이 인간을
> 지배하게 된다. 이때, 인간 및 인간들 간의 관계가 소외되는 현상이 나타난다.
> (다) 상품은 그것을 만들어 낸 생산자의 분신이지만, 시장 안에서는 상품이 곧 독자적인 인격체가 된다. 즉,
> 사람이 주체가 아니라 상품이 주체가 된다.
> (라) 또한 사람들이 상품들을 생산하여 교환하는 과정에서 시장의 경제 법칙을 만들어 냈지만, 이제 거꾸로
> 상품들은 인간의 손을 떠나 시장 법칙에 따라 교환된다. 이런 시장 법칙의 지배 아래에서는 사람과 사람
> 간의 관계가 상품과 상품, 상품과 화폐 등 사물과 사물 간의 관계에 가려 보이지 않게 된다.

① (가) - (다) - (나) - (라)　　　　② (가) - (다) - (라) - (나)
③ (다) - (가) - (라) - (나)　　　　④ (다) - (라) - (가) - (나)
⑤ (다) - (라) - (나) - (가)

04 다음 중 빈칸 ㉠ ~ ㉤에 들어갈 말을 순서대로 바르게 나열한 것은?

〈경청의 5단계〉

단계	경청 정도	내용
㉠	0%	상대방은 이야기를 하지만, 듣는 사람에게 전달되는 내용은 하나도 없는 단계
㉡	30%	상대방의 이야기를 듣는 태도는 취하고 있지만, 자기 생각 속에 빠져 있어 이야기의 내용이 전달되지 않는 단계
㉢	50%	상대방의 이야기를 듣기는 하나, 자신이 듣고 싶은 내용을 선택적으로 듣는 단계
㉣	70%	상대방이 어떤 이야기를 하는지 내용에 집중하면서 듣는 단계
㉤	100%	상대방의 이야기에 집중하면서 의도와 목적을 추측하고, 이해한 내용을 상대방에게 확인하면서 듣는 단계

	㉠	㉡	㉢	㉣	㉤
①	선택적 듣기	무시	듣는 척하기	공감적 듣기	적극적 듣기
②	듣는 척하기	무시	선택적 듣기	적극적 듣기	공감적 듣기
③	듣는 척하기	무시	선택적 듣기	공감적 듣기	적극적 듣기
④	무시	듣는 척하기	선택적 듣기	적극적 듣기	공감적 듣기
⑤	무시	듣는 척하기	적극적 듣기	공감적 듣기	선택적 듣기

05 다음 중 밑줄 친 단어와 바꿔 사용할 수 있는 것은?

> 국가대표팀을 이끌었던 감독이 경기를 마친 뒤 선수들을 향한 애정을 드러내 눈길을 끌었다. 감독은 결승 경기 이후 진행된 인터뷰에서 "선수들이 여기까지 올라온 건 충분히 자긍심을 가질 만한 결과이다."라고 이야 기했다. 이어 감독은 동고동락한 선수들과의 일을 <u>떠올리다</u> 감정이 벅차 말을 잇지 못하기도 했다. 한편 경기 에서 최선을 다한 선수들을 향한 뜨거운 응원은 계속 이어지고 있다.

① 회상하다   ② 연상하다
③ 상상하다   ④ 남고하다
⑤ 예상하다

06 다음 중 밑줄 친 단어의 성격이 다른 것은?

① 어른들에게 반말하는 버릇을 <u>고쳐라</u>.
② 장마철이 오기 전에 지붕을 <u>고쳐라</u>.
③ 엉뚱한 원고를 <u>고치다</u>.
④ 늦잠 자는 습관을 <u>고치기가</u> 쉽지 않다.
⑤ 성종은 옷을 바로 잡으시고 자리를 <u>고쳐</u> 앉으시었다.

07 다음 글에 대한 설명으로 가장 적절한 것은?

보름달 중에 가장 크게 보이는 보름달을 슈퍼문이라고 한다. 이때 보름달이 크게 보이는 이유는 달이 평소보다 지구에 가까이 있기 때문이다. 슈퍼문이 되려면 보름달이 되는 시점과 달이 지구에 가장 가까워지는 시점이 일치하여야 한다. 달의 공전 궤도가 완벽한 원이라면 지구에서 달까지의 거리가 항상 똑같을 것이다. 하지만 실제로는 타원 궤도여서 달이 지구에 가까워지거나 멀어지는 현상이 생긴다. 유독 달만 그런 것은 아니고 태양계의 모든 행성이 태양을 중심으로 타원 궤도로 돈다. 이것이 바로 그 유명한 케플러의 행성운동 제1법칙이다.

지구와 달의 평균 거리는 약 38만km인 반면 슈퍼문일 때는 그 거리가 35만 7,000km 정도로 가까워진다. 달의 반지름은 약 1,737km이므로, 지구와 달의 거리가 평균 정도일 때 지구에서 보름달을 바라보는 시각도*는 0.52도 정도인 반면, 슈퍼문일 때는 시각도가 0.56도로 커진다. 반대로 보름달이 가장 작게 보일 때, 다시 말해 보름달이 지구에서 제일 멀 때는 그 거리가 약 40만km여서 보름달을 보는 시각도가 0.49도로 작아진다. 밀물과 썰물이 생기는 원인은 지구에 작용하는 달과 태양의 중력 때문인데, 달이 태양보다는 지구에 훨씬 더 가깝기 때문에 더 큰 영향을 미친다. 달이 지구에 가까워지면 평소 달이 지구를 당기는 힘보다 더 강하게 지구를 당긴다. 그리고 달의 중력이 더 강하게 작용하면, 달을 향한 쪽의 해수면은 평상시보다 더 높아진다. 실제 우리나라에서도 슈퍼문일 때 제주도 등 해안가에 바닷물이 평소보다 더 높게 밀려 들어와서 일부 지역이 침수 피해를 겪기도 했다.

한편, 달의 중력 때문에 높아진 해수면이 지구와 함께 자전을 하다보면 지구의 자전을 방해하게 된다. 일종의 브레이크가 걸리는 셈이다. 이 때문에 지구의 자전 속도가 느려지게 되고 그 결과 하루의 길이에 미세하게 차이가 생긴다. 실제 연구 결과에 따르면 100만 년에 17초 정도씩 길어지는 효과가 생긴다고 한다.

*시각도 : 물체의 양끝에서 눈의 결합점을 향하여 그은 두 선이 이루는 각을 의미함

① 지구에서 태양까지의 거리는 1년 동안 항상 일정하다.
② 해수면의 높이는 지구와 달의 거리와 관계가 없다.
③ 달이 지구에서 멀어지면 궤도에서 벗어나지 않기 위해 평소보다 더 강하게 지구를 잡아당긴다.
④ 지구와 달의 거리가 36만km 정도인 경우, 지구에서 보름달을 바라보는 시각도는 0.49도보다 크다.
⑤ 달의 중력 때문에 지구가 자전하는 속도는 점점 빨라지고 있다.

08 다음 글을 읽고 인조를 비판할 수 있는 내용으로 적절하지 않은 것은?

1636년(인조 14년) 4월 국세를 확장한 후금의 홍타이지(태종)는 스스로 황제라 칭하고, 국호를 청으로 수도는 심양으로 정하였다. 심양으로의 천도는 명나라를 완전히 압박하여 중원 장악의 기틀을 마련하기 위함이었다. 후금은 명 정벌에 앞서 그 배후가 될 수 있는 조선을 확실히 장악하기 위해 조선에 군신관계를 맺을 것도 요구해 왔다. 이러한 청 태종의 요구는 인조와 조선 조정을 격분시켰다.

결국 강화회담의 성립으로 전쟁은 종료되었지만, 정묘호란 이후에도 후금에 대한 강경책의 목소리가 높았다. 1627년 정묘호란을 겪으면서 맺은 형제관계조차도 무효로 하고자 하는 상황에서, 청 태종을 황제로 섬길 것을 요구하는 무례에 분노했던 것이다. 이제껏 오랑캐라고 무시했던 후금을 명나라와 동등하게 대우하여야 한다는 조처는 인조와 서인 정권의 생리에 절대 맞지가 않았다. 특히 후금이 통사적인 조건의 10배가 넘는 무역을 요구해 오자 인조의 분노는 폭발하였다.

전쟁의 여운이 어느 정도 사라진 1634년 인조는 "이기고 짐은 병가의 상사이다. 금나라 사람이 강하긴 하지만 싸울 때마다 반드시 이기지는 못할 것이며, 아군이 약하지만 싸울 때마다 반드시 패하지도 않을 것이다. 옛말에 '의지가 있는 용사는 목이 떨어질 각오를 한다.'고 하였고, 또 '군사가 교만하면 패한다.'고 하였다. 오늘날 무사들이 만약 자신을 잊고 순국한다면 이 교만한 오랑캐를 무찌르기는 어려운 일이 아니다."라는 하교를 내리면서 전쟁을 결코 피하지 않을 것임을 선언하였다. 조선은 또다시 전시 체제에 돌입했다.

신흥 강국 후금에 대한 현실적인 힘을 무시하고 의리와 명분을 고집한 집권층의 닫힌 의식은 스스로 병란을 자초한 꼴이 되었다. 정묘호란 때 그렇게 당했으면서도 내부의 국방력에 대한 철저한 점검이 없이 맞불 작전으로 후금에 맞서는 최악의 길을 택한 것이다.

① 오랑캐의 나라인 후금을 명나라와 동등하게 대우한다는 것은 있을 수 없습니다.
② 감정 따로 현실 따로인 법, 힘과 국력이 문제입니다. 현실을 직시해야 합니다.
③ 그들의 요구를 물리친다면 승산 없는 전쟁으로 결과는 불 보듯 뻔합니다.
④ 명분만 내세워 준비 없이 수행하는 전쟁은 더 큰 피해를 입게 될 것입니다.
⑤ 후금은 전쟁을 피해야 할 북방의 최고 강자로 성장한 나라입니다.

09 다음 글의 중심 내용으로 가장 적절한 것은?

서점에 들러 책을 꾸준히 사거나 도서관에서 책을 계속해서 빌리는 사람들이 있다. 그들이 지금까지 사들이거나 빌린 책의 양만 본다면 겉보기에는 더할 나위 없이 훌륭한 습관처럼 보인다. 그러나 과연 그 모든 사람들이 처음부터 끝까지 책을 다 읽었고, 그 내용을 온전히 이해하고 있는지를 묻는다면 이야기는 달라진다. 한 권의 책을 사거나 빌리기 위해 우리는 돈을 지불하고, 틈틈이 도서관을 들리는 수고로움을 감수하지만, 우리가 단순히 책을 손에 쥐고 있다는 사실만으로는 그 안에 담긴 지혜를 배우는 필요조건을 만족시키지 못하기 때문이다. 그러므로 책을 진정으로 소유하기 위해서는 책의 '소유방식'이 바뀌어야 하고, 더 정확히 말하자면 책을 대하는 방법이 바뀌어야 한다.

책을 읽는 데 가장 기본이 되는 것은 천천히 그리고 집중해서 읽는 것이다. 보통의 사람들은 책의 내용이 쉽게 읽히지 않을수록 빠르게 책장을 넘겨버리려고 하는 경향이 있다. 지겨움을 견디기 힘들기 때문이다. 그러나 속도가 빨라지면 이해하지 못하고 넘어가는 부분은 점점 더 많아지고, 급기야는 중도에 포기하는 경우가 생기고 만다. 그러므로 지루하고 이해가 가지 않을수록 천천히 읽어야 한다. 천천히 읽으면 이해되지 않던 것들이 이해되기 시작하고, 비로소 없던 흥미도 생기는 법이다.

또한 어떤 책을 읽더라도 그것을 자신의 이야기로 읽어야 한다. 책을 남의 이야기처럼 읽어서는 결코 자신의 것으로 만들 수 없다. 다른 사람이 쓴 남의 이야기라고 할지라도, 자신과 글쓴이의 입장을 일치시키며 읽어나가야 한다. 그리하여 책을 다 읽은 후 그 내용을 자신만의 말로 설명할 수 있다면, 그것은 성공한 책 읽기라고 할 수 있을 것이다. 남의 이야기처럼 읽는 글은 어떤 흥미도, 그 글을 통해 얻어가는 지식도 있을 수 없다. 그러나 아무 책이나 이러한 방식으로 읽으라는 것은 아니다. 어떤 책을 선택하느냐 역시 책 읽는 이의 몫이기 때문이다. 좋은 책은 쉽게 읽히고, 누구나 이해할 수 있을 만큼 쉽게 설명되어 있는 책이다. 그런 책을 분별하기 어렵다면 주변으로부터 책을 추천받거나 온라인 검색을 해보는 것도 좋다. 책이 쉽게 읽히지 않는다고 하더라도 쉽게 좌절하거나 포기해서는 안 된다.

현대사회에서는 더 이상 독서의 양에 따라 지식의 양을 판단할 수 없다. 지금 이 시대에 중요한 것은 얼마나 많은 지식이 나의 눈과 귀를 거쳐 가느냐가 아니라, 우리에게 필요한 것들을 얼마나 잘 찾아내어 효율적으로 습득하며 이를 통해 나의 지식을 확장할 수 있느냐인 것이다.

① 글쓴이의 입장을 생각하며 책을 읽어야 한다.
② 책은 쉽게 읽혀야 한다.
③ 독서의 목적은 책의 내용을 온전히 소유하는 것이다.
④ 독서 이외의 다양한 정보 습득 경로를 확보해야 한다.
⑤ 같은 책을 반복적으로 읽어 내용을 완전히 이해해야 한다.

10 다음 글에서 추론할 수 없는 것은?

지구와 태양 사이의 거리와 지구가 태양 주위를 도는 방식은 인간의 생존에 유리한 여러 특징을 지니고 있다. 인간을 비롯한 생명이 생존하려면 행성은 액체 상태의 물을 포함하면서 너무 뜨겁거나 차갑지 않아야 한다. 이를 위해 행성은 태양과 같은 별에서 적당히 떨어져 있어야 한다. 이 적당한 영역을 '골디락스 영역'이라고 한다. 또한, 지구가 태양의 중력장 주위를 도는 타원 궤도는 충분히 원에 가깝다. 따라서 연중 태양에서 오는 열에너지가 비교적 일정하게 유지될 수 있다. 만약 태양과의 거리가 일정하지 않았다면 지구는 여름에는 바다가 모두 끓어 넘치고 겨울에는 거대한 얼음덩어리가 되는 불모의 행성이었을 것이다.

우리 우주에 작용하는 근본적인 힘의 세기나 물리법칙도 인간을 비롯한 생명의 탄생에 유리하도록 미세하게 조정되어 있다. 예를 들어 근본적인 힘인 강한 핵력이나 전기력의 크기가 현재 값에서 조금만 달랐다면, 별의 내부에서 탄소처럼 무거운 원소는 만들어질 수 없었고 행성도 만들어질 수 없었을 것이다. 최근 들어 물리학자들은 이들 힘을 지배하는 법칙이 현재와 다르다면 우주는 구체적으로 어떤 모습이 될지 컴퓨터 모형으로 계산했다. 그 결과를 보면 강한 핵력의 강도가 겨우 0.5% 다르거나 전기력의 강도가 겨우 4% 다를 경우에도 탄소나 산소는 우주에서 합성되지 않는다. 따라서 생명 탄생의 가능성도 사라진다. 결국, 강한 핵력이나 전기력을 지배하는 법칙들을 조금이라도 건드리면 우리가 존재할 가능성은 사라지는 것이다.

결론적으로 지구 주위 환경뿐만 아니라 보편적 자연법칙까지도 인류와 같은 생명이 진화해 살아가기에 알맞은 범위 안에 제한되어 있다고 할 수 있다. 만일 그러한 제한이 없었다면 태양계나 지구가 탄생할 수 없었을 뿐만 아니라 생명 또한 진화할 수 없었을 것이다. 우리가 아는 행성이나 생명이 탄생할 가능성을 열어두면서 물리법칙을 변경할 수 있는 폭은 매우 좁다.

① 탄소가 없는 상황에서도 생명은 자연적으로 진화할 수 있다.
② 중력법칙이 현재와 조금만 달라도 지구는 태양으로 빨려 들어간다.
③ 원자핵의 질량이 현재보다 조금 더 크다면 우리 몸을 이루는 원소는 합성되지 않는다.
④ 별 주위의 '골디락스 영역'에 행성이 위치할 확률은 매우 낮지만, 지구는 그 영역에 위치한다.
⑤ 핵력의 강도가 현재와 약간만 달라도 별의 내부에서 무거운 원소가 거의 전부 사라진다.

11 다음은 두 국가의 월별 이민자 수에 대한 자료이다. 이에 대한 설명으로 옳은 것은?

〈A, B국의 이민자 수 추이〉

(단위 : 명)

국가 월	A국	B국
2024년 10월	3,400	2,600
2024년 11월	3,800	2,800
2024년 12월	4,000	2,800

① 2024년 10월 B국 이민자 수는 A국 이민자 수의 75% 미만이다.

② 2024년 11월 A국과 B국 이민자 수의 차이는 A국 이민자 수의 33% 이상이다.

③ 2024년 12월 A국 이민자 수는 A, B국의 이민자 수의 평균보다 800명 더 많다.

④ A국 이민자 수에 대한 B국 이민자 수의 비는 2024년 10월이 가장 크다.

⑤ 월별 이민자 수 차이는 2024년 10월이 가장 크다.

12 새로 얻은 직장의 가까운 곳에 자취를 시작하게 된 한별이는 도어 록의 비밀번호를 새로 설정하려고 한다. 한별이의 도어 록 번호판은 다음과 같이 0을 제외한 1 ~ 9 숫자로 되어 있다. 비밀번호를 서로 다른 4개의 숫자로 구성한다고 할 때, 5와 6을 제외하고, 1과 8이 포함된 4자리 숫자로 만들 확률은?

〈도어 록 비밀번호〉

1 2 3
4 5 6
7 8 9

① $\dfrac{5}{63}$

② $\dfrac{2}{21}$

③ $\dfrac{1}{7}$

④ $\dfrac{10}{63}$

⑤ $\dfrac{13}{63}$

13 다음은 외환위기 전후 한국의 경제 상황을 나타낸 자료이다. 이에 대한 설명으로 옳은 것은?

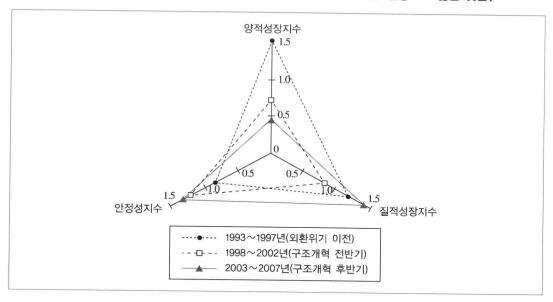

① 1993년 이후 양적성장지수가 감소함에 따라 안정성지수 또한 감소하였다.

② 안정성지수는 구조개혁 전반기와 구조개혁 후반기에 직전기간 대비 모두 증가하였으나, 구조개혁 후반기의 직전기간 대비 증가율은 구조개혁 전반기의 직전기간 대비 증가율보다 낮다.

③ 세 지수 모두에서 구조개혁 전반기의 직전기간 대비 증감폭보다 구조개혁 후반기의 직전기간 대비 증감폭이 크다.

④ 구조개혁 전반기와 후반기 모두 양적성장지수의 직전기간 대비 증감폭보다 안정성지수의 직전기간 대비 증감폭이 크다.

⑤ 외환위기 이전에 비해 구조개혁 전반기에는 양적성장지수와 질적성장지수 모두 50% 이상 감소하였다.

14 농도가 6%인 소금물 700g에서 한 컵의 소금물을 퍼내고, 퍼낸 양만큼 농도가 13%인 소금물을 넣었더니 농도가 9%인 소금물이 되었다. 이때, 퍼낸 소금물의 양은?

① 300g

② 320g

③ 350g

④ 390g

⑤ 450g

15 너비는 같고 지름이 각각 10cm인 A롤러와 3cm인 B롤러로 각각 벽을 칠하고 있다. 두 롤러가 처음으로 같은 면적을 칠했을 때 A롤러와 B롤러 각각의 회전수의 합은?(단, 롤러는 한 번 칠할 때 1회전씩 하며, 회전 중간에 멈추는 일은 없다)

① 11바퀴

② 12바퀴

③ 13바퀴

④ 14바퀴

⑤ 15바퀴

16 철수는 다음과 같은 길을 따라 A에서 C까지 최단 거리로 이동하려고 한다. 최단 거리로 이동하는 동안 점 B를 거쳐서 이동하는 경우의 수는?

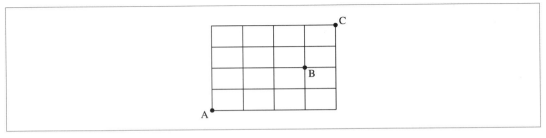

① 15가지

② 24가지

③ 28가지

④ 30가지

⑤ 32가지

17 다음은 연도별 아르바이트 소득에 대한 자료이다. 이에 대한 설명으로 옳은 것은?(단, 비율은 소수점 둘째 자리에서 반올림한다)

〈아르바이트 월 평균 소득 및 평균 시급〉

(단위 : 원, 시간)

구분	2020년	2021년	2022년	2023년	2024년
월 평균 소득	669,000	728,000	733,000	765,000	788,000
평균 시급	6,030	6,470	7,530	8,350	8,590
주간 평균 근로시간	21.8	22.3	22.4	19.8	18.9

① 2021 ~ 2024년 동안 전년 대비 주간 평균 근로시간의 증감 추이는 월 평균 소득의 증감 추이와 같다.
② 전년 대비 2022년 평균 시급 증가액은 전년 대비 2023년 증가액의 3배 이상이다.
③ 평균 시급이 높아질수록 주간 평균 근로시간은 줄어든다.
④ 2023년 대비 2024년 월 평균 소득 증가율은 평균 시급 증가율보다 높다.
⑤ 2020 ~ 2024년 동안 주간 평균 근로시간에 대한 월 평균 소득의 비율이 가장 높은 연도는 2021년이다.

18 다음은 K그룹의 주요 경영지표이다. 이에 대한 설명으로 옳은 것은?

〈경영지표〉

(단위 : 억 원)

구분	공정자산총액	부채총액	자본총액	자본금	매출액	당기순이익
2019년	2,610	1,658	952	464	1,139	170
2020년	2,794	1,727	1,067	481	2,178	227
2021년	5,383	4,000	1,383	660	2,666	108
2022년	5,200	4,073	1,127	700	4,456	−266
2023년	5,242	3,378	1,864	592	3,764	117
2024년	5,542	3,634	1,908	417	4,427	65

① 자본총액은 꾸준히 증가하고 있다.
② 직전 해의 당기순이익과 비교했을 때, 당기순이익이 가장 많이 증가한 해는 2020년이다.
③ 공정자산총액과 부채총액의 차가 가장 큰 해는 2024년이다.
④ 각 지표 중 총액 규모가 가장 큰 것은 매출액이다.
⑤ 2019 ~ 2022년 사이에 자본총액 중 자본금이 차지하는 비중은 계속 증가하고 있다.

19 다음은 국내 신규 박사학위 취득자 분포에 대한 자료이다. 이에 대한 〈보기〉 중 옳은 것을 모두 고르면?

〈연령별 박사학위 취득자 분포〉

(단위 : 명)

구분	남성	여성
30세 미만	196	141
30세 이상 35세 미만	1,811	825
35세 이상 40세 미만	1,244	652
40세 이상 45세 미만	783	465
45세 이상 50세 미만	577	417
50세 이상	1,119	466
합계	5,730	2,966

〈전공계열별 박사학위 취득자 분포〉

(단위 : 명)

구분	남성	여성
인문계열	357	368
사회계열	1,024	649
공학계열	2,441	332
자연계열	891	513
의약계열	581	537
교육·사범계열	172	304
예술·체육계열	266	260
합계	5,732	2,963

보기

㉠ 남성 박사학위 취득자 중 50세 이상이 차지하는 비율은 여성 박사학위 취득자 중 50세 이상이 차지하는 비율보다 높다.

㉡ 전공계열별 박사학위 취득자 중 여성보다 남성의 비율이 높은 순위는 1위가 공학계열, 2위가 사회계열, 3위가 자연계열 순서이다.

㉢ 남성의 연령별 박사학위 취득자 수가 많은 순서와 여성의 연령대별 박사학위 취득자 수가 많은 순서는 같다.

㉣ 연령대가 올라갈수록 남녀 박사학위 취득자 수의 차이는 점점 커지고 있다.

① ㉠, ㉡   ② ㉠, ㉢

③ ㉠, ㉣   ④ ㉡, ㉢

⑤ ㉡, ㉣

20 다음은 기계 100대의 업그레이드 전·후 성능지수에 대한 자료이다. 이에 대한 설명으로 옳은 것은?

〈업그레이드 전·후 성능지수별 대수〉

(단위 : 대)

구분 \ 성능지수	65	79	85	100
업그레이드 전	80	5	0	15
업그레이드 후	0	60	5	35

※ 성능지수는 네 가지 값(65, 79, 85, 100)만 존재하고, 그 값이 클수록 성능지수가 향상됨을 의미함

〈성능지수 향상 폭 분포〉

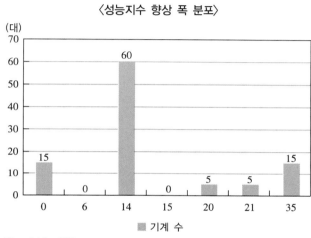

※ 업그레이드를 통한 성능 감소는 없음
※ (성능지수 향상 폭)=(업그레이드 후 성능지수)−(업그레이드 전 성능지수)

① 업그레이드 후 1대당 성능지수는 20 이상 향상되었다.
② 업그레이드 전 성능지수가 65였던 기계의 15%가 업그레이드 후 성능지수 100이 되었다.
③ 업그레이드 전 성능지수가 79였던 모든 기계가 업그레이드 후 성능지수 100이 된 것은 아니다.
④ 업그레이드 전 성능지수가 100이 아니었던 기계 중 업그레이드를 통한 성능지수 향상 폭이 0인 기계가 있다.
⑤ 업그레이드를 통한 성능지수 향상 폭이 35인 기계 대수는 업그레이드 전 성능지수가 100이었던 기계 대수와 같다.

21 K제약사에서는 바이러스를 해결하기 위해 신약 A ~ E를 연구하고 있다. 최종 임상실험에 가 ~ 마 5명이 지원하였고, 결과가 〈조건〉과 같을 때 개발에 성공한 신약은?(단, 성공한 신약을 먹으면 병이 치료된다)

> 조건
>
> 가 : A와 B를 먹고 C는 먹지 않았다. 나머지는 먹었을 수도, 안 먹었을 수도 있다.
> 나 : C와 D를 먹었다. 나머지는 먹었을 수도, 안 먹었을 수도 있다.
> 다 : A와 B를 먹고 E는 먹지 않았다. 나머지는 먹었을 수도, 안 먹었을 수도 있다.
> 라 : B를 먹고 A와 D는 먹지 않았다. 나머지는 먹었을 수도, 안 먹었을 수도 있다.
> 마 : A와 D를 먹고 B, E는 먹지 않았다. 나머지는 먹었을 수도, 안 먹었을 수도 있다.
> ※ 두 명만 병이 치료되었음
> ※ 나는 병이 치료되지 않았음

① A ② B
③ C ④ D
⑤ E

22 한 베이커리에서는 우유식빵, 밤식빵, 옥수수식빵, 호밀식빵을 납품하기로 한 단체 4곳(가 ~ 라)에 한 종류씩 납품한다. 다음 〈조건〉을 참고할 때, 반드시 참인 것은?

> 조건
>
> • 한 단체에 납품하는 빵은 종류가 겹치지 않도록 한다.
> • 우유식빵과 밤식빵은 가에 납품된 적이 있다.
> • 옥수수식빵과 호밀식빵은 다에 납품된 적이 있다.
> • 옥수수식빵은 라에 납품된다.

① 우유식빵은 나에도 납품된 적이 있다.
② 옥수수식빵은 가에도 납품된 적이 있다.
③ 호밀식빵은 가에 납품될 것이다.
④ 우유식빵은 다에 납품된 적이 있다.
⑤ 호밀식빵은 라에도 납품된 적이 있다.

23 다음은 창의적 사고를 개발하기 위한 방법인 자유연상법, 강제연상법, 비교발상법을 그림으로 나타낸 자료이다. (가) ~ (다)를 순서대로 바르게 나열한 것은?

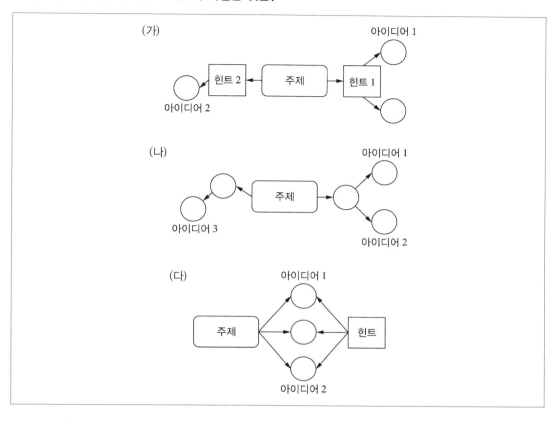

	(가)	(나)	(다)
①	비교발상법	자유연상법	강제연상법
②	강제연상법	자유연상법	비교발상법
③	강제연상법	비교발상법	자유연상법
④	자유연상법	비교발상법	강제연상법
⑤	자유연상법	강제연상법	비교발상법

24 다음 중 브레인스토밍(Brainstorming)에 대한 내용으로 적절하지 않은 것은?

① 아이디어가 많을수록 질적으로 우수한 아이디어가 나온다.
② 다수의 의견을 도출해낼 수 있는 사람을 회의의 리더로 선출한다.
③ 논의하고자 하는 주제를 구체적이고 명확하게 정한다.
④ 다른 사람의 의견을 듣고 자유롭게 비판한다.
⑤ 자유롭게 의견을 공유하고 모든 의견을 기록한다.

25 K공사의 기획팀 B팀장은 C사원에게 K공사에 대한 마케팅 전략 보고서를 요청하였다. C사원이 B팀장에게 제출한 SWOT 분석이 다음과 같을 때, 다음 ⊙ ~ ⑩ 중 SWOT 분석에 들어갈 내용으로 적절하지 않은 것은?

강점(Strength)	• 새롭고 혁신적인 서비스 • ⊙ 직원들에게 가치를 더하는 공사의 다양한 측면 • 특화된 마케팅 전문 지식
약점(Weakness)	• 낮은 품질의 서비스 • ⓒ 경쟁자의 시장 철수로 인한 시장 진입 가능성
기회(Opportunity)	• ⓒ 합작회사를 통한 전략적 협력 구축 가능성 • 글로벌 시장으로의 접근성 향상
위협(Threat)	• ② 주력 시장에 나타난 신규 경쟁자 • ⑩ 경쟁 기업의 혁신적 서비스 개발 • 경쟁 기업과의 가격 전쟁

① ⊙
② ⓒ
③ ⓒ
④ ②
⑤ ⑩

26 각각 다른 심폐기능 등급을 받은 A ~ E 5명 중 등급이 가장 낮은 2명의 환자에게 건강관리 안내문을 발송하려 한다. 심폐기능 측정 결과가 다음 〈조건〉과 같을 때, 발송 대상자가 바르게 짝지어진 것은?

조건

• E보다 심폐기능이 좋은 환자는 2명 이상이다.
• E는 C보다 한 등급 높다.
• B는 D보다 한 등급 높다.
• A보다 심폐기능이 나쁜 환자는 2명이다.

---

① A, C
② B, D
③ B, E
④ C, D
⑤ C, E

27 다음 상황에서 영업팀 A사원에게 해줄 수 있는 조언으로 옳은 것은?

제약회사의 영업팀에 근무 중인 A사원은 성장세를 보이고 있는 타사에 비해 자사의 수익과 성과가 지나치게 적다는 것을 알았다. 그 이유에 대해 알아보기 위해 타사에 근무하고 있는 친구에게 물어본 결과 친구의 회사에서는 영업사원을 대상으로 판매 교육을 진행한다는 것을 알게 되었다. A사원은 이를 바탕으로 개선 방향에 대한 보고서를 제출하였으나, A사원의 상사는 구체적인 문제해결방법이 될 수 없다며 A사원의 보고서를 반려하였다.

① 문제와 해결방안이 상위 시스템과 어떻게 연결되어 있는지 생각하는 전략적 사고가 필요합니다.
② 기존에 가지고 있는 인식의 틀을 전환하여 새로운 관점에서 세상과 사물을 바라보는 발상의 전환이 필요합니다.
③ 전체를 각각의 요소로 나누어 요소마다 의미를 도출한 후 구체적인 문제해결방법을 실행하는 분석적 사고가 필요합니다.
④ 문제해결에 필요한 기술, 재료, 방법 등 필요한 자원 확보 계획을 수립하고, 내・외부자원을 효과적으로 활용해야 합니다.
⑤ 문제해결방법에 대한 기본 지식이 부족하므로 체계적인 교육을 통해 문제해결을 위한 기본 지식과 스킬을 습득해야 합니다.

28 자선 축구대회에 한국, 일본, 중국, 미국 대표팀이 초청되었다. 월요일부터 금요일까지 서울, 수원, 인천, 대전 경기장에서 〈조건〉과 같이 연습을 할 때, 다음 중 옳지 않은 것은?

조건
• 각 경기장에는 한 팀씩 연습하며 연습을 쉬는 팀은 없다.
• 모든 팀은 모든 구장에서 적어도 한 번 이상 연습을 해야 한다.
• 외국에서 온 팀의 첫 훈련은 공항에서 가까운 수도권 지역에 배정한다.
• 이동거리 최소화를 위해 각 팀은 한 번씩 경기장 한 곳을 두 번 연속해서 사용해야 한다.
• 미국은 월요일, 화요일에 수원에서 연습을 한다.
• 목요일에 인천에서는 아시아 팀이 연습을 할 수 없다.
• 금요일에 중국은 서울에서, 미국은 대전에서 연습을 한다.
• 한국은 인천에서 연속으로 연습을 한다.

① 목요일과 금요일에 연속으로 같은 지역에서 연습하는 팀은 없다.
② 수요일에 대전에서는 일본이 연습을 한다.
③ 대전에서는 한국, 중국, 일본, 미국의 순서로 연습을 한다.
④ 한국은 화요일, 수요일에 같은 지역에서 연습을 한다.
⑤ 미국과 일본은 한 곳을 연속해서 사용하는 날이 같다.

29 Z사원은 점심식사 중 식당에 있는 TV에서 정부의 정책에 대한 뉴스가 나오는 것을 보았다. 함께 점심을 먹는 동료들과 뉴스를 보고 나눈 대화의 내용으로 옳지 않은 것은?

〈뉴스〉

앵커 : 저소득층에게 법률서비스를 제공하는 정책을 구상 중입니다. 정부는 무료로 법률자문을 하겠다고 자원하는 변호사를 활용하는 자원봉사제도, 정부에서 법률 구조공단 등의 기관을 신설하고 변호사를 유급으로 고용하여 법률서비스를 제공하는 유급법률구조제도, 정부가 법률서비스의 비용을 대신 지불하는 법률보호제도 등의 세 가지 정책대안 중 하나를 선택할 계획입니다.

이 정책대안을 비교하는 데 고려해야 할 정책목표는 비용저렴성, 접근용이성, 정치적 실현가능성, 법률서비스의 전문성입니다. 정책대안과 정책목표의 관계는 화면으로 보여드립니다. 각 대안이 정책목표를 달성하는 데 유리한 경우는 (+)로, 불리한 경우는 (−)로 표시하였으며, 유·불리 정도는 같습니다. 정책목표에 대한 가중치의 경우, '0'은 해당 정책목표를 무시하는 것을, '1'은 해당 정책목표를 고려하는 것을 의미합니다.

〈정책대안과 정책목표의 상관관계〉

정책목표	가중치		정책대안		
	A안	B안	자원봉사제도	유급법률구조제도	법률보호제도
비용저렴성	0	0	+	−	−
접근용이성	1	0	−	+	−
정치적 실현가능성	0	0	+	−	+
전문성	1	1	−	+	−

① 아마도 전문성 면에서는 유급법률구조제도가 자원봉사제도보다 더 좋은 정책 대안으로 평가받게 되겠군.
② A안에 가중치를 적용할 경우 유급법률구조제도가 가장 적절한 정책대안으로 평가받게 되지 않을까?
③ 반대로 B안에 가중치를 적용할 경우 자원봉사제도가 가장 적절한 정책대안으로 평가받게 될 것 같아.
④ A안과 B안 중 어떤 것을 적용하더라도 정책대안 비교의 결과는 달라지지 않을 것으로 보여.
⑤ 비용저렴성을 달성하기에 가장 유리한 정책대안은 자원봉사제도로군.

30 K공사에서는 지역가입자의 생활수준 및 연간 자동차세액 점수표를 기준으로 지역보험료를 산정한다. 지역가입자 A ~ E의 조건을 보고 보험료를 바르게 계산한 것은?(단, 원 단위 이하는 절사한다)

〈생활수준 및 경제활동 점수표〉

구분		1구간	2구간	3구간	4구간	5구간	6구간	7구간
가입자 성별 및 연령별	남성	20세 미만 / 65세 이상	60세 이상 65세 미만	20세 이상 30세 미만 / 50세 이상 60세 미만	30세 이상 50세 미만	–	–	–
	점수	1.4점	4.8점	5.7점	6.6점			
	여성	20세 미만 / 65세 이상	60세 이상 65세 미만	25세 이상 30세 미만 / 50세 이상 60세 미만	20세 이상 25세 미만 / 30세 이상 50세 미만	–	–	–
	점수	1.4점	3점	4.3점	5.2점			
재산정도 (만 원)		450 이하	450 초과 900 이하	900 초과 1,500 이하	1,500 초과 3,000 이하	3,000 초과 7,500 이하	7,500 초과 15,000 이하	15,000 초과
점수		1.8점	3.6점	5.4점	7.2점	9점	10.9점	12.7점
연간 자동차세액 (만 원)		6.4 이하	6.4 초과 10 이하	10 초과 22.4 이하	22.4 초과 40 이하	40 초과 55 이하	55 초과 66 이하	66 초과
점수		3점	6.1점	9.1점	12.2점	15.2점	18.3점	21.3점

※ (지역보험료)=[(생활수준 및 경제활동 점수)+(재산등급별 점수)+(자동차등급별 점수)]×(부과점수당 금액)
※ 모든 사람의 재산등급별 점수는 200점, 자동차등급별 점수는 100점으로 가정함
※ 부과점수당 금액은 183원임

		성별	연령	재산정도	연간 자동차세액	지역보험료
①	A	남성	32세	2,500만 원	12.5만 원	57,030원
②	B	여성	56세	5,700만 원	35만 원	58,130원
③	C	남성	55세	20,000만 원	43만 원	60,010원
④	D	여성	23세	1,400만 원	6만 원	57,380원
⑤	E	남성	47세	13,000만 원	37만 원	59,350원

※ K공사는 직원들의 명함을 다음 명함 제작 기준에 따라 제작한다. 이어지는 질문에 답하시오. **[31~32]**

〈명함 제작 기준〉

(단위 : 원)

구분	100장	+50장
국문	10,000	3,000
영문	15,000	5,000

※ 고급종이로 제작할 경우 정가의 10% 가격을 추가함

31 올해 신입사원이 입사해서 국문 명함을 만들었다. 명함은 1인당 150장씩 지급하며, 일반종이로 만들어 총 제작비용은 195,000원이다. 신입사원은 총 몇 명인가?

① 12명   ② 13명
③ 14명   ④ 15명
⑤ 16명

32 이번 신입사원 중 해외영업 부서로 배치받은 사원이 있다. 해외영업부 사원들에게는 고급종이로 영문 명함을 200장씩 만들어 주려고 한다. 총인원이 8명일 때 총가격은 얼마인가?

① 158,400원   ② 192,500원
③ 210,000원   ④ 220,000원
⑤ 230,000원

33 A씨와 B씨는 카셰어링 업체인 K카를 이용하여 각각 일정을 소화하였다. K카의 이용요금표와 일정이 다음과 같을 때, A씨와 B씨가 지불해야 하는 요금이 바르게 연결된 것은?

〈K카 이용요금표〉

구분	기준요금 (10분)	누진 할인요금				주행요금
		대여요금(주중)		대여요금(주말)		
		1시간	1일	1시간	1일	
모닝	880원	3,540원	35,420원	4,920원	49,240원	160원/km
레이		3,900원	39,020원	5,100원	50,970원	
아반떼	1,310원	5,520원	55,150원	6,660원	65,950원	170원/km
K3						

※ 주중 / 주말 기준
   − 주중 : 일 20:00 ~ 금 12:00
   − 주말 : 금 12:00 ~ 일 20:00(공휴일 및 당사 지정 성수기 포함)
※ 최소 예약은 30분이며 10분 단위로 연장할 수 있음(1시간 이하는 10분 단위로 환산하여 과금함)
※ 예약시간이 4시간을 초과하는 경우에는 누진 할인요금이 적용됨(24시간 한도)
※ 연장요금은 기준요금으로 부과함
※ 이용시간 미연장에 따른 반납지연 페널티 금액은 초과한 시간에 대한 기준요금의 2배가 됨

〈일정〉

• A씨
   − 차종 : 아반떼
   − 예약시간 : 3시간(토요일, 11:00 ~ 14:00)
   − 주행거리 : 92km
   − A씨는 저번 주 토요일, 친구 결혼식에 참석하기 위해 인천에 다녀왔다. 인천으로 가는 길은 순탄하였으나 돌아오는 길에는 고속도로에서 큰 사고가 있었던 모양인지 예상했던 시간보다 1시간 30분이 더 걸렸다. A씨는 이용시간을 연장해야 한다는 사실을 몰라 하지 못했다.
• B씨
   − 차종 : 레이
   − 예약시간 : 목요일, 금요일 00:00 ~ 08:00
   − 주행거리 : 243km
   − B씨는 납품지연에 따른 상황을 파악하기 위해 강원도 원주에 있는 거래처에 들러 이틀에 걸쳐 일을 마무리한 후 예정된 일정에 맞추어 다시 서울로 돌아왔다.

	A씨	B씨			A씨	B씨
①	61,920원	120,140원		②	62,800원	122,570원
③	62,800원	130,070원		④	63,750원	130,070원
⑤	63,750원	130,200원				

34 K공사의 입사 동기인 6급 사원 A와 B는 남원시로 2박 3일 출장을 갔다. 교통편은 왕복으로 고속버스를 이용하여 총 105,200원을 지출했으며 A와 B는 출장 첫째 날은 6만 원, 둘째 날은 4만 원인 숙박시설을 공동으로 이용했다. A와 B가 받을 국내 출장여비의 총액은?

〈K공사 국내여비 정액표〉

구분	대상	가군	나군	다군
운임	항공운임	실비(1등석 / 비지니스)	실비(2등석 / 이코노미)	
	철도운임	실비(특실)		실비(일반실)
	선박운임	실비(1등급)	실비(2등급)	
	자동차운임	실비		
일비(1일당)		2만 원		
식비(1일당)		2만 5천 원	2만 원	
숙박비(1박당)		실비	실비 (상한액 : 서울특별시 7만 원, 광역시 6만 원, 그 밖의 지역 5만 원)	

※ 비고
1. 가군은 임원과 건강보험정책연구원 원장(이하 이 규칙에서 '원장'이라 한다), 직제규정 시행규칙 별표 5의2의 1그룹에 속하는 직원을, 나군은 1급 직원, 선임연구위원 및 선임전문연구위원을, 다군은 2급 이하 직원과 그 밖의 연구직 직원을 말한다.
2. 자동차운임은 이용하는 대중교통의 실제 요금으로 한다. 이 경우 자가용 승용차를 이용한 경우에는 대중교통 요금에 해당하는 금액을 지급한다.
3. 운임의 할인(관계 법령 따른 국가유공자·장애인 할인, 지역별 우대할인, 공단과 체결한 계약에 따른 할인 등을 말한다)이 가능한 경우에는 할인된 요금에 해당하는 금액으로 지급한다.
4. 다음 각 목의 어느 하나에 해당하는 임직원에 대해서는 위 표에도 불구하고 1박당 그 각 목에서 정하는 금액을 숙박료로 지급한다.
   가. 친지 집 등에 숙박하여 숙박료를 지출하지 않은 경우 : 20,000원
   나. 2명 이상이 공동 숙박하고 총숙박비가 {(1인 기준금액)×[(출장인원수)−1]} 이하로 지출된 경우 : 다음 계산식에 따른 금액. 이 경우 기준금액은 서울특별시는 7만 원, 광역시는 6만 원, 그 밖의 지역은 5만 원으로 하며, 소수점 이하는 올린다.

   $$(개인당\ 지급\ 기준) = \left[(총\ 출장\ 인원) - \frac{(총숙박비)}{(1인\ 기준금액)} \right] \times 20{,}000원$$

5. 교육목적의 출장인 경우에 일비는 다음 각 목의 구분에 따라 지급한다.
   가. 숙박하는 경우 : 등록일·입교일과 수료일만 지급
   나. 숙박하지 아니하는 경우 : 교육 전 기간(등록일·입교일 및 수료일을 포함한다)에 대하여 지급

① 213,200원
② 333,200원
③ 378,200원
④ 443,200원
⑤ 476,200원

35 김과장은 8월 3일부터 2주 동안 미얀마, 베트남, 캄보디아의 해외지사를 방문한다. 원래는 모든 일정이 끝난 8월 14일 입국 예정이었으나, 현지 사정에 따라 일정이 변경되어 8월 15일 23시에 모든 일정이 마무리된다는 것을 출국 3주 전인 오늘 알게 되었다. 이를 바탕으로 가장 효율적인 항공편을 다시 예약하려고 한다. 어떤 항공편을 이용해야 하며, 취소 수수료를 포함하여 드는 총비용은 얼마인가?(단, 늦어도 8월 16일 자정까지는 입국해야 하며, 비용에 상관없이 시간이 적게 걸릴수록 효율적이다)

◆ 해외지점 방문 일정

　대한민국 인천 → 미얀마 양곤(M지사) → 베트남 하노이(B지사) → 베트남 하노이(H지사) → 캄보디아 프놈펜(K지사) → 대한민국 인천

　※ 마지막 날에는 프놈펜 M호텔에서 지사장과의 만찬이 있음

◆ 항공권 취소 수수료

구분	출발 전 50일 ~ 31일	출발 전 30일 ~ 21일	출발 전 20일 ~ 당일 출발	당일 출발 이후 (No - Show)
일반운임	13,000원	18,000원	23,000원	123,000원

◆ 항공편 일정

　• 서울과 프놈펜의 시차는 2시간이며, 서울이 더 빠르다.
　• 숙박하고 있는 프놈펜 M호텔은 공항에서 30분 거리에 위치하고 있다.

항공편	출발 PNH, 프놈펜 (현지 시각 기준)	도착 ICN, 서울 (현지 시각 기준)	비용	경유 여부
103	8/16 11:10	8/17 07:10	262,500원	1회 쿠알라룸푸르
150	8/16 18:35	8/17 07:10	262,500원	1회 쿠알라룸푸르
300	8/16 06:55	8/16 16:25	582,900원	1회 호치민
503	8/16 23:55	8/17 07:05	504,400원	직항
402	8/16 14:30	8/17 13:55	518,100원	1회 광저우
701	8/16 08:00	8/16 22:10	570,700원	2회 베이징 경유, 광저우 체류

① 503 항공편, 522,400원
② 300 항공편, 600,900원
③ 503 항공편, 527,400원
④ 300 항공편, 605,900원
⑤ 503 항공편, 600,900원

36 K기업 부사장이 해외출장에서 귀국하는 날짜가 정해져 8월 5일 이후에 워크숍 날짜를 다시 정하기로 하였다. 〈조건〉에 따라 날짜를 정한다고 할 때, 다음 중 가장 적절한 기간은 언제인가?

〈8월 일정표〉

월	화	수	목	금	토	일
						1
2 부사장 귀국	3 차장 이상 오후 회의	4	5 부사장 외부 일정	6 부사장 외부 일정	7 부사장 외부 일정	8
9	10 B부서 과장 연차	11	12	13	14	15
16	17 B부서 부장 연차	18	19	20 A, C부서 전체 회식	21	22
23	24	25	26 C부서 차장 외부 출장	27 A부서 차장 외부 출장	28	29
30	31 부사장 외부 일정					

※ 일정에 제시되지 않은 임직원은 워크숍에 참석할 수 있음

조건
- 워크숍에 참석하는 부서는 A, B, C부서이다.
- A부서는 과장 2명과 차장 1명, B부서와 C부서는 각각 과장 1명, 차장 1명, 부장 1명이 있다.
- 회사 일정이 있는 날과 회식 전날에는 워크숍 진행이 불가능하다.
- 워크숍은 1박 2일 일정이며, 일요일은 제외한다.
- 부사장과 부장이 모두 참석할 수 있는 날짜로 정한다.
- B부서와 C부서의 과장은 워크숍에 참여하지 않는다.

① 8월 6 ~ 7일   ② 8월 9 ~ 10일
③ 8월 14 ~ 15일   ④ 8월 18 ~ 19일
⑤ 8월 30 ~ 31일

37 신입사원이 소모품을 구매한 영수증에 커피를 쏟아 영수증의 일부가 훼손되었다고 한다. 영수증을 받은 A대리는 구매한 물품과 결제금액이 일치하는지를 확인하려고 한다. 훼손된 영수증의 나머지 정보를 활용할 때, C품목의 수량은 몇 개인가?

가맹점명, 가맹점주소가 실제와 다른 경우 신고 안내
여신금융협회 : 02 − 2011 − 0777 − 포상금 10만 원 지급

영 수 증

상호 : (주)○○○할인매장
대표자 : ○○○
전화번호 : 02 − 0000 − 0000
사업자번호 : 148 − 81 − 00000
서울 종로구 새문안로 000

25−02−18 14:30:42

품명	수량	단가	금액
A	2	2,500원	5,000원
B	6	1,000원	☐원
C	☐	1,500원	☐원
D	2	4,000원	☐원
E	8	500원	☐원
소계			☐원
부가세(10%)			3,500원
합계			☐원

이용해 주셔서 감사합니다.

① 5개　　　　　　　　② 6개
③ 7개　　　　　　　　④ 8개
⑤ 9개

38 K공사는 연말 시상식을 개최하여 한 해 동안 모범이 되거나 훌륭한 성과를 낸 직원을 독려하고자 한다. 시상 내역과 상패 및 물품 비용에 대한 정보가 다음과 같을 때, 상품 구입비는 총 얼마인가?

〈시상 내역〉

시상 종류	수상 인원	상품
사내선행상	5명	1인당 금 도금 상패 1개, 식기 세트 1개
사회기여상	1명	1인당 은 도금 상패 1개, 신형 노트북 1대
연구공로상	2명	1인당 금 도금 상패 1개, 태블릿 PC 1대, 안마의자 1대
성과공로상	4명	1인당 은 도금 상패 1개, 태블릿 PC 1대, 만년필 2개
청렴모범상	2명	1인당 동 상패 1개, 안마의자 1대

〈상패 제작비〉

• 금 도금 상패 : 1개당 55,000원(5개 이상 주문 시 개당 가격 10% 할인)
• 은 도금 상패 : 1개당 42,000원(주문 수량 4개당 1개 무료 제공)
• 동 상패 : 1개당 35,000원

〈물품 구입비(1개당)〉

물품	구입비
식기 세트	450,000원
신형 노트북	1,500,000원
태블릿 PC	600,000원
안마의자	1,700,000원
만년필	100,000원

① 14,085,000원 ② 15,050,000원
③ 15,534,500원 ④ 16,805,000원
⑤ 17,200,000원

※ K공사는 사내 장기자랑을 열기 위해 조를 편성하기로 했다. 다음 자료를 보고 이어지는 질문에 답하시오.
[39~40]

<조 편성 조건>

• 2명씩 총 5개 조를 편성한다.
• 같은 팀끼리 같은 조가 될 수 없다.
• 남녀 조는 하나이다.
• 20대는 20대끼리, 30대는 30대끼리 조를 편성한다.
• 조원 간 나이 차는 5세 이내로 제한한다.

<K공사 직원 명단 및 나이>

(단위 : 세)

	이름	전현무	김기안	이시언	방성훈	김충재
남	나이	39	27	36	29	24
	소속	안전관리팀	기술팀	인사팀	기획팀	총무팀
여	이름	한혜진	박나래	안화사	정려원	김사랑
	나이	35	30	23	32	37
	소속	인사팀	기술팀	총무팀	안전관리팀	기획팀

39 다음 중 조원이 될 수 있는 사람끼리 연결한 것으로 옳은 것은?

① 김충재, 김기안
② 안화사, 김충재
③ 정려원, 한혜진
④ 이시언, 방성훈
⑤ 김사랑, 정려원

40 세대 간 화합을 위해 다음과 같이 <조건>을 변경하기로 했다. 다음 중 조원이 될 수 있는 사람끼리 연결한 것으로 옳은 것은?

조건

• 2명씩 조를 편성한다.
• 가장 나이 차가 많이 나는 조합부터 조를 편성한다(가장 나이가 어린 사람과 가장 나이가 많은 사람이 한 조가 된다).

① 정려원, 김사랑
② 전현무, 김충재
③ 한혜진, 방성훈
④ 김기안, 박나래
⑤ 안화사, 이시언

41 다음은 정보화 사회에서 필수적으로 해야 할 일에 대한 내용이다. 이에 대한 사례로 옳지 않은 것은?

> 첫째, 정보검색이다. 인터넷에는 수많은 사이트가 있으며, 여기서 내가 원하는 정보를 찾는 것을 정보검색, 즉 인터넷 서핑이라 할 수 있다. 현재 인터넷에는 수많은 사이트가 있으며, 그 많은 사이트에서 내가 원하는 정보를 찾기란 그렇게 만만하지 않다. 지금은 다행히도 검색방법이 발전하여 문장 검색용 검색엔진과 자연어 검색 방법도 나와 네티즌들로부터 대환영을 받고 있다. 검색이 그만큼 쉬워졌다는 것이다. 이러한 발전에 맞추어 정보화 사회에서는 궁극적으로 타인의 힘을 빌리지 않고 내가 원하는 정보는 무엇이든지 다 찾을 수 있어야 한다. 즉, 자신이 가고 싶은 곳의 정보라든지 궁금한 사항을 스스로 해결할 정도는 되어야 한다는 것이다.
> 둘째, 정보관리이다. 인터넷에서 어렵게 검색하여 찾아낸 결과를 관리하지 못하여 머리 속에만 입력하고, 컴퓨터를 끄고 나면 잊어버리는 것은 정보관리를 못하는 것이다. 자기가 검색한 내용에 대하여 파일로 만들어 보관하든, 프린터로 출력하여 인쇄물로 보관하든, 언제든지 필요할 때 다시 볼 수 있을 정도가 되어야 한다.
> 셋째, 정보전파이다. 정보관리를 못한 사람은 정보전파가 어렵다. 오로지 입을 이용해서만 전파가 가능하기 때문이다. 요즘은 전자우편과 SNS를 이용해서 정보를 전달하기 때문에 정보전파가 매우 쉽다. 참으로 편리한 세상이 아닐 수 없다. 인터넷만 이용하면 편안히 서울에 앉아서 미국에도 논문을 보낼 수 있는 것이다.

① A씨는 내일 축구에서 승리하는 국가를 맞추기 위해 선발 선수들의 특징을 파악했다.
② B씨는 라면을 맛있게 조리할 수 있는 나만의 비법을 SNS에 올렸다.
③ C씨는 다음 주 제주도 여행을 위해서 다음 주 날씨를 요일별로 잘 파악해서 기억하고자 했다.
④ D씨는 가진 금액에 맞는 의자를 사기 위해 가격 비교 사이트를 이용했다.
⑤ E씨는 강의 시간이 혼동되지 않게 시간표를 출력해서 책상 앞에 붙여놨다.

※ 다음은 자료, 정보, 지식에 대한 내용이다. 이어지는 질문에 답하시오. [42~43]

〈자료, 정보, 지식에 대한 구분〉

자료 (Data)	⇨	객관적 실제의 반영이며, 그것을 전달할 수 있도록 기호화한 것	⇨	예	• 고객의 휴대폰 기종 • 고객의 휴대폰 활용 횟수
⇩					
정보 (Information)	⇨	자료를 특정한 목적과 문제해결에 도움이 되도록 가공한 것	⇨	예	• 중년층의 휴대폰 기종 • 중년층의 휴대폰 활용 횟수
⇩					
지식 (Knowledge)	⇨	정보를 집적하고 체계화하여 장래의 일반적인 사항에 대비해 보편성을 갖도록 한 것	⇨	예	• 휴대폰 디자인에 대한 중년층의 취향 • 중년층을 주요 타깃으로 신종 휴대폰 개발

42 다음 〈보기〉 중 정보(Information)에 해당하는 것을 모두 고르면?

> **보기**
> ㉠ 라면 종류별 전체 판매량　　　　　㉡ 1인 가구의 인기 음식
> ㉢ 남성을 위한 고데기 개발　　　　　㉣ 다큐멘터리와 예능 시청률
> ㉤ 만보기 사용 횟수　　　　　　　　　㉥ 5세 미만 아동들의 선호 색상

① ㉠, ㉢
② ㉡, ㉣
③ ㉡, ㉥
④ ㉢, ㉥
⑤ ㉣, ㉤

43 다음 〈보기〉의 자료(Data)를 통해 추론할 수 있는 지식(Knowledge)으로 적절하지 않은 것은?

> **보기**
> • 연령대별 선호 운동　　　　　　　　• 직장인 평균 퇴근 시간
> • 실내운동과 실외운동의 성별 비율　• 운동의 목적에 대한 설문조사 자료
> • 선호하는 운동 부위의 성별 비율　　• 운동의 실패 원인에 대한 설문조사 자료

① 퇴근 후 부담 없이 운동 가능한 운동기구 개발
② 20·30대 남성들을 위한 실내체육관 개설 계획
③ 요일마다 특정 운동부위 발달을 위한 운동 가이드 채널 편성
④ 다이어트에 효과적인 식이요법 자료 발행
⑤ 목적에 맞는 운동 프로그램 계획 설계

44 K사는 엑셀을 이용하여 입사에 지원자 10,000명을 0번부터 9999번까지 번호를 부여하여 평가표를 만들고자 한다. [A2]에 들어갈 함수로 옳은 것은?

	A	B	C	D	E	F
1	구분	서류	인성	필기	면접	합격여부
2	0000					
3	0001					
4	0002					
5	0003					
	⋮					
9999	9997					
10000	9998					
10001	9999					

① = SEQUENCE(10000, 1, 0, 9999) ② = SEQUENCE(10000, 1, 0, 1)

③ = SEQUENCE(0, 9999, 1, 10000) ④ = SEQUENCE(0, 1, 1, 10000)

⑤ = SEQUENCE(1, 10000, 0, 9999)

45 K은행은 구입한 비품에 '등록순서 – 제조국가 – 구입일'의 형식으로 관리번호를 부여한다. 다음 스프레드시트에서 [F2] 셀과 같이 제조국가의 약자를 기입하고자 할 때, [F2] 셀에 들어갈 함수식으로 옳은 것은?

	A	B	C	D	E	F
1	등록순서	제품명	관리번호	구입일	가격	제조국가
2	1	A	1–US–0123	1월 23일	12,000	US
3	2	B	2–KR–0130	1월 30일	11,400	
4	3	C	3–US–0211	2월 11일	21,700	
5	4	D	4–JP–0216	2월 16일	34,800	
6	5	E	5–UK–0317	3월 17일	21,000	
7	6	F	6–UK–0321	3월 21일	61,100	
8	7	G	7–KR–0330	3월 30일	20,000	
9	8	H	8–US–0412	4월 12일	16,000	

① = SEARCH(C2, 3, 2) ② = SEARCH(C2, 3, 3)

③ = MID(C2, 2, 2) ④ = MID(C2, 3, 2)

⑤ = MID(C2, 3, 3)

46 다음 중 바로가기 아이콘에 대한 설명으로 옳지 않은 것은?

① 바로가기 아이콘의 왼쪽 아래에는 화살표 모양의 그림이 표시된다.
② 바로가기 아이콘을 이름, 크기, 형식, 수정한 날짜 등의 순서로 정렬하여 표시할 수 있다.
③ 바로가기 아이콘의 바로가기를 또 만들 수 있다.
④ 바로가기 아이콘을 삭제하면 연결된 실제의 대상 파일도 삭제된다.
⑤ 〈F2〉로 바로가기 아이콘의 이름을 바꿀 수 있다.

47 다음 그림에서 A를 실행하였을 때 얻을 수 있는 효과로 옳은 것은?

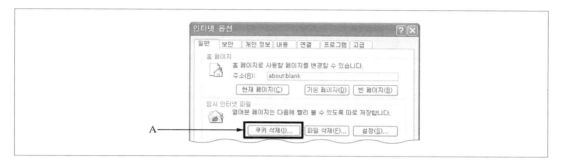

① 개인 정보의 침해 소지를 낮추어 준다.
② 스크립트 오류에 대한 사항을 알려 준다.
③ 온라인 광고업체의 악성코드를 정리해 준다.
④ 웹 페이지에서 이미지 크기를 자동으로 조절해 준다.
⑤ 인터넷 즐겨찾기 목록을 삭제해 준다.

48 다음 시트에서 [A2:A4] 영역의 데이터를 이용하여 [C2:C4] 영역처럼 표시하려고 할 때, [C2] 셀에 입력할 수식으로 옳은 것은?

	A	B	C
1	주소	사원 수	출신지
2	서귀포시	10	서귀포
3	여의도동	90	여의도
4	김포시	50	김포

① =LEFT(A2,LEN(A2)−1)
② =RIGHT(A2,LENGTH(A2))−1
③ =MID(A2,1,VALUE(A2))
④ =LEFT(A2,TRIM(A2))−1
⑤ =MID(A2,LENGTH(A3))

49 다음 워크시트의 [A1:E9] 영역에서 고급 필터를 실행하여 영어점수가 평균을 초과하거나 성명의 두 번째 문자가 '영'인 데이터를 추출하고자 한다. 다음 중 ㉠과 ㉡에 입력할 내용으로 옳은 것은?

	A	B	C	D	E	F	G	H
1	성명	반	국어	영어	수학		영어	성명
2	강동식	1	81	89	99		㉠	
3	남궁영	2	88	75	85			㉡
4	강영주	2	90	88	92			
5	이동수	1	86	93	90			
6	박영민	2	75	91	84			
7	윤영미래	1	88	80	73			
8	이순영	1	100	84	96			
9	명지오	2	95	75	88			

	㉠	㉡
①	=D2>AVERAGE(D2:D9)	="=?영*"
②	=D2>AVERAGE(D2:D9)	="=*영?"
③	=D2>AVERAGE($D$2:$D$9)	="=?영*"
④	=D2>AVERAGE($D$2:$D$9)	="=*영?"
⑤	=D2>AVERAGE($A$2:$E$9)	="=*영*"

50 다음 프로그램의 실행 결과로 나온 값의 합을 구하면?

```
#include <studio.h>

int main( )
{
    printf("%d\n", 1%3);
    printf("%d\n", 2%3);
    printf("%d\n", 3%3);
    printf("%d\n", 4%3);
    printf("%d\n", 5%3);
    printf("%d\n", 6%3);

    return 0;
}
```

① 3   ② 4

③ 5   ④ 6

⑤ 7

51 다음에서 설명하고 있는 리더십은 무엇인가?

> 개인이 지닌 능력을 최대한 발휘하여 목표를 이룰 수 있도록 돕는 일로, 커뮤니케이션 과정의 모든 단계에서 활용할 수 있다. 직원들에게 질문을 던지는 한편 직원들의 의견을 적극적으로 경청하고, 필요한 지원을 아끼지 않아 생산성을 높이고 기술 수준을 발전시키며, 자기 향상을 도모하는 직원들에게 도움을 주고 업무에 대한 만족감을 높이는 과정이다. 즉, 관리가 아닌 커뮤니케이션의 도구이다.

① 코칭　　　　　　　　　　　　　② 티칭
③ 멘토링　　　　　　　　　　　　④ 컨설팅
⑤ 카운슬링

52 다음은 K회사에서 근무하는 L사원의 업무일지이다. L사원이 출근 후 두 번째로 해야 할 일로 가장 적절한 것은?

날짜	2025년 3월 7일 금요일
내용	**[오늘 할 일]** • 팀 회의 준비 – 회의실 예약 후 마이크 및 프로젝터 체크 • 외주업체로부터 판촉 행사 브로슈어 샘플 디자인 받기 • 지난 주 외근 지출결의서 총무부 제출(늦어도 퇴근 전까지) • 회사 홈페이지, 관리자 페이지 및 업무용 메일 확인(출근하자마자 확인) • 14시 브로슈어 샘플 디자인 피드백 팀 회의 **[주요 행사 확인]** • 3월 12일 토요일 – 데이행사(와인데이) • 3월 15일 화요일 – 또 하나의 마을(충북 제천 흑선동 본동마을)

① 회의실 예약 후 마이크 및 프로젝터 체크
② 외주업체로부터 브로슈어 샘플 디자인 받기
③ 외근 지출결의서 총무부 제출
④ 회사 홈페이지, 관리자 페이지 및 업무용 메일 확인
⑤ 브로슈어 샘플 디자인 피드백 팀 회의 참석

※ P과장은 사내 직원복지제도 중 하나인 온라인 강의 및 도서 제공 서비스를 담당하고 있다. P과장이 제작한 다음 자료를 보고 이어지는 질문에 답하시오. **[53~34]**

〈FAQ〉

Q1. 도서 환불 규정
Q2. 동영상 프로그램 재설치 방법
Q3. 스트리밍서버에 접근 오류 대처 방법
Q4. 플레이어 업데이트를 실패하였을 때 대처 방법
Q5. 동영상 강좌 수강신청 방법
Q6. 수강 중인 강의의 수강 잔여일 또는 수강 종료일은 어디서 확인하나요?
Q7. 수강기간은 어떻게 되나요?
Q8. 동영상 환불 규정
Q9. 강좌의 수강 횟수가 정해져 있나요?
Q10. 동영상 플레이어 끊김 또는 화면이 안 나올 때 대처 방법

---

53 P과장은 인트라넷 개편에 따라 기존 정보를 분류하여 정리하려고 한다. 다음 중 ㉠, ㉡에 들어갈 수 있는 질문이 바르게 짝지어진 것은?

Best FAQ		
환불	수강방법	동영상 오류
㉠	㉡	Q2, Q3, Q4

① ㉠ : Q1, Q5
② ㉠ : Q6, Q8
③ ㉡ : Q5, Q10
④ ㉡ : Q6, Q9
⑤ ㉡ : Q1, Q9

54 총무팀에 근무하는 B대리는 지난달 중국어 강의를 신청했지만, 새로운 프로젝트를 진행하게 되면서 강의를 거의 듣지 못했다. 프로젝트가 마무리 단계에 접어들자 저번에 신청했던 중국어 강의가 생각이 난 B대리는 직원복지팀의 P과장에게 아직 남은 수강일이 며칠인지, 수강기간이 얼마 남지 않았다면 강의를 취소하고 도서와 함께 환불받을 수 있는지 문의했다. P과장이 B대리에게 참고하라고 알려줄 수 있는 경로로 가장 적절한 것은?

① [인트라넷] – [직원복지제도] – [온라인 강의] – [FAQ] – [Q1, Q6, Q8]
② [인트라넷] – [직원복지제도] – [온라인 강의] – [FAQ] – [Q2, Q4, Q5]
③ [인트라넷] – [직원복지제도] – [온라인 강의] – [FAQ] – [Q3, Q7, Q8]
④ [인트라넷] – [직원복지제도] – [온라인 강의] – [FAQ] – [Q6, Q8, Q10]
⑤ [인트라넷] – [직원복지제도] – [온라인 강의] – [FAQ] – [Q2, Q7, Q10]

55 다음은 조직문화가 어떻게 구성되는지를 이해하는 데 도움을 줄 수 있는 맥킨지 7S 모델을 나타낸 자료이다. 이에 대한 설명으로 옳지 않은 것은?

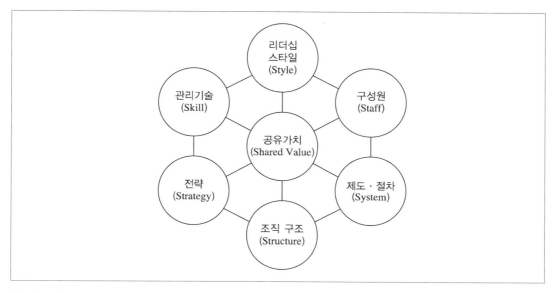

① 리더십 스타일(Style)은 관리자에 따라 민주적, 독선적, 방임적 등 다양하게 나타날 수 있다.

② 조직 구조(Structure)는 구성원들이 보유하고 있는 능력, 스킬, 욕구, 태도 등을 말한다.

③ 전략(Strategy)에 따라 사업의 방향성이 달라질 수 있으며, 자원배분 과정도 결정될 수 있다.

④ 공유가치(Shared Value)는 구성원뿐만 아니라 고객이나 투자자 등 다양한 이해관계자들에게 영향을 미친다.

⑤ 제도·절차(System)는 성과관리, 보상제도, 경영정보시스템 등 경영 각 분야의 관리제도나 절차 등을 수반한다.

56 다음 중 조직 체제 구성요소에 대한 설명으로 옳지 않은 것은?

① 조직 목표는 조직이 존재하는 정당성과 합법성을 제공한다.

② 조직의 규칙과 규정은 조직 구성원들의 활동범위를 제약한다.

③ 업무 프로세스는 구성원 간의 업무 흐름의 연결을 보여준다.

④ 조직 문화는 조직 구성원들에게 일체감과 정체성을 부여한다.

⑤ 조직 구조 중 유기적 조직은 업무가 고정적이며 구성원들의 업무나 권한이 분명하게 정의되고 통제된 조직 구조이다.

57 경영활동을 이루는 구성요소를 감안할 때, 다음 〈보기〉 중 경영활동을 수행하고 있다고 볼 수 없는 것은?

> **보기**
>
> (가) 다음 시즌 우승을 목표로 해외 전지훈련에 참여하여 열심히 구슬땀을 흘리고 있는 선수단과 이를 운영하는 구단 직원들
> (나) 자발적인 참여로 뜻을 같이한 동료들과 함께 매주 어려운 이웃을 찾아다니며 봉사활동을 펼치고 있는 S씨
> (다) 교육지원대대장으로서 사병들의 교육이 원활히 진행될 수 있도록 훈련장 관리와 유지에 최선을 다하고 있는 원대령과 참모진
> (라) 영화 촬영을 앞두고 시나리오와 제작 콘셉트를 회의하기 위해 모인 감독 및 스태프와 출연 배우들
> (마) 대기업을 그만두고 가족들과 함께 조그만 무역회사를 차려 손수 제작한 밀짚 가방을 동남아로 수출하고 있는 B씨

① (가)
② (나)
③ (다)
④ (라)
⑤ (마)

58 경영참가제도는 근로자를 경영과정에 참가하게 하여 공동으로 문제를 해결하고 이를 통해 노사 간의 균형을 이루며, 상호신뢰로 경영의 효율을 향상시키는 제도이다. 경영참가제도의 유형은 자본참가, 성과참가, 의사결정참가로 구분되는데, 다음 중 '자본참가'에 해당하는 사례는?

① 임직원들에게 저렴한 가격으로 일정 수량의 주식을 매입할 수 있게 권리를 부여한다.
② 위원회제도를 활용하여 근로자의 경영참여와 개선된 생산의 판매가치를 기초로 성과를 배분한다.
③ 부가가치의 증대를 목표로 하여 이를 노사협력체제를 통해 달성하고, 이에 따라 증가된 생산성 향상분을 노사 간에 배분한다.
④ 천재지변의 대응, 생산성 하락, 경영성과 전달 등과 같이 단체교섭에서 결정되지 않은 사항에 대하여 노사가 서로 협력할 수 있도록 한다.
⑤ 노동자 또는 노동조합의 대표가 기업의 최고결정기관에 직접 참가해서 기업경영의 여러 문제를 노사 공동으로 결정한다.

59 K공사의 A과장은 신입사원 공채의 면접관으로 참가하게 되었다. K공사는 조직 내 팀워크를 무엇보다도 중요하게 생각하기 때문에 이 점을 고려하여 직원을 채용하려고 한다. 다음 지원자 중 K공사에 회사에 채용되기에 적절하지 않은 지원자는 누구인가?

① A지원자 : 동료와 함께 부족한 부분을 채워나간다는 생각으로 일하겠습니다.

② B지원자 : 조직 내에서 반드시 필요한 일원이 되겠습니다.

③ C지원자 : 회사의 가치관과 제 생각이 다르다고 할지라도 수긍하는 자세로 일하겠습니다.

④ D지원자 : 회사의 목표가 곧 제 목표라는 생각으로 모든 업무에 참여하겠습니다.

⑤ E지원자 : 모든 업무에 능동적으로 참여하는 적극적인 사원이 되겠습니다.

60 다음은 K회사의 직무전결표의 일부분이다. 이에 따라 문서를 처리하였을 경우 적절하지 않은 것은?

직무 내용	대표이사	위임 전결권자		
		전무	이사	부서장
정기 월례 보고				○
각 부서장급 인수인계		○		
3천만 원 초과 예산 집행	○			
3천만 원 이하 예산 집행		○		
각종 위원회 위원 위촉	○			
해외 출장			○	

① 인사부장의 인수인계에 관하여 전무에게 결재받은 후 시행하였다.

② 인사징계위원회 위원을 위촉하기 위하여 대표이사 부재중에 전무가 전결하였다.

③ 영업팀장의 해외 출장을 위하여 이사에게 사인을 받았다.

④ 3천만 원에 해당하는 물품 구매를 위하여 전무 전결로 처리하였다.

⑤ 정기 월례 보고서를 작성한 후 부서장의 결재를 받았다.

※ 다음은 K공사에서 발표한 전력수급 비상단계 발생 시 행동요령이다. 이어지는 질문에 답하시오. [61~62]

〈전력수급 비상단계 발생 시 행동요령〉

• 가정
  1. 전기 냉난방기기의 사용을 중지합니다.
  2. 다리미, 청소기, 세탁기 등 긴급하지 않은 모든 가전기기의 사용을 중지합니다.
  3. TV, 라디오 등을 통해 신속하게 재난 상황을 파악하여 대처합니다.
  4. 안전, 보안 등을 위한 최소한의 조명을 제외한 실내외 조명은 모두 소등합니다.

• 사무실
  1. 건물관리자는 중앙조절식 냉난방설비의 가동을 중지하거나 온도를 낮춥니다.
  2. 사무실 내 냉난방설비의 가동을 중지합니다.
  3. 컴퓨터, 프린터, 복사기, 냉온수기 등 긴급하지 않은 모든 사무기기 및 설비의 전원을 차단합니다.
  4. 안전, 보안 등을 위한 최소한의 조명을 제외한 실내외 조명은 모두 소등합니다.

• 공장
  1. 사무실 및 공장 내 냉난방기의 사용을 중지합니다.
  2. 컴퓨터, 복사기 등 각종 사무기기의 전원을 일시적으로 차단합니다.
  3. 꼭 필요한 경우를 제외한 사무실 조명은 모두 소등하고 공장 내부의 조명도 최소화합니다.
  4. 비상발전기의 가동을 점검하고 운전 상태를 확인합니다.

• 상가
  1. 냉난방설비의 가동을 중지합니다.
  2. 안전・보안용을 제외한 모든 실내 조명등과 간판 등을 일시 소등합니다.
  3. 식기건조기, 냉온수기 등 식재료의 부패와 관련 없는 가전제품의 가동을 중지하거나 조정합니다.
  4. 자동문, 에어커튼의 사용을 중지하고 환기팬 가동을 일시 정지합니다.

---

61 다음 중 전력수급 비상단계 발생 시 행동요령에 대한 설명으로 적절하지 않은 것은?

① 집에 있을 경우 대중매체를 통해 재난상황에 대한 정보를 파악할 수 있다.
② 사무실에 있을 경우 즉시 사용이 필요하지 않은 복사기, 컴퓨터 등의 전원을 차단하여야 한다.
③ 집에 있을 경우 모든 실내외 조명을 소등하여야 한다.
④ 공장에 있을 경우 비상발전기 가동을 준비해야 한다.
⑤ 전력 회복을 위해 한동안 사무실의 업무가 중단될 수 있다.

62 다음 중 전력수급 비상단계가 발생했을 때 전력수급 비상단계 발생 시 행동요령에 따른 설명으로 적절하지 않은 것을 〈보기〉에서 모두 고르면?

> **보기**
>
> ㉠ 집에 있던 김사원은 세탁기 사용을 중지하고 실내조명을 최소화하였다.
> ㉡ 본사 전력관리실에 있던 이주임은 사내 중앙보안시스템의 전원을 즉시 차단하였다.
> ㉢ 공장에 있던 박주임은 즉시 공장 내부 조명 밝기를 최소화하였다.
> ㉣ 상가에서 횟집을 운영하는 최사장은 모든 냉동고의 전원을 차단하였다.

① ㉠, ㉡   ② ㉠, ㉢
③ ㉡, ㉢   ④ ㉡, ㉣
⑤ ㉢, ㉣

63 다음 중 4M 방식에 대한 설명으로 적절하지 않은 것은?

① 개인의 단순한 부주의로 일어난 사고는 4M 중 Man에 해당된다.
② 좁은 공간에서 일하면서 일어난 사고는 4M 중 Media에 해당된다.
③ 기계 점검을 충실히 하지 않아 일어난 사고는 4M 중 Machine에 해당된다.
④ 개인의 당직근무 배치가 원활하지 않아 일어난 사고는 4M 중 Man에 해당된다.
⑤ 충분한 안전교육이 이루어지지 않아 일어난 사고는 4M 중 Management에 해당된다.

64 다음 (ㄱ), (ㄴ)의 사례를 4M 방식에 따라 바르게 분류한 것은?

> (ㄱ) 유해가스 중독으로 작업자 2명이 사망하는 사고가 발생했다. 작업자 1명이 하수관 정비공사 현장에서 오수 맨홀 내부로 들어갔다가 유해가스를 마셔 의식을 잃고 추락했으며, 작업자를 구출하기 위해 다른 작업자가 맨홀 내부로 들어가 구조하여 나오던 중 같이 의식을 잃고 추락해 두 작업자 모두 사망한 것이다. 작업공간이 밀폐된 공간이어서 산소결핍이나 유해가스 등의 우려가 있었기 때문에 구명밧줄이나 공기 호흡기 등을 준비해야 했지만 준비가 이루어지지 않아 일어난 안타까운 사고였다.
> (ㄴ) 플라스틱 용기 성형 작업장에서 작업자가 가동 중인 블로우 성형기의 이물질 제거 작업 중 좌우로 움직이는 금형 고정대인 조방 사이에 머리가 끼여 사망하는 사고가 발생했다. 당시 블로우 성형기 전면에 안전장치가 설치되어 있었으나, 안전장치가 제대로 작동하지 않아서 발생한 사고였다.

	(ㄱ)	(ㄴ)
①	Media	Man
②	Management	Media
③	Media	Management
④	Media	Machine
⑤	Media	Man

※ K공사는 사무실이 건조하다는 직원들의 요청으로 '에어워셔'를 설치하였다. 다음 설명서를 보고 이어지는 질문에 답하시오. [65~67]

〈에어워셔 설명서〉

■ 안전한 사용법
  - 벽면에 가깝게 놓고 사용하지 마세요(제품의 좌·우측, 뒷면은 실내공기가 흡입되는 곳이므로 벽면으로부터 30cm 이상 간격을 두고 사용하세요. 적정공간을 유지하지 않으면 고장의 원인이 됩니다).
  - 바닥이 튼튼하고 평평한 곳에 두고 사용하세요(바닥이 기울어져 있으면 소음이 발생하거나 내부부품 변형으로 고장의 원인이 될 수 있습니다. 탁자 위보다 바닥에 두는 것이 안전합니다).
  - 제품에 앉거나 밟고 올라가지 마세요(제품이 파손되고, 상해를 입을 수도 있습니다).
  - 가연성 스프레이를 제품 가까이에서 사용하지 마세요(화재 발생의 위험이 있으며 플라스틱 면이 손상될 수 있습니다).
  - 플라스틱에 유해한 물질은 사용하지 마세요(향기 제품 사용 시 플라스틱 부분의 깨짐, 변형 및 고장의 원인이 됩니다).
  - 하부 수조에 뜨거운 물을 부어 사용하지 마세요(제품에 변형이 발생하거나 고장 발생의 원인이 될 수 있습니다).
  - 사용 중인 제품 위에는 옷, 수건 등 기타 물건을 올려놓지 마세요(발열에 의한 화재 원인이 됩니다).
  - 운전조작부를 청소할 때는 물을 뿌려 닦지 마세요(감전이나 화재, 제품고장의 원인이 됩니다).
  - 장기간 사용하지 않을 때에는 수조 내부의 물을 완전히 비우고 수조와 디스크에 세제를 풀어 부드러운 솔로 청소하여 건조시킨 후 보관하세요(오염의 원인이 되므로 7일 이상 사용하지 않을 경우 물을 비우고 전원플러그를 빼 두세요).
  - 직사광선을 받는 곳, 너무 더운 곳, 전열기와 가까운 곳은 피해 주세요(제품 외관의 변형이 발생하고, 전열기와 너무 가까운 곳에 두면 화재가 발생할 수 있습니다).

■ 서비스 신청 전 확인사항

증상	확인사항	해결방안
소음이 나요.	평평하지 않거나 경사진 곳에서 작동시켰습니까?	평평한 곳을 찾아 제품을 놓습니다.
	상부 본체와 하부 수조가 빈틈없이 잘 조립되어 있습니까?	상부 본체와 하부 수조를 잘 맞춰 주세요.
	디스크 캡이 느슨하게 체결되어 있습니까?	디스크 캡을 조여 줍니다.
팬이 돌지 않아요.	상부 본체와 하부 수조의 방향이 맞게 조립되어 있습니까?	상부 본체와 하부 수조를 잘 맞춰 주세요.
	상부 본체와 하부 수조가 빈틈없이 잘 조립되어 있습니까?	상부 본체와 하부 수조를 잘 맞춰 주세요.
	표시등에 'E3'이 깜박이고 있습니까?	물을 보충해 주세요.
	팬 주변으로 이물질이 끼어 있습니까?	전원을 차단시킨 후 이물질을 제거해 주세요.
	표시등에 'E5'가 깜박이고 있습니까?	팬모터 이상으로 전원을 빼고 서비스센터에 문의하세요.
디스크가 돌지 않아요.	상부 본체와 하부 수조의 방향이 맞게 조립되어 있습니까?	상부 본체와 하부 수조를 잘 맞춰 주세요.
	디스크가 정위치에 올려져 있습니까?	디스크가 회전하는 정위치에 맞게 올려 주세요.
	디스크 캡이 풀려있지 않습니까?	디스크 캡을 다시 조여 주세요.
	자동운전 / 취침운전이 설정되어 있지 않습니까?	자동운전 / 취침운전 시 습도가 60% 이상이면 자동으로 디스크가 정지합니다.

65 다음 중 '에어워셔'의 고장 원인으로 볼 수 없는 것은?

① 에어워셔와 벽면과의 좌·우측 간격은 30cm로, 뒷면과의 간격은 10cm로 두었다.

② 하부 수조에 뜨거운 물을 부어 사용하였다.

③ 수조 내부에 물을 뿌리고 부드러운 솔로 닦아 주었다.

④ 향기 제품을 물에 희석하여 사용하였다.

⑤ 탁자 위에 에어워셔를 두고 사용하였다.

66 '에어워셔'의 사용법을 숙지하지 않으면 감전이나 화재 등의 위험이 따를 수 있다. 다음 중 감전이나 화재에 대한 원인으로 볼 수 없는 것은?

① 가연성 스프레이를 에어워셔 옆에서 뿌렸다.

② 장기간 사용하지 않았으나 물을 비우지 않았다.

③ 히터를 에어워셔 옆에서 작동시켰다.

④ 전원을 켠 상태로 수건을 올려두었다.

⑤ 운전조작부에 이물질이 묻어 물을 뿌려 닦았다.

67 P사원은 '에어워셔' 사용 도중 작동이 원활하지 않아 서비스센터에 수리를 요청하였다. 다음 중 P사원이 서비스센터에 문의한 증상으로 옳은 것은?

① 디스크 캡이 느슨하게 체결되어 있다.

② 표시등에 'E3'이 깜박이고 있다.

③ 팬 주변으로 이물질이 끼어 있다.

④ 표시등에 'E5'가 깜박이고 있다.

⑤ 디스크가 정위치에 놓여있지 않았다.

68 다음 중 매뉴얼 작성을 위한 TIP으로 옳지 않은 것은?

① 내용이 정확해야 한다.

② 전문적인 용어를 사용해야 한다.

③ 사용자에 대한 심리적 배려가 있어야 한다.

④ 사용하기 쉬워야 한다.

⑤ 사용자가 찾고자 하는 정보를 쉽게 찾을 수 있어야 한다.

69 다음 중 기술경영자의 능력으로 옳지 않은 것은?

① 기술을 기업의 전반적인 전략 목표에 통합시키는 능력

② 빠르고 효과적으로 새로운 기술을 습득하고 기존의 기술에서 탈피하는 능력

③ 기술을 효과적으로 평가할 수 있는 능력

④ 조직 밖의 기술 이용을 수행할 수 있는 능력

⑤ 기술 이전을 효과적으로 할 수 있는 능력

70 다음 중 기술에 대한 설명으로 옳지 않은 것은?

① Know-how란 흔히 특허권을 수반하지 않는 과학자, 엔지니어 등이 가지고 있는 체계화된 기술이다.

② Know-why는 어떻게 기술이 성립하고 작용하는가에 관한 원리적 측면에 중심을 둔 개념이다.

③ 시대가 지남에 따라 Know-how의 중요성이 커지고 있다.

④ 현대적 기술은 주로 과학을 기반으로 하는 기술이 되었다.

⑤ Know-how는 경험적이고 반복적인 행위에 의해 얻어진다.

4일 차
기출응용 모의고사

〈문항 및 시험시간〉

평가영역	문항 수	시험시간	모바일 OMR 답안채점/성적분석 서비스		
[공통] 의사소통＋수리＋문제해결 [법정·상경] 자원관리＋정보 [전산] 정보＋조직이해 [발전설비운영] 자원관리＋기술	50문항	65분	법정·상경	전산	발전설비운영

4일 차 기출응용 모의고사

| 01 | 의사소통능력(공통)

01 다음 글의 표제와 부제로 가장 적절한 것은?

> 검무는 칼을 들고 춘다고 해서 '칼춤'이라고 부르기도 하며, '황창랑무(黃倡郎舞)'라고도 한다. 검무의 역사적 기록은 『동경잡기(東京雜記)』의 「풍속조(風俗條)」에 나타난다. 신라의 소년 황창랑은 나라를 위하여 백제 왕궁에 들어가 왕 앞에서 칼춤을 추다 왕을 죽이고 자신도 잡혀서 죽는다. 신라 사람들이 이러한 그의 충절을 추모하여, 그의 모습을 본뜬 가면을 만들어 쓰고 그가 추던 춤을 따라 춘 것에서 검무가 시작되었다고 한다. 이처럼 민간에서 시작된 검무는 고려 시대를 거쳐 조선 시대로 이어지며, 궁중으로까지 전해진다. 이때 가면 이 사라지는 형식적 변화가 함께 일어난다.
>
> 조선 시대 민간의 검무는 기생을 중심으로 전승되었으며, 재인들과 광대들의 판놀이까지 이어졌다. 조선 후기 에는 각 지방까지 전파되었는데, 진주검무와 통영검무가 그 대표적인 예이다. 한편 궁중의 검무는 주로 궁중의 연회 때에 추는 춤으로 전해졌으며, 후기에 정착된 순조 때의 형식이 중요무형문화재로 지정되어 현재까지 보존되고 있다.
>
> 궁중에서 추어지던 검무의 구성은 다음과 같다. 전립을 쓰고 전복을 입은 4명의 무희가 쌍을 이루어, 바닥에 놓여진 단검(短劍)을 어르는 동작부터 시작한다. 그 후 칼을 주우면서 춤이 이어지고, 화려한 춤사위로 검을 빠르게 돌리는 연풍대(筵風擡)로 마무리한다.
>
> 검무의 절정인 연풍대는 조선 시대 풍속화가 신윤복의 「쌍검대무(雙劍對舞)」에서 잘 드러난다. 그림 속의 두 무용수를 통해 춤의 회전 동작을 예상할 수 있다. 즉, 이 장면에는 오른쪽에 선 무희의 자세에서 시작해 왼쪽 무희의 자세로 회전하는 동작이 나타나 있다. 이렇게 무희들이 쌍을 이루어 좌우로 이동하면서 원을 그리며 팽이처럼 빙빙 도는 동작을 연풍대라 한다. 이 명칭은 대자리를 걷어 내는 바람처럼 날렵하게 움직이 는 모습에서 비롯한 것이다.
>
> 오늘날의 검무는 검술의 정밀한 무예 동작보다 부드러운 곡선을 그리는 춤 형태로만 남아 있다. 칼을 쓰는 살벌함은 사라졌지만, 민첩하면서도 유연한 동작으로 그 아름다움을 표출하고 있는 것이다. 검무는 신라 시 대부터 면면히 이어지는 고유한 문화이자 예술미가 살아 있는 몇 안 되는 소중한 우리의 전통 유산이다.

① 신라 황창랑의 의기와 춤 – 검무의 유래와 발생을 중심으로
② 역사 속에 흐르는 검빛·춤빛 – 검무의 변천 과정과 구성을 중심으로
③ 무예 동작과 아름다움의 조화 – 연풍대의 의미를 중심으로
④ 무희의 칼끝에서 펼쳐지는 바람 – 검무의 예술적 가치를 중심으로
⑤ 검과 춤의 혼합, 우리의 문화 유산 – 쌍검대무의 감상을 중심으로

02 다음 글의 내용으로 적절한 것을 〈보기〉에서 모두 고르면?

지역 주민들로 이루어진 작은 집단에 국한된 고대 종교에서는 성찬을 계기로 신자들이 함께 모일 수 있었다. 그중에서도 특히 고대 셈족에게 성찬은 신의 식탁에 공동으로 참석해서 형제의 관계를 맺음을 의미했다. 실제로는 자신의 몫만을 배타적으로 먹고 마심에도 불구하고, 같은 것을 먹고 마신다는 생각을 통해서 공동의 피와 살을 만든다는 원시적인 표상이 만들어졌다. 빵을 예수의 몸과 동일시한 기독교의 성찬식에 이르러서 신화의 토대 위에 비로소 '공동 식사'라는 것의 새로운 의미가 형성되고 이를 통해서 참가자들 사이에 고유한 연결 방식이 창출되었다. 이러한 공동 식사 중에는 모든 참가자가 각기 자기만의 부분을 차지하는 것이 아니라, 전체를 분할하지 않고 누구나 함께 공유한다는 생각을 함으로써 식사 자체의 이기주의적 배타성이 극복된다.

공동 식사는 흔히 행해지는 원초적 행위를 사회적 상호 작용의 영역과 초개인적 의미의 영역으로 고양시킨다는 이유 때문에 과거 여러 시기에서 막대한 사회적 가치를 획득했다. 식탁 공동체의 금지 조항들이 이를 명백히 보여 준다. 이를테면 11세기의 케임브리지 길드는 길드 구성원을 살해한 자와 함께 먹고 마시는 사람에게 무거운 형벌을 가했다. 또한 강한 반유대적 성향 때문에 1267년의 비엔나 공의회는 기독교인들은 유대인들과 같이 식사를 할 수 없다고 규정했다. 그리고 인도에서는 낮은 카스트에 속하는 사람과 함께 식사를 함으로써 자신과 자신의 카스트를 더럽히는 사람은 때로 죽임을 당하기까지 했다. 서구 중세의 모든 길드에서는 공동으로 먹고 마시는 일이 오늘날 우리가 상상할 수 없을 정도로 중요했다. 아마도 중세 사람들은 존재의 불확실성 가운데서 유일하게 눈에 보이는 확고함을 같이 모여서 먹고 마시는 데서 찾았을 것이다. 당시의 공동 식사는 중세 사람들이 언제나 공동체에 소속되어 있다는 확신을 얻을 수 있는 상징이었던 것이다.

보기

ㄱ. 개별 집단에서 각기 이루어지는 공동 식사는 집단 간의 배타적인 경계를 강화시켜 주는 역할을 한다.
ㄴ. 일반적으로 공동 식사는 성스러운 음식을 공유함으로써 새로운 종교가 창출되는 계기로 작용했다.
ㄷ. 공동 식사는 식사가 본질적으로 이타적인 행위임을 잘 보여 주는 사례이다.

① ㄱ
② ㄷ
③ ㄱ, ㄴ
④ ㄴ, ㄷ
⑤ ㄱ, ㄴ, ㄷ

※ 다음은 색채심리학을 소개하는 글이다. 이어지는 질문에 답하시오. [3~4]

색채는 상징성과 이미지를 지니는 동시에 인간과 심리적 교감을 나눈다. 과거 노란색은 중국 황제를 상징했고, 보라색은 로마 황제의 색이었다. 또한, 붉은색은 공산주의의 상징이었다. 백의민족이라 불린 우리 민족은 태양의 광명인 흰색을 숭상했던 것으로 보여진다. 이처럼 각 색채는 희망·열정·사랑·생명·죽음 등 다양한 상징을 갖고 있다. 여기에 각 색깔이 주는 독특한 자극은 인간의 감성과 심리에 큰 영향을 미치고 있으며, 이는 색채심리학이라는 학문의 등장으로 이어졌다.

색채심리학이란 색채와 관련된 인간의 행동(반응)을 연구하는 심리학을 말한다. 색채심리학에서는 색각(色覺)의 문제로부터, 색채가 가지는 인상·조화감 등에 이르는 여러 문제를 다룬다. 그뿐만 아니라, 생리학·예술·디자인·건축 등과도 관계를 가진다. 특히, 색채가 어떠하며, 우리 눈에 그것이 어떻게 보이고, 어떤 느낌을 주는지는 색채심리학이 다루는 연구대상 중 가장 주요한 부분이다.

우리는 보통 몇 가지의 색을 동시에 보게 된다. 이럴 경우 몇 가지의 색이 상호작용을 하므로, 한 가지의 색을 볼 때와는 다른 현상이 일어난다. 그 대표적인 것이 대비(對比) 현상이다. 색채의 대비는 2개 이상의 색을 동시에 보거나 계속해서 볼 때 일어나는 현상이다. 전자를 '동시대비', 후자를 '계속대비'라 한다. 이때 제시되는 색은 서로 영향을 미치며, 각기 지니고 있는 색의 특성을 더욱더 강조하는 경향이 생긴다.

이러한 색의 대비현상을 살펴보면, 색에는 색상·명도(색의 밝기 정도)·채도(색의 선명도)의 3가지 속성이 있으며, 이에 따라 색상대비·명도대비·채도대비의 3가지 대비를 볼 수 있다. 색상대비는 색상이 다른 두 색을 동시에 이웃하여 놓았을 때 두 색이 서로의 영향으로 색상 차가 나는 현상이다. 다음으로 명도대비는 명도가 다른 두 색을 이웃하거나 배색하였을 때, 밝은색은 더욱 밝게, 어두운색은 더욱 어둡게 보이는 현상으로 볼 수 있다. 그리고 채도대비는 채도가 다른 두 색을 인접시켰을 때 서로의 영향을 받아 채도가 높은 색은 더욱 높아 보이고 채도가 낮은 색은 더욱 낮아 보이는 현상을 말한다.

오늘날 색의 대비 현상은 일상생활에서 많이 활용되고 있다. 색채를 활용하여 먼 거리에서 더 잘 보이게 하거나 뚜렷하게 보이도록 해야 할 때가 있는데, 그럴 경우에는 배경과 그 앞에 놓이는 그림의 속성 차를 크게 해야 한다. 일반적으로 배경색과 그림색의 속성이 다르면 다를수록 그림은 명확하게 인지되고, 멀리서도 잘 보인다. 색의 대비 중 이와 같은 현상에 가장 영향을 미치는 것은 명도대비이며 그다음이 색상대비, 채도대비의 순이다. 특히, 멀리서도 잘 보여야 하는 표지류 등은 대비량이 큰 색을 사용한다.

색이 우리 눈에 보이는 현상으로는 이 밖에도 잔상색·순응색 등이 있다. 흰 종이 위에 빨간 종이를 놓고 잠깐 동안 주시한 다음 빨간 종이를 없애면, 흰 종이 위에 빨간 청록색이 보인다. 이것이 이른바 보색잔상으로서 비교적 밝은 면에서 잔상을 관찰했을 때 나타나는 현상이다. 그러나 암흑 속이나 백광색의 자극을 받을 때는 매우 복잡한 양상을 띤다. 또 조명광이나 물체색(物體色)을 오랫동안 계속 쳐다보고 있으면, 그 색에 순응되어 색의 지각이 약해진다. 그래서 조명에 의해 물체색이 바뀌어도 자신이 알고 있는 고유의 색으로 보이게 되는데 이러한 현상을 '색순응'이라고 한다.

03 다음 중 윗글을 읽고 이해한 내용으로 적절하지 않은 것은?

① 색채의 대비 중 2개 이상의 색을 계속 보는 경우를 계속대비라고 한다.
② 색을 계속 응시하면 색의 보이는 상태가 변화됨을 알 수 있다.
③ 색채심리학은 색채가 우리에게 어떤 느낌을 주는지도 연구한다.
④ 배경과 그림의 속성 차를 작게 할수록 뚜렷하게 보이는 효과가 있다.
⑤ 멀리서도 잘 보여야 하는 경우는 대비량이 큰 색을 사용한다.

04 다음 중 윗글을 읽고 추론한 내용으로 가장 적절한 것은?

① 어두운 밝기의 회색이 검은색 바탕 위에 놓일 경우 밝아 보이는데 이는 채도대비로 볼 수 있다.

② 연두색 배경 위에 놓인 노란색은 좀 더 붉은 색을 띠게 되는데 이는 색상대비로 볼 수 있다.

③ 무채색 위에 둔 유채색이 훨씬 선명하게 보이는 현상은 명도대비로 볼 수 있다.

④ 색의 물체를 응시한 후 흰 벽으로 눈을 옮기면 전자의 색에 칠하여진 동형의 상을 볼 수 있는데 이는 색순응으로 볼 수 있다.

⑤ 파란색 선글라스를 통해 푸르게 보이던 것이 곧 익숙해져서 본래의 색으로 느끼는 것은 보색잔상으로 볼 수 있다.

05 다음 중 밑줄 친 어휘의 표기가 옳은 것은?

① 조금 바쁘기야 <u>하지만서도</u> 당신이 부탁하는 일이라면 무조건 돕겠어요.

② 그는 수년간의 경험과 노하우로 해당 분야에서 <u>길앞잡이</u> 역할을 하고 있다.

③ 선수가 그라운드 안으로 <u>쏜살로</u> 뛰어 들어갔다.

④ 원숭이가 무리를 지어 인간처럼 사회를 이루며 살아가는 모습이 <u>신기롭다</u>.

⑤ 그렇게 중요한 물건을 <u>빠치고</u> 오면 어떡하니?

06 A씨 부부는 대화를 하다 보면 사소한 다툼으로 이어지곤 한다. A씨의 아내는 A씨가 자신의 이야기를 제대로 들어주지 않기 때문이라고 생각한다. 다음 사례에 나타난 A씨의 경청을 방해하는 습관은 무엇인가?

A씨의 아내가 남편에게 직장에서 업무 실수로 상사에게 혼난 일을 이야기하자 A씨는 "항상 일을 진행하면서 꼼꼼하게 확인하라고 했잖아요. 당신이 일을 처리하는 방법이 잘못됐어요. 다음부터는 일을 하기 전에 미리 계획을 세우고 체크리스트를 작성해보세요."라고 이야기했다. A씨의 아내는 이런 대답을 듣자고 이야기한 것이 아니라며 더 이상 이야기하고 싶지 않다고 말하며 밖으로 나가 버렸다.

① 짐작하기   ② 걸러내기

③ 판단하기   ④ 조언하기

⑤ 옳아야만 하기

우리 몸은 단백질의 합성과 분해를 끊임없이 반복한다. 단백질 합성은 아미노산을 연결하여 긴 사슬을 만드는 과정인데, 20여 가지의 아미노산이 체내 단백질 합성에 이용된다. 단백질 합성에서 아미노산들은 DNA 염기 서열에 담긴 정보에 따라 정해진 순서대로 결합된다. 단백질 분해는 아미노산 간의 결합을 끊어 개별 아미노산으로 분리하는 과정이다. 체내 단백질 분해를 통해 오래되거나 손상된 단백질이 축적되는 것을 막고, 우리 몸에 부족한 에너지 및 포도당을 보충할 수 있다.

단백질 분해 과정의 하나인, 프로테아솜이라는 효소 복합체에 의한 단백질 분해는 세포 내에서 이루어진다. 프로테아솜은 유비퀴틴이라는 물질이 일정량 이상 결합되어 있는 단백질을 아미노산으로 분해한다. 단백질 분해를 통해 생성된 아미노산 의 약 75%는 다른 단백질을 합성하는 데 이용되며, 나머지 아미노산은 분해된다. 아미노산이 분해될 때는 아미노기가 아미노산으로부터 분리되어 암모니아로 바뀐 다음, 요소(尿素)로 합성되어 체외로 배출된다. 그리고 아미노기가 떨어지고 남은 부분은 에너지나 포도당이 부족할 때는 이들을 생성하는 데 이용되고, 그렇지 않으면 지방산으로 합성되거나 체외로 배출된다.

단백질이 지속적으로 분해됨에도 불구하고 체내 단백질의 총량이 유지되거나 증가할 수 있는 것은 세포 내에서 단백질 합성이 끊임없이 일어나기 때문이다. 단백질 합성에 필요한 아미노산은 세포 내에서 합성되거나, 음식으로 섭취한 단백질로부터 얻거나, 체내 단백질을 분해하는 과정에서 생성된다. 단백질 합성에 필요한 아미노산 중 체내에서 합성할 수 없어 필요량을 스스로 충족할 수 없는 것을 필수아미노산이라고 한다. 어떤 단백질 합성에 필요한 각 필수아미노산의 비율은 정해져 있다. 체내 단백질 분해를 통해 생성되는 필수아미노산도 다시 단백질 합성에 이용되기도 하지만, 부족한 양이 외부로부터 공급되지 않으면 전체의 체내 단백질 합성량이 줄어들게 된다. 그러므로 필수아미노산은 반드시 음식물을 통해 섭취되어야 한다. 다만, 성인과 달리 성장기 어린이의 경우, 체내에서 합성할 수는 있으나 그 양이 너무 적어서 음식물로 보충해야 하는 아미노산도 필수아미노산에 포함된다.

식품마다 포함된 필수아미노산의 양은 다르며, 필수아미노산이 균형을 이룰수록 공급된 필수아미노산의 총량 중 단백질 합성에 이용되는 양의 비율, 즉 필수아미노산의 이용 효율이 높다. 일반적으로 육류, 계란 등 동물성 단백질은 필수아미노산을 균형 있게 함유하고 있어 필수아미노산의 이용 효율이 높은 반면, 쌀이나 콩류 등에 포함된 식물성 단백질은 제한아미노산을 가지며 필수아미노산의 이용 효율이 상대적으로 낮다.

제한아미노산은 단백질 합성에 필요한 각각의 필수아미노산의 양에 비해 공급된 어떤 식품에 포함된 해당 필수아미노산의 양의 비율이 가장 낮은 필수아미노산을 말한다. 가령, 가상의 단백질 P 1몰을 합성하기 위해서는 필수아미노산 A와 B가 각각 2몰과 1몰이 필요하다고 하자. P를 2몰 합성하려고 할 때, A와 B가 각각 2몰씩 공급되었다면 A는 필요량에 비해 2몰이 부족하게 되어 P는 결국 1몰만 합성된다. 이때 A가 부족하여 합성할 수 있는 단백질의 양이 제한되기 때문에 A가 제한아미노산이 된다.

07 다음 중 윗글을 읽고 이해한 내용으로 적절하지 않은 것은?

① 필수아미노산을 제외한 다른 아미노산도 제한아미노산이 될 수 있다.

② 체내 단백질을 분해하여 얻은 필수아미노산의 일부는 단백질 합성에 다시 이용된다.

③ 체내 단백질 합성에 필요한 필수아미노산은 음식물의 섭취나 체내 단백질 분해로부터 공급된다.

④ 제한아미노산이 없는 식품은 단백질 합성에 필요한 필수아미노산이 균형 있게 골고루 함유되어 있다.

⑤ 체내 단백질 합성과 분해의 반복 과정에서, 외부로부터 필수아미노산의 공급이 줄어들면 체내 단백질 총량은 감소한다.

08 다음 중 윗글을 통해 추론한 내용으로 가장 적절한 것은?

① 체내 단백질의 분해는 에너지 생성에 관여하지 않는다.

② 단백질 분해 결과로 생성된 아미노산 대부분은 암모니아로 바뀌어 요소로 합성된다.

③ 필수아미노산은 어떠한 경우에라도 체내에서 합성되지 않으므로 음식물로 보충해야 한다.

④ 쇠고기의 단백질에 함유된 필수아미노산보다 밥에 함유된 필수아미노산의 이용 효율이 높다.

⑤ 세포 내에서 합성되는 단백질의 아미노산 결합 순서는 DNA 염기 서열에 담긴 정보에 따른다.

09 다음 문단을 논리적 순서대로 바르게 나열한 것은?

> (가) 본성 대 양육 논쟁은 앞으로 치열하게 전개될 소지가 많다. 하지만 유전과 환경이 인간의 행동에 어느 정도 영향을 미치는가를 따지는 일은 멀리서 들려오는 북소리가 북에 의한 것인지, 아니면 연주자에 의한 것인지를 분석하는 것처럼 부질없는 것인지 모른다. 본성과 양육 모두 인간 행동에 필수적인 요인이므로.
>
> (나) 20세기 들어 공산주의와 나치주의의 출현으로 본성 대 양육 논쟁이 극단으로 치달았다. 공산주의의 사회 개조론은 양육을, 나치즘의 생물학적 결정론은 본성을 옹호하는 이데올로기이기 때문이다. 히틀러의 유대인 대량 학살에 충격을 받은 과학자들은 환경 결정론에 손을 들어 줄 수밖에 없었다. 본성과 양육 논쟁에서 양육 쪽이 일방적인 승리를 거두게 된 것이다.
>
> (다) 이러한 추세는 1958년 미국 언어학자 노엄 촘스키에 의해 극적으로 반전되기 시작했다. 촘스키가 치켜든 선천론의 깃발은 진화 심리학자들이 승계했다. 진화 심리학은 사람의 마음을 생물학적 적응의 산물로 간주한다. 1992년 심리학자인 레다 코스미데스와 인류학자인 존 투비 부부가 함께 저술한 『적응하는 마음』이 출간된 것을 계기로 진화 심리학은 하나의 독립된 연구 분야가 됐다. 말하자면 윌리엄 제임스의 본능에 대한 개념이 1세기 만에 새 모습으로 부활한 셈이다.
>
> (라) 더욱이 1990년부터 인간 게놈 프로젝트가 시작됨에 따라 본성과 양육 논쟁에서 저울추가 본성 쪽으로 기울면서 생물학적 결정론이 더욱 강화되었다. 그러나 2001년 유전자 수가 예상보다 적은 3만여 개로 밝혀지면서 본성보다는 양육이 중요하다는 목소리가 커지기 시작했다. 이를 계기로 본성 대 양육 논쟁이 재연되기에 이르렀다.

① (가) – (나) – (다) – (라)　　② (가) – (나) – (라) – (다)

③ (가) – (다) – (나) – (라)　　④ (나) – (다) – (라) – (가)

⑤ (나) – (라) – (다) – (가)

10 다음 중 밑줄 친 ㉠~㉤에 대한 설명으로 적절하지 않은 것은?

사유 재산 제도와 시장 경제가 자본주의의 양대 축을 이루기 때문에 토지 또한 민간의 소유이어야만 한다고 하는 이들이 많다. 토지사유제의 정당성을 그것이 자본주의의 성립 근거라는 점에서 찾고자 하는 학자도 있다. 토지에 대해서는 절대적이고 배타적인 소유권을 인정할 수 없다고 하면 이들은 신성불가침 영역에 대한 도발이라며 이에 반발한다. 토지가 일반 재화나 자본에 비해 지닌 근본적인 차이는 무시하고 말이다. 과연 자본주의 경제는 토지사유제 없이 성립할 수 없는 것일까?

싱가포르, 홍콩, 대만, 핀란드 등의 사례는 위의 물음에 직접적인 답변을 제시한다. 이들은 토지공유제를 시행하였거나 토지의 공공성을 인정했음에도 불구하고 자본주의 경제를 모범적으로 발전시켜 온 사례이다. 물론 토지사유제를 당연하게 여기는 사람들이 이런 사례들을 토지 공공성을 인정해야만 하는 당위의 근거로서 받아들이는 것은 아니다. 그들은 오히려 토지의 공공성 강조가 사회주의적 발상이라고 비판한다. 하지만 이와 같은 비판은 토지와 관련된 권리 제도에 대한 무지에 기인한다.

토지 소유권은 사용권, 처분권, 수익권의 세 가지 권리로 구성된다. 각각의 권리를 누가 갖느냐에 따라 토지 제도는 다음과 같이 분류된다. 세 권리 모두 민간이 갖는 ㉠ 토지사유제, 세 권리 모두 공공이 갖는 ㉡ 사회주의적 토지공유제, 그리고 사용권은 민간이 갖고 수익권은 공공이 갖는 ㉢ 토지가치공유제이다. 한편, 토지가치공유제는 처분권을 누가 갖느냐에 따라 두 가지 제도로 분류된다. 처분권을 완전히 민간이 갖는 ㉣ 토지가치세제와 공공이 처분권을 갖지만 사용권을 가진 자에게 한시적으로 처분권을 맡기는 ㉤ 토지공공임대제이다. 토지 소유권을 구성하는 세 가지 권리를 민간과 공공이 적당히 나누어 갖는 경우가 많으므로 실제의 토지 제도는 이 분류보다 훨씬 더 다양하다.

이 중 자본주의 경제와 결합될 수 없는 토지 제도는 사회주의적 토지공유제뿐이다. 물론 어느 토지 제도가 더 나은 경제적 성과를 보이는가는 그 이후의 문제이다. 토지사유제 옹호론에 따르면, 토지 자원의 효율적 배분이 가능하기 위해 토지에 대한 절대적, 배타적 소유권을 인정해야만 한다. 토지사유제만이 토지의 오용을 막을 수 있으며, 나아가 토지 사용의 안정성을 보장할 수 있다는 것이다. 하지만 토지 자원의 효율적 배분을 위해 토지의 사용권, 처분권, 수익권 모두를 민간이 가져야 할 필요는 없다. 토지 위 시설물에 대한 소유권을 민간이 갖고, 토지에 대해서 민간은 배타적 사용권만 가지면 충분하다.

① ㉠ : 토지 소유권을 민간이 갖는다.
② ㉡ : 자본주의 경제와 결합될 수 없다.
③ ㉢ : 처분권을 누가 갖느냐에 따라 ㉣과 ㉤으로 구분된다.
④ ㉣ : 사용권과 처분권은 민간이 갖고, 수익권은 공공이 갖는다.
⑤ ㉤ : 처분권은 민간이 갖고, 사용권과 수익권은 공공이 갖는다.

11 인천 광역 버스 1300번, 790번, 1301번의 배차시간은 차례대로 30분, 60분, 80분이다. 이 세 버스가 같은 정류장에서 오전 7시에 첫차로 같이 출발한다고 할 때, 이 정류장에서 두 번째로 같이 출발하는 시각은 언제인가?

① 오전 9시 30분   ② 오전 10시

③ 오전 11시   ④ 오전 11시 30분

⑤ 오전 11시 40분

12 영채는 배를 타고 길이가 30km인 강을 배를 타고 이동하고자 한다. 강을 거슬러 올라가는 데 걸린 시간이 5시간이고 강물의 흐르는 방향과 같은 방향으로 내려가는 데 걸린 시간이 3시간일 때, 흐르지 않는 물에서의 배의 속력은?(단, 배와 강물의 속력은 일정하다)

① 4km/h   ② 6km/h

③ 8km/h   ④ 10km/h

⑤ 12km/h

13 주머니 속에 빨간 구슬, 흰 구슬이 섞여 15개 들어 있다. 이 주머니에서 2개를 꺼내보고 다시 넣는 일을 여러 번 반복하였더니, 5회에 1번 꼴로 2개 모두 빨간 구슬이었다. 이 주머니에서 구슬을 하나 꺼낼 때 빨간 구슬일 확률은?

① $\dfrac{1}{15}$ ② $\dfrac{4}{15}$

③ $\dfrac{7}{15}$ ④ $\dfrac{11}{15}$

⑤ $\dfrac{13}{15}$

14 다음은 K회사의 모집단위별 지원자 수 및 합격자 수를 나타낸 자료이다. 이에 대한 설명으로 옳지 않은 것은?

〈모집단위별 지원자 수 및 합격자 수〉

(단위 : 명)

모집단위	남자		여자		합계	
	합격자 수	지원자 수	합격자 수	지원자 수	모집정원	지원자 수
A	512	825	89	108	601	933
B	353	560	17	25	370	585
C	138	417	131	375	269	792
합계	1,003	1,802	237	508	1,240	2,310

※ (경쟁률)= $\dfrac{(지원자\ 수)}{(모집정원)}$

① 3개의 모집단위 중 총 지원자 수가 가장 많은 집단은 A이다.
② 3개의 모집단위 중 합격자 수가 가장 적은 집단은 C이다.
③ K회사 전체 남자 합격자 수는 여자 합격자 수의 5배 이상이다.
④ B집단의 경쟁률은 약 1.6%이다.
⑤ C집단의 모집정원은 K회사 전체 모집정원의 약 22%를 차지한다.

15 다음은 K전자 주식에 8월 2일에 100,000원을 투자한 후 매일 주가 등락률을 정리한 자료이다. 주식을 모두 매도했을 때에 대한 설명으로 옳은 것은?

〈전일 대비 주가 등락률〉

구분	8월 3일	8월 4일	8월 5일	8월 6일	8월 7일
등락률	10% 상승	20% 상승	10% 하락	20% 하락	10% 상승

※ 등락률 : 전일 대비 주식 가격에 대한 비율임

① 8월 5일에 매도할 경우 5,320원 이익이다.
② 8월 6일에 매도할 경우 이익률은 −6.9%이다.
③ 8월 4일은 매도할 경우 이익률은 30%이다.
④ 8월 6일에 매도할 경우 4,450원 손실이다.
⑤ 8월 7일에 매도할 경우 주식 가격은 104,544원이다.

16 다음은 시도별 인구 수 변동 현황에 대한 자료이다. 이에 대한 설명으로 옳은 것을 〈보기〉에서 모두 고르면?

〈시도별 인구 수 변동 현황〉

(단위 : 천 명)

구분	2018년	2019년	2020년	2021년	2022년	2023년	2024년
전체	49,582	49,782	49,990	50,269	50,540	50,773	51,515
서울	10,173	10,167	10,181	10,193	10,201	10,208	10,312
부산	3,666	3,638	3,612	3,587	3,565	3,543	3,568
대구	2,525	2,511	2,496	2,493	2,491	2,489	2,512
인천	2,579	2,600	2,624	2,665	2,693	2,710	2,758
광주	1,401	1,402	1,408	1,413	1,423	1,433	1,455
대전	1,443	1,455	1,466	1,476	1,481	1,484	1,504
울산	1,081	1,088	1,092	1,100	1,112	1,114	1,126
경기	10,463	10,697	10,906	11,106	11,292	11,460	11,787

보기

㉠ 서울 인구 수와 경기 인구 수의 차이는 2018년에 비해 2024년에 더 커졌다.
㉡ 2018년과 비교했을 때, 2024년 인구가 감소한 지역은 부산뿐이다.
㉢ 전년 대비 증가한 인구 수를 비교했을 때, 광주는 다른 연도보다 2024년에 가장 많이 증가했다.
㉣ 대구는 2020년부터 전년 대비 인구가 꾸준히 감소했다.

① ㉠, ㉡　　　　　　　　　　② ㉠, ㉢
③ ㉡, ㉢　　　　　　　　　　④ ㉡, ㉣
⑤ ㉠, ㉡, ㉢

17 다음은 2025년 2월 K공항 요일별 통계에 대한 자료이다. 이를 이해한 내용으로 옳지 않은 것은?

〈2025년 2월 K공항 요일별 통계〉

(단위 : 편, 명, 톤)

요일	운항			여객			화물		
	도착	출발	합계	도착	출발	합계	도착	출발	합계
월요일	2,043	2,013	4,056	343,499	365,749	709,248	11,715	12,316	24,031
화요일	2,024	2,074	4,098	338,558	338,031	676,589	14,322	16,501	30,823
수요일	2,148	2,129	4,277	356,678	351,097	707,775	17,799	18,152	35,951
목요일	2,098	2,104	4,202	342,374	341,613	683,987	17,622	17,859	35,481
금요일	2,141	2,158	4,299	361,849	364,481	726,330	17,926	18,374	36,300
토요일	2,714	2,694	5,408	478,544	475,401	953,945	23,386	24,647	48,033
일요일	2,710	2,671	5,381	476,258	460,560	936,818	21,615	22,285	43,900
합계	15,878	15,843	31,721	2,697,760	2,696,932	5,394,692	124,387	124,385	254,520

① 운항편이 가장 많은 요일은 여객과 화물에서도 가장 높은 수치를 보이고 있다.

② 비행기 1대당 탑승객은 평균적으로 출발편이 도착편보다 많다.

③ K공항에 도착하는 화물보다 K공항에서 출발하는 화물이 항상 더 많다.

④ 화~일요일 도착 운항편의 증감 추이는 같은 기간 출발 여객수의 증감 추이와 같다.

⑤ 2월간 K공항에 도착한 화물 중 일요일에 도착한 화물의 무게는 월요일에 도착한 화물 무게의 1.5배 이상이다.

18 다음은 세계 로봇 시장과 국내 로봇시장 규모에 대한 자료이다. 이에 대한 설명으로 옳지 않은 것은?

〈세계 로봇시장 규모〉

(단위 : 백만 달러)

구분	2020년	2021년	2022년	2023년	2024년
개인 서비스용 로봇산업	636	13,356	1,704	2,134	2,216
전문 서비스용 로봇산업	3,569	1,224	3,661	4,040	4,600
제조용 로봇산업	8,278	3,636	9,507	10,193	11,133
합계	12,483	8,496	14,872	16,367	17,949

〈국내 로봇시장 규모〉

(단위 : 억 원)

구분	생산			수출			수입		
	2022년	2023년	2024년	2022년	2023년	2024년	2022년	2023년	2024년
개인 서비스용 로봇산업	2,973	3,247	3,256	1,228	944	726	156	181	232
전문 서비스용 로봇산업	1,318	1,377	2,629	163	154	320	54	182	213
제조용 로봇산업	20,910	24,671	25,831	6,324	6,694	6,751	2,635	2,834	4,391
합계	25,201	29,295	31,716	7,715	7,792	7,797	2,845	3,197	4,836

※ (전체 서비스용 로봇산업)=(개인 서비스용 로봇산업)+(전문 서비스용 로봇산업)

① 2024년 세계 개인 서비스용 로봇시장 규모는 전년 대비 약 3.8% 증가했다.

② 세계 전문 서비스용 로봇시장 규모는 2022년 이후 꾸준히 성장하는 추세를 보이고 있으며, 2024년 세계 전문 서비스용 로봇시장 규모는 전체 세계 로봇시장 규모의 약 27% 이상을 차지하고 있다.

③ 2024년 세계 제조용 로봇시장은 전년 대비 약 9.2% 성장하였고, 세계 로봇시장에서 가장 큰 시장 규모를 차지하고 있다.

④ 2024년의 국내 전문 서비스용 로봇의 생산 규모는 전년 대비 약 91.0%가 증가했으며, 2024년의 국내 전체 서비스용 로봇의 생산 규모는 전년 대비 약 27.3% 증가했다.

⑤ 2024년의 국내 개인 서비스용 로봇 수출은 전년 대비 약 23.1% 정도 감소하였고, 2024년의 국내 전체 서비스용 로봇 수출은 전년 대비 약 4.7% 정도 감소했다.

19 다음은 연도별 국가지정문화재 현황에 대한 자료이다. 이에 대한 설명으로 옳은 것을 〈보기〉에서 모두 고르면?

〈연도별 국가지정문화재 현황〉

(단위 : 건)

구분	2019년	2020년	2021년	2022년	2023년	2024년
합계	3,385	3,459	3,513	3,583	3,622	3,877
국보	314	315	315	315	317	328
보물	1,710	1,758	1,774	1,813	1,842	2,060
사적	479	483	485	488	491	495
명승	82	89	106	109	109	109
천연기념물	422	429	434	454	455	456
국가무형문화재	114	116	119	120	122	135
중요민속문화재	264	269	280	284	286	294

보기

㉠ 2020년에서 2024년 사이 전년 대비 전체 국가지정문화재가 가장 많이 증가한 해는 2024년이다.
㉡ 국보 문화재는 2019년보다 2024년에 지정된 건수가 증가했으며, 전체 국가지정문화재에서 차지하는 비중 또한 증가했다.
㉢ 2019년 대비 2024년 국가지정문화재 건수의 증가율이 가장 높은 문화재 종류는 명승 문화재이다.
㉣ 조사기간 중 사적 문화재 지정 건수는 매해 국가무형문화재 지정 건수의 4배가 넘는 수치를 보이고 있다.

① ㉠, ㉡
② ㉠, ㉢
③ ㉡, ㉢
④ ㉡, ㉣
⑤ ㉢, ㉣

20 다음은 도로별 일평균 교통량에 대한 자료이다. 이에 대한 설명으로 옳지 않은 것은?

〈고속국도 일평균 교통량〉

(단위 : 대)

구분	2020년	2021년	2022년	2023년	2024년
승용차	28,864	31,640	32,593	33,605	35,312
버스	1,683	1,687	1,586	1,594	1,575
화물차	13,142	11,909	12,224	13,306	13,211
합계	43,689	45,236	46,403	48,505	50,098

〈일반국도 일평균 교통량〉

(단위 : 대)

구분	2020년	2021년	2022년	2023년	2024년
승용차	7,951	8,470	8,660	8,988	9,366
버스	280	278	270	264	256
화물차	2,945	2,723	2,657	2,739	2,757
합계	11,176	11,471	11,587	11,991	12,379

〈국가지원지방도 일평균 교통량〉

(단위 : 대)

구분	2020년	2021년	2022년	2023년	2024년
승용차	5,169	5,225	5,214	5,421	5,803
버스	230	219	226	231	240
화물차	2,054	2,126	2,059	2,176	2,306
합계	7,453	7,570	7,499	7,828	8,349

① 조사기간 중 고속국도와 일반국도 평균 버스 교통량의 증감 추이는 같다.

② 전년 대비 일반국도 평균 화물차 교통량은 2022년까지 감소하다가 2023년부터 다시 증가하고 있다.

③ 2021 ~ 2024년 중 국가지원지방도 평균 버스 교통량 중 전년 대비 증가율이 가장 큰 해는 2024년이다.

④ 조사기간 중 고속국도 일평균 승용차 교통량은 일반국도와 국가지원지방도 평균 승용차 교통량의 합보다 항상 많았다.

⑤ 2024년 고속국도 평균 화물차 교통량은 2024년 일반국도와 국가지원지방도 평균 화물차 교통량의 합의 2.5배 이상이다.

| 03 | 문제해결능력(공통)

21 다음 상황을 토대로 논리적 사고를 개발하는 방법 중 'So what 기법'을 사용한 예로 가장 적절한 것은?

〈상황〉

- 우리 회사의 자동차 판매대수가 사상 처음으로 전년 대비 마이너스를 기록했다.
- 우리나라의 자동차 업계 전체는 일제히 적자 결산을 발표했다.
- 주식 시장은 몇 주간 조금씩 하락하는 상황에 있다.

---

① 자동차 판매가 부진하다.

② 자동차 산업의 미래가 좋지 않다.

③ 자동차 산업과 주식시장의 상황이 복잡하다.

④ 자동차 관련 기업의 주식을 사서는 안 된다.

⑤ 자동차 판매를 높이기 위해 가격을 낮춘다.

22 다음 중 퍼실리테이션의 문제해결에 대한 설명으로 옳은 것은?

① 주제에 대한 공감을 이루기 어렵다.

② 단순한 타협점의 조정에 그치는 것이 아니다.

③ 초기에 생각하지 못했던 창조적인 해결방법을 도출하기는 어렵다.

④ 제3자가 합의점이나 줄거리를 준비해 놓고 예정대로 결론이 도출된다.

⑤ 팀워크가 강화되기는 어렵다는 특징을 가진다.

23 다음은 도서코드(ISBN)에 대한 자료이다. 주문한 도서에 대한 설명으로 옳은 것은?

〈[예시] 도서코드(ISBN)〉

국제표준도서번호					부가기호		
접두부	국가번호	발행자번호	서명식별번호	체크기호	독자대상	발행형태	내용분류
123	12	1234567		1	1	1	123

※ 국제표준도서번호는 5개의 군으로 나누어지고 군마다 '-'로 구분함

〈도서코드(ISBN) 세부사항〉

접두부	국가번호	발행자번호	서명식별번호	체크기호
978 또는 979	한국 89 미국 05 중국 72 일본 40 프랑스 22	발행자번호 – 서명식별번호 7자리 숫자 예 8491 – 208 : 발행자번호가 8491번인 출판사에서 208번째 발행한 책		0 ~ 9

독자대상	발행형태	내용분류
0 교양 1 실용 2 여성 3 (예비) 4 청소년 5 중고등 학습참고서 6 초등 학습참고서 7 아동 8 (예비) 9 전문	0 문고본 1 사전 2 신서판 3 단행본 4 전집 5 (예비) 6 도감 7 그림책, 만화 8 혼합자료, 점자자료, 전자책, 마이크로자료 9 (예비)	030 백과사전 100 철학 170 심리학 200 종교 360 법학 470 생명과학 680 연극 710 한국어 770 스페인어 740 영미문학 720 유럽사

〈주문도서〉

978 – 05 – 441 – 1011 – 314710

① 한국에서 출판한 도서이다.

② 441번째 발행된 도서이다.

③ 발행자번호는 총 7자리이다.

④ 한 권으로만 출판되지는 않았다.

⑤ 한국어로 되어 있다.

24 K공사는 사무실 리모델링을 하면서 기획조정 1 ~ 3팀과 미래전략 1 ~ 2팀, 홍보팀, 보안팀, 인사팀의 사무실 위치를 변경하였다. 다음 〈조건〉과 같이 적용되었을 때, 변경된 사무실 위치에 대한 설명으로 옳은 것은?

1실	2실	3실	4실
복도			
5실	6실	7실	8실

> **조건**
> • 기획조정 1팀과 미래전략 2팀은 홀수실이며, 복도를 사이에 두고 마주 보고 있다.
> • 홍보팀은 5실에 위치한다.
> • 미래전략 2팀과 인사팀은 나란히 있다.
> • 보안팀은 홀수실이며, 맞은편 대각선으로 가장 먼 곳에는 인사팀이 있다.
> • 기획조정 3팀과 2팀은 나란히 위치하고, 2팀이 3팀보다 사무실 번호가 높다.

① 인사팀은 6실에 위치한다.
② 미래전략 2팀과 기획조정 3팀은 같은 라인에 위치한다.
③ 기획조정 1팀은 기획조정 2팀과 3팀 사이에 위치한다.
④ 미래전략 1팀은 7실에 위치한다.
⑤ 홍보팀이 있는 라인에서 가장 높은 번호의 사무실에 위치한 팀은 보안팀이다.

25 약국에 희경, 은정, 소미, 정선 4명의 손님이 방문하였다. 약사는 이들로부터 처방전을 받아 A ~ D 네 봉지의 약을 조제하였다. 다음 〈조건〉이 참일 때, 옳은 것은?

> **조건**
> • 방문한 손님들의 병명은 몸살, 배탈, 치통, 피부병이다.
> • 은정이의 약은 B에 해당하고, 은정이는 몸살이나 배탈 환자가 아니다.
> • A는 배탈 환자에 사용되는 약이 아니다.
> • D는 연고를 포함하고 있는데, 이 연고는 피부병에만 사용된다.
> • 희경이는 임산부이고, A와 D에는 임산부가 먹어서는 안 되는 약품이 사용되었다.
> • 소미는 몸살 환자가 아니다.

① 은정이는 피부병에 걸렸다.
② 정선이는 몸살이 났고, 이에 해당하는 약은 C이다.
③ 소미는 치통 환자이다.
④ 희경이는 배탈이 났다.
⑤ 소미가 처방받은 약은 A이다.

26 다음은 K사의 유전자 사업에 대한 SWOT 분석 자료이다. 이를 참고하여 〈보기〉 중 빈칸 (A), (B)에 들어갈 내용으로 옳은 것은?

〈K사의 유전자 사업에 대한 SWOT 분석결과〉

강점(Strength)	약점(Weakness)
• 유전자 분야에 뛰어난 전문가로 구성 • _____(A)_____	• 유전자 실험의 장기화

기회(Opportunity)	위협(Threat)
• 유전자 관련 업체 수가 적음 • _____(B)_____	• 고객들의 실험 부작용에 대한 두려움 인식

SWOT 분석은 기업의 내부환경과 외부환경을 분석하여 강점(Strength), 약점(Weakness), 기회(Opportunity), 위협(Threat) 요인을 규정하고 이를 토대로 경영전략을 수립하는 기법으로, 미국의 경영컨설턴트인 앨버트 험프리(Albert Humphrey)에 의해 고안되었다.
• 강점(Strength) : 내부환경(자사 경영자원)의 강점을 의미한다.
• 약점(Weakness) : 내부환경(자사 경영자원)의 약점을 의미한다.
• 기회(Opportunity) : 외부환경(경쟁, 고객, 거시적 환경)에서 비롯된 기회를 의미한다.
• 위협(Threat) : 외부환경(경쟁, 고객, 거시적 환경)에서 비롯된 위협을 의미한다.

보기
㉠ 투자 유치의 어려움
㉡ 특허를 통한 기술 독점 가능
㉢ 점점 증가하는 유전자 의뢰
㉣ 높은 실험 비용

	(A)	(B)
①	㉠	㉣
②	㉡	㉠
③	㉠	㉢
④	㉡	㉢
⑤	㉢	㉣

27 K공사는 워크숍에서 팀을 나눠 배드민턴 게임을 하기로 했다. 배드민턴 복식 경기방식을 따르며, 전략팀 직원 A, B와 총무팀 직원 C, D가 먼저 대결을 한다고 할 때, 다음과 같은 경기상황에 이어질 서브 방향 및 선수 위치로 가능한 것은?

〈배드민턴 복식 경기방식〉

- 점수를 획득한 팀이 서브권을 갖는다. 다만, 서브권이 상대팀으로 넘어가기 전까지는 팀 내에서 같은 선수가 연속해서 서브권을 갖는다.
- 서브하는 팀은 자신의 팀 점수가 0이거나 짝수인 경우는 우측에서, 점수가 홀수인 경우는 좌측에서 서브한다.
- 서브하는 선수로부터 코트의 대각선 위치에 선 선수가 서브를 받는다.
- 서브를 받는 팀은 자신의 팀으로 서브권이 넘어오기 전까지는 팀 내에서 선수끼리 서로 코트 위치를 바꾸지 않는다.

※ 좌측, 우측은 각 팀이 네트를 바라보고 인식하는 좌, 우임

〈경기상황〉

- 전략팀(A · B), 총무팀(C · D) 간 복식 경기 진행
- 3 : 3 동점 상황에서 A가 C에 서브하고 전략팀(A · B)이 1점 득점

점수	서브 방향 및 선수 위치	득점한 팀
3 : 3	 D C A B (A→C 대각선 서브)	전략팀

①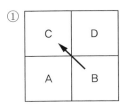

②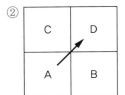

③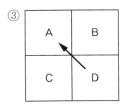

④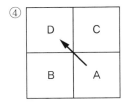

⑤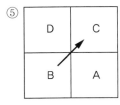

28 애플리케이션을 개발 중인 K사는 올해 새로 개발 중인 애플리케이션에 대한 영향도를 평가하고자 한다. 애플리케이션 영향도 판단 기준이 다음과 같을 때, 〈보기〉에 제시된 애플리케이션에 대한 판단 (A), (B)의 영향도 값으로 옳은 것은?

〈애플리케이션 영향도 판단 기준〉

보정요소		판단기준	영향도
분산 처리	애플리케이션이 구성요소 간에 데이터를 전송하는 정도	분산처리에 대한 요구사항이 명시되지 않음	0
		클라이언트/서버 및 웹 기반 애플리케이션과 같이 분산처리와 자료 전송이 온라인으로 수행됨	1
		애플리케이션상의 처리기능이 복수개의 서버 또는 프로세서상에서 동적으로 상호 수행됨	2
성능	응답시간 또는 처리율에 대한 사용자 요구 수준	성능에 대한 특별한 요구사항이나 활동이 명시되지 않으며, 기본적인 성능이 제공됨	0
		응답시간 또는 처리율이 피크타임 또는 모든 업무시간에 중요하고, 연동 시스템의 처리 마감시간에 대한 제한이 있음	1
		성능 요구사항을 만족하기 위해 설계 단계에서부터 성능 분석이 요구되거나, 설계·개발·구현 단계에서 성능 분석도구가 사용됨	2
신뢰성	장애 시 미치는 영향의 정도	신뢰성에 대한 요구사항이 명시되지 않으며, 기본적인 신뢰성이 제공됨	0
		고장 시 쉽게 복구가능한 수준의 약간 불편한 손실이 발생함	1
		고장 시 복구가 어려우며, 재정적 손실이 많이 발생하거나, 인명피해 위험이 있음	2
다중 사이트	상이한 하드웨어와 소프트웨어 환경을 지원하도록 개발되는 정도	설계 단계에서 하나의 설치 사이트에 대한 요구사항만 고려되며, 애플리케이션이 동일한 하드웨어 또는 소프트웨어 환경하에서만 운영되도록 설계됨	0
		설계 단계에서 하나 이상의 설치 사이트에 대한 요구사항만 고려되며, 애플리케이션이 유사한 하드웨어 또는 소프트웨어 환경하에서만 운영되도록 설계됨	1
		설계 단계에서 하나 이상의 설치 사이트에 대한 요구사항만 고려되며, 애플리케이션이 상이한 하드웨어 또는 소프트웨어 환경하에서만 운영되도록 설계됨	2

보기

(A) 애플리케이션의 응답시간에 대한 사용자 요구 수준을 볼 때, 기본적인 성능이 잘 제공되는 것으로 판단된다. 그러나 고장 시 불편한 손실이 발생되며, 다행히 쉽게 복구가 가능하다. 설계 단계에서 하나 이상의 설치 사이트에 대한 요구사항이 고려되며, 유사한 하드웨어나 소프트웨어 환경하에서만 운영되도록 설계되었다. 그리고 데이터를 전송하는 정도를 보면 분산처리에 대한 요구사항이 명시되지 않은 것으로 판단된다.

(B) 애플리케이션에서 발생할 수 있는 장애에 있어서는 기본적인 신뢰성이 제공된다. 응답시간 또는 처리율이 피크타임에 중요하며, 애플리케이션의 처리기능은 복수개의 서버상에서 동적으로 상호수행된다. 그리고 이 애플리케이션은 동일한 소프트웨어 환경하에서만 운영되도록 설계되었다.

	(A)의 영향도	(B)의 영향도
①	2	1
②	3	2
③	2	3
④	3	4
⑤	2	5

29 A고객은 3일 후 떠날 3주간의 제주도 여행에 대비하여 가족 모두 여행자 보험에 가입하고자 K은행에 방문하였다. 이에 P사원이 A고객에게 여행자 보험 상품을 추천하고자 할 때, P사원의 설명으로 적절하지 않은 것은?(단, A고객 가족의 나이는 만 14세, 17세, 45세, 51세, 75세이다)

〈K은행 여행자 보험〉

• 가입연령 : 만 1 ~ 79세(인터넷 가입 만 19 ~ 70세)
• 납입방법 : 일시납
• 납입기간 : 일시납
• 보험기간 : 2일 ~ 최대 1개월
• 보장내용

보장의 종류	보험금 지급사유	지급금액
상해사망 및 후유장해	– 여행 중 사고로 상해를 입고 그 직접적인 결과로 사망하거나 후유장해상태가 되었을 때	– 사망 시 가입금액 전액 지급 – 후유장해 시 장해정도에 따라 가입금액의 30 ~ 100% 지급
질병사망	– 여행 중 발생한 질병으로 사망 또는 장해지급률 80% 이상의 후유장해가 남았을 경우	– 가입금액 전액 지급
휴대품 손해	– 여행 중 우연한 사고로 휴대품이 도난 또는 파손되어 손해를 입은 경우	– 가입금액 한도 내에서 보상하되, 휴대품 1개 또는 1쌍에 대하여 20만 원 한도로 보상(단, 자기부담금 1만 원 공제)

• 유의사항
 – 보험계약 체결일 기준 만 15세 미만자의 경우 사망은 보장하지 않음
 – 보장금액과 상해, 질병 의료실비에 대한 보장내용은 홈페이지 참조

---

① 고객님, 가족 모두 가입하시려면 반드시 은행에 방문해 주셔야 합니다.
② 고객님, 만 14세 자녀의 경우 본 상품에 가입하셔도 사망보험금은 지급되지 않습니다.
③ 고객님, 여행 도중 귀중품을 분실하셨을 경우 분실물의 수량과 관계없이 최대 20만 원까지 보상해 드립니다.
④ 고객님, 후유장해 시 보험금은 장해정도에 따라 차등지급됩니다.
⑤ 고객님, 보험가입 시 보험금은 한 번만 납입하시면 됩니다.

30 K공사 기획팀은 신입사원 입사로 인해 자리 배치를 바꾸려고 한다. 다음 자리 배치표와 〈조건〉을 참고하여 자리를 배치하였을 때, 배치된 자리와 직원의 연결로 옳은 것은?

〈자리 배치표〉

출입문					
1 – 신입사원	2	3	4	5
6	7	8 – A사원	9	10

- 기획팀 팀원 : A사원, B부장, C대리, D과장, E차장, F대리, G과장

조건
- B부장은 출입문과 가장 먼 자리에 앉는다.
- C대리와 D과장은 마주 보고 앉는다.
- E차장은 B부장과 마주 보거나 B부장의 옆자리에 앉는다.
- C대리는 A사원 옆자리에 앉는다.
- E차장 옆자리에는 아무도 앉지 않는다.
- F대리와 마주 보는 자리에는 아무도 앉지 않는다.
- D과장과 G과장은 옆자리 또는 마주 보고 앉지 않는다.
- 빈자리는 2자리이며 옆자리 또는 마주 보는 자리이다.

① 2 – G과장
② 3 – B부장
③ 5 – E차장
④ 6 – F대리
⑤ 9 – C대리

31 독일인 A씨는 베를린에서 한국을 경유하여 일본으로 가는 비행기표를 구매하였다. A씨의 일정이 다음과 같을 때, A씨가 인천공항에 도착하는 한국시각과 A씨가 참여했을 환승투어를 바르게 짝지은 것은?(단, 제시된 조건 외에 고려하지 않는다)

<A씨의 일정>

한국행 출발시각 (독일시각 기준)	비행시간	인천공항 도착시각	일본행 출발시각 (한국시각 기준)
8월 2일 19:30	12시간 20분		8월 3일 19:30

※ 독일은 한국보다 8시간 느림
※ 비행 출발 1시간 전에는 공항에 도착해야 함

<환승투어 코스 안내>

구분	코스	소요 시간
엔터테인먼트	• 인천공항 → 파라다이스시티 아트테인먼트 → 인천공항	2시간
인천시티	• 인천공항 → 송도한옥마을 → 센트럴파크 → 인천공항 • 인천공항 → 송도한옥마을 → 트리플 스트리트 → 인천공항	2시간
산업	• 인천공항 → 광명동굴 → 인천공항	4시간
전통	• 인천공항 → 경복궁 → 인사동 → 인천공항	5시간
해안관광	• 인천공항 → 을왕리해변 또는 마시안해변 → 인천공항	1시간

	도착시각	환승투어
①	8월 2일 23:50	산업
②	8월 2일 15:50	엔터테인먼트
③	8월 3일 23:50	전통
④	8월 3일 15:50	인천시티
⑤	8월 3일 14:50	해안관광

32 K공사에서 근무하고 있는 김대리는 경기본부로 전기점검을 나가고자 한다. 〈조건〉에 따라 점검일을 결정할 때, 다음 중 김대리가 경기본부 전기점검을 진행할 수 있는 기간으로 옳은 것은?

〈6월 달력〉

일	월	화	수	목	금	토
				1	2	3
4	5	6	7	8	9	10
11	12	13	14	15	16	17
18	19	20	21	22	23	24
25	26	27	28	29	30	

조건
- 김대리는 6월 중에 경기본부로 전기점검을 나간다.
- 전기점검은 2일 동안 진행되며, 이틀 동안 연이어 진행하여야 한다.
- 점검은 주중에만 진행된다.
- 김대리는 6월 1일부터 6월 7일까지 연수에 참석하므로 해당 기간에는 점검을 진행할 수 없다.
- 김대리는 6월 27일부터는 부서이동을 하므로, 27일부터는 전기점검을 포함한 모든 담당 업무를 후임자에게 인계하여야 한다.
- 김대리는 목요일마다 경인건설본부로 출장을 가며, 출장일에는 전기점검 업무를 수행할 수 없다.

① 6월 6 ~ 7일
② 6월 11 ~ 12일
③ 6월 14 ~ 15일
④ 6월 20 ~ 21일
⑤ 6월 27 ~ 28일

※ H사는 A ~ E의 5개 팀으로 나누어 각각 다른 발전소로 견학을 가고자 한다. 5대 발전소별 견학 운영 조건이 다음과 같을 때, 이어지는 질문에 답하시오. [33~34]

〈5대 발전소 견학 운영 조건〉

구분	견학 시간	제한 인원	견학 장소
고리 발전소	90분	50명	홍보관
새울 발전소	120분	40명	발전시설, 에너지체험관
한울 발전소	90분	50명	발전소 전체
월성 발전소	90분	40명	홍보관, 에너지체험관
한빛 발전소	120분	50명	발전소 전체

※ 발전소 전체는 홍보관, 발전시설, 에너지체험관을 모두 포함함

33 다음 〈조건〉에 따라 A ~ E팀이 견학할 발전소를 정할 때, 팀과 견학 장소를 바르게 연결한 것은?

조건
- 한 발전소에 두 팀 이상 견학을 갈 수 없다.
- A, C팀의 견학 희망 인원은 각각 45명이고, B, D, E팀의 견학 희망 인원은 각각 35명이다.
- A, D팀의 견학 희망 장소는 발전소 전체이다.
- C팀의 견학 희망 장소는 홍보관이며, B팀은 발전시설 견학을 희망하지 않는다.
- A, E팀의 견학 희망 시간은 최소 100분이다.
- 그 외 희망 사항이 없는 팀은 발전소 견학 운영 조건을 따르는 것으로 한다.

① A - 새울 발전소　　　　　　　　② B - 고리 발전소
③ C - 월성 발전소　　　　　　　　④ D - 한울 발전소
⑤ E - 한빛 발전소

34 다음 〈조건〉에 따라 발전소의 견학 순서를 정할 때, 항상 두 번째로 견학을 가게 되는 발전소는?

조건
- 한빛 발전소보다 고리 발전소와 월성 발전소에 먼저 견학을 간다.
- 한울 발전소는 새울 발전소보다 먼저 견학한다.
- 월성 발전소와 새울 발전소 사이에 발전소 한 곳에 견학을 간다.
- 새울 발전소는 첫 번째로 견학 장소가 될 수 없다.
- 한울 발전소는 반드시 짝수 번째로 견학한다.

① 고리 발전소　　　　　　　　② 새울 발전소
③ 한울 발전소　　　　　　　　④ 월성 발전소
⑤ 한빛 발전소

35 K회사에서 근무하는 김사원은 수출계약 건으로 한국에 방문하는 바이어를 맞이하기 위해 인천공항에 가야 한다. 미국 뉴욕에서 오는 바이어는 현지시각으로 21일 오전 8시 30분에 한국행 비행기에 탑승할 예정이며, 비행시간은 17시간이다. K회사에서 인천공항까지는 1시간 30분이 걸리고, 바이어의 도착 예정시각보다는 30분 일찍 도착하여 대기하려고 할 때, 김사원이 적어도 회사에서 출발해야 하는 시각은?(단, 뉴욕은 한국보다 13시간이 느리다)

① 21일 10시 30분
② 21일 12시 30분
③ 22일 12시
④ 22일 12시 30분
⑤ 22일 14시 30분

36 청원경찰 A는 6층 회사건물을 층마다 모두 순찰한 후에 퇴근한다. 다음 〈조건〉에 따라 1층에서 출발하여 순찰을 완료하고 1층으로 돌아오기까지 소요되는 최소 시간은?(단, 주어진 조건 외의 다른 요인은 고려하지 않는다)

> **조건**
> • 층간 이동은 엘리베이터로만 해야 하며 엘리베이터가 한 개 층을 이동하는 데는 1분이 소요된다.
> • 엘리베이터는 한 번에 최대 세 개 층(예 1층 → 4층)을 이동할 수 있다.
> • 엘리베이터는 한 번 위로 올라갔으면, 그 다음에는 아래 방향으로 내려오고, 그 다음에는 다시 위 방향으로 올라가야 한다.
> • 하나의 층을 순찰하는 데는 10분이 소요된다.

① 1시간
② 1시간 10분
③ 1시간 16분
④ 1시간 22분
⑤ 1시간 34분

37 K회사에서 체육대회를 개최한다. 지점별로 출전선수를 선발하는데, Y지점 직원들(A ~ J)은 각자 2종목씩 필수로 출전해야 한다. 다음 중 계주에 꼭 출전해야 하는 직원을 모두 고르면?

〈지점별 참가 인원〉

(단위 : 명)

홀라후프	계주	줄넘기	줄다리기	2인 3각
1	4	5	8	2

〈직원별 참가가능 종목〉

(단위 : 명)

구분	홀라후프	계주	줄넘기	줄다리기	2인 3각
A	X	X	O	O	O
B	X	O	O	O	X
C	O	O	O	X	X
D	O	X	X	O	X
E	X	O	X	O	X
F	X	X	O	O	X
G	X	X	X	O	O
H	O	O	O	O	X
I	X	O	O	O	X
J	X	O	O	X	X

① B, C, J
② C, E, J
③ C, G, I
④ D, E, H
⑤ E, I, J

38 다음은 한 달 동안 K사원의 야근 및 휴일근무를 기록한 자료이다. 회사의 초과근무수당 규정을 참고하여 K사원이 이번 달 받을 수 있는 야근 및 특근 수당을 바르게 구한 것은?(단, K사원의 세전 연봉은 3천만 원이고, 시급 산정 시 월평균 근무시간은 200시간으로 계산한다)

일	월	화	수	목	금	토
	1 (18 ~ 21시)	2	3	4 (18 ~ 22시)	5	6
7	8	9 (18 ~ 24시)	10	11	12	13
14 (09 ~ 12시)	15	16	17	18	19	20
21	22	23	24	25	26 (18 ~ 21시)	27 (13 ~ 18시)
28	29 (18 ~ 19시)	30				

〈초과근무수당 규정〉

• 시급 환산 시 세전 연봉으로 계산한다.
• 평일 야근 수당은 시급에 5,000원을 가산하여 지급한다.
• 주말 특근 수당은 시급에 10,000원을 가산하여 지급한다.
• 식대는 10,000원을 지급하며, 식대는 야근・특근 수당에 포함되지 않는다.
• 야근시간은 오후 7시부터 적용되며 10시를 초과할 수 없다(단, 초과시간 수당은 미지급한다).

① 285,000원
② 320,000원
③ 355,000원
④ 405,000원
⑤ 442,500원

39 K회사에서는 영업용 차량을 구매하고자 한다. 영업용 차량의 연평균 주행거리는 30,000km이고, 향후 5년 간 사용할 계획이다. 현재 고려하고 있는 차량은 A ~ E자동차이다. 다음 중 경비가 가장 적게 들 것으로 예상하는 차량을 구매한다면 어떤 차량이 가장 적절한가?

■ 자동차 리스트

구분	사용연료	연비(km/L)	연료탱크 용량(L)	신차구매가(만 원)
A자동차	휘발유	12	60	2,000
B자동차	LPG	8	60	2,200
C자동차	경유	15	50	2,700
D자동차	경유	20	60	3,300
E자동차	휘발유	15	80	2,600

■ 연료 종류별 가격

종류	리터당 가격(원/L)
휘발유	1,400
LPG	900
경유	1,150

※ (경비)=(신차구매가)+(연료비)
※ 신차구매 결제는 일시불로 함
※ 향후 5년간 연료 가격은 변동이 없는 것으로 가정함

① A자동차 ② B자동차
③ C자동차 ④ D자동차
⑤ E자동차

40 다음은 K공장의 제품 생산과 관련된 3가지 A ~ C공정에 대한 내용이다. 7월 24일(월)을 기준으로 제품 500개를 생산할 경우 제품 생산이 가장 빨리 완료되는 날은?

〈A ~ C공정 제품 생산〉

• A공정 제품 100개 만드는 데 2일, 7월 25일(화)부터 생산 가능
• B공정 제품 150개 만드는 데 3일, 7월 27일(목)부터 생산 가능
• C공정 제품 200개 만드는 데 2일, 7월 28일(금)부터 생산 가능
• 주말은 쉬므로, 공정은 주말을 제외하고 이어서 진행한다.
• 공정은 A → B → C 순서대로 작업되며, 공정별 동일한 제품이 생산된다.
• 같은 날 다른 공정을 동시에 진행할 수 있다.

① 7월 28일 ② 7월 29일
③ 7월 30일 ④ 7월 31일
⑤ 8월 1일

41 다음 중 빈칸 (가) ~ (다)에 들어갈 말을 순서대로 바르게 나열한 것은?

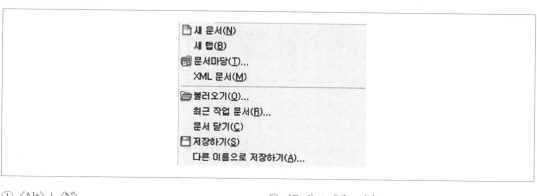

	(가)	(나)	(다)
①	자료	지식	정보
②	정보	자료	지식
③	지식	자료	정보
④	자료	정보	지식
⑤	지식	정보	자료

42 다음 중 한글에서 파일을 다른 이름으로 저장할 때 사용하는 단축키는 무엇인가?

① 〈Alt〉+〈N〉   ② 〈Ctrl〉+〈N〉, 〈P〉

③ 〈Alt〉+〈S〉   ④ 〈Alt〉+〈P〉

⑤ 〈Alt〉+〈V〉

43 다음 시트의 [E2] 셀에 「=DCOUNT(A1:C9,2,A12:B14)」 함수를 입력했을 때 결괏값으로 옳은 것은?

▲	A	B	C	D	E
1	부서	성명	나이		결괏값
2	영업부	이합격	28		
3	인사부	최시대	29		
4	총무부	한행복	33		
5	영업부	김사랑	42		
6	영업부	오지현	36		
7	인사부	이수미	38		
8	총무부	이지선	37		
9	총무부	한기수	25		
10					
11					
12	부서	나이			
13	영업부				
14		〉30			

① 0　　　　　　　　　　　　　　② 2
③ 3　　　　　　　　　　　　　　④ 6
⑤ 7

44 다음 시트에서 [B1] 셀에 〈보기〉의 (가) ~ (마) 함수를 입력하였을 때, 표시되는 결괏값이 다른 것은?

▲	A	B
1	333	
2	합격	
3	불합격	
4	12	
5	7	

보기

(가) =ISNUMBER(A1)　　　　　　(나) =ISNONTEXT(A2)

(다) =ISTEXT(A3)　　　　　　　(라) =ISEVEN(A4)

(마) 「=ISODD(A5)」

① (가)　　　　　　　　　　　　② (나)
③ (다)　　　　　　　　　　　　④ (라)
⑤ (마)

45 K카페 대표인 A씨는 이번 달에 총 7명의 직원을 새로 뽑았다. A씨는 새로운 직원의 거주지가 팔달구이거나 영통구이면 '매탄2동점', 그 외에는 '금곡동점'에 배치했다. [D2] 셀에 수식을 입력한 후 드래그 기능으로 [D2:D8]을 채우려고 할 때, [D2] 셀에 들어갈 수식으로 옳은 것은?

	A	B	C	D
1	이름	거주지역	경력유무	지점명
2	최민준	팔달구	유	매탄2동점
3	김진서	권선구	유	금곡동점
4	이예준	권선구	유	금곡동점
5	김수빈	장안구	무	금곡동점
6	서민재	영통구	유	매탄2동점
7	조예은	팔달구	무	매탄2동점
8	박우진	영통구	무	매탄2동점

① = IF(OR(B2="장안구",B2="영통구"),"금곡동점","매탄2동점")

② = IF(OR(B2="팔달구",B2="영통구"),"금곡동점","매탄2동점")

③ = IF(OR(B2="팔달구",B2="영통구"),"매탄2동점","금곡동점")

④ = IF(AND(B2="팔달구",B2="영통구"),"매탄2동점","금곡동점")

⑤ = IF(AND(B2="팔달구",B2="영통구"),"금곡동점","매탄2동점")

46 다음 파이썬 프로그램의 실행 결과로 옳은 것은?

```
>>> print ("1", "2", "3", "4", "5")
```

① 1

② 12345

③ 122333444555

④ 1 2 3 4 5

⑤ 11 22 33 44 55

47 다음 글을 읽고 K대학교 문제해결을 위한 대안으로 가장 적절한 것은?

> K대학교는 현재 학생 관리 프로그램, 교수 관리 프로그램, 성적 관리 프로그램의 3개의 응용 프로그램을 갖추고 있다. 학생 관리 프로그램은 학생 정보를 저장하고 있는 파일을 이용하고 교수 관리 프로그램은 교수 정보 파일, 성적 관리 프로그램은 성적 정보 파일을 이용한다. 즉, 각각의 응용 프로그램들은 개별적인 파일을 이용한다. 이런 경우, 파일에는 많은 정보가 중복 저장되어 있다. 그렇기 때문에 중복된 정보가 수정되면 관련된 모든 파일을 수정해야 하는 불편함이 있다. 예를 들어, 한 학생이 자퇴하게 되면 학생 정보 파일뿐만 아니라 교수 정보 파일, 성적 정보 파일도 수정해야 하는 것이다.

① 데이터베이스 구축   ② 유비쿼터스 구축
③ RFID 구축   ④ NFC 구축
⑤ 와이파이 구축

48 다음 중 엑셀의 틀 고정 및 창 나누기에 대한 설명으로 옳지 않은 것은?

① 화면에 나타나는 창 나누기 형태는 인쇄 시 적용되지 않는다.
② 첫 행을 고정하려면 셀 포인터의 위치에 상관없이 [틀 고정] - [첫 행 고정]을 선택한다.
③ 창 나누기는 셀 포인터의 위치에 따라 수직, 수평, 수직·수평 분할이 가능하다.
④ 창 나누기를 수행하면 셀 포인터의 오른쪽과 아래쪽으로 창 구분선이 표시된다.
⑤ 셀 편집 모드에 있거나 워크시트가 보호된 경우에는 틀 고정 명령을 사용할 수 없다.

49 다음 글의 밑줄 친 ㉠에 대한 설명으로 옳은 것을 〈보기〉에서 모두 고르면?

> ○○바이러스는 발생 초기 윈도우 환경에서 메일을 대량으로 발송하는 형태로 피해를 입히는 사례가 많았으나, 이후에는 웹사이트 초기 화면이나 게시판 등을 통해 유포되어 개인 정보를 유출하는 형태로 진화되는 추세를 보였다.
> 이로 인해 사용자들의 기본 정보뿐만 아니라, 다른 기밀 정보들도 유출될 소지가 높아 PC 이용자 스스로 적극적인 ㉠예방대책을 수립해야 한다.

보기

ㄱ. 스팸메일은 읽어보고 즉시 삭제한다.
ㄴ. 수시로 윈도를 최신 버전으로 업데이트한다.
ㄷ. 사이트에서 요구하는 ActiveX 컨트롤을 모두 설치한다.
ㄹ. 백신 프로그램을 항상 최신 버전으로 업데이트하여 실행한다.

---

① ㄱ, ㄴ   ② ㄱ, ㄷ
③ ㄴ, ㄷ   ④ ㄴ, ㄹ
⑤ ㄷ, ㄹ

50 K공사의 A사원은 최근 회사 내 업무용 개인 컴퓨터의 보안 강화와 관련하여 다음과 같은 메일을 받았다. 메일 내용을 토대로 A사원이 취해야 할 행동으로 옳지 않은 것은?

발신 : 전산보안팀

수신 : 전 임직원

제목 : 업무용 개인 컴퓨터 보안대책 공유

내용 :
안녕하십니까. 전산팀장 ○○○입니다.
최근 개인정보 유출 등 전산보안 사고가 자주 발생하고 있어 각별한 주의가 필요한 상황입니다. 이에 따라 자사에서도 업무상 주요 정보가 유출되지 않도록 보안프로그램을 업데이트하는 등 전산보안을 더욱 강화하고 있습니다.
무엇보다 업무용 개인 컴퓨터를 사용하는 분들이 특히 신경을 많이 써주셔야 철저한 보안이 실천됩니다. 번거로우시더라도 아래와 같은 사항을 따라주시길 바랍니다.

• 인터넷 익스플로러를 종료할 때마다 검색기록이 삭제되도록 설정해 주세요.
• 외출 또는 외근으로 장시간 컴퓨터를 켜두어야 하는 경우에는 인터넷 검색기록을 직접 삭제해 주세요.
• 인터넷 검색기록 삭제 시 기본 설정되어 있는 항목 외에도 '다운로드 기록', '양식 데이터', '암호', '추적방지', 'ActiveX 필터링 및 Do Not Track 데이터'를 모두 체크하여 삭제해 주세요(단, 즐겨찾기 웹 사이트 데이터 보존 부분은 체크 해제할 것).
• 인터넷 익스플로러에서 방문한 웹 사이트 목록을 저장하는 기간을 5일로 변경해 주세요.
• 자사에서 제공 중인 보안프로그램은 항시 업데이트하여 최신 상태로 유지해 주세요.

위 사항을 적용하는 데 어려움이 있을 경우에는 아래 첨부파일에 이미지와 함께 친절하게 설명되어 있으니 참고바랍니다.

〈첨부〉 업무용 개인 컴퓨터 보안대책 적용 방법 설명(이미지).zip

---

① 자사의 보안프로그램을 실행하고 [설정]에서 업데이트를 실행한다.
② 장시간 외출할 경우에는 [인터넷 옵션]의 '일반' 카테고리에 있는 [삭제]를 클릭해 직접 삭제한다.
③ 검색기록 삭제 시 [인터넷 옵션]의 '일반' 카테고리에 있는 [삭제]를 클릭하여 기존에 설정되어 있는 항목을 포함한 모든 항목을 체크하여 삭제한다.
④ [인터넷 옵션]의 '일반' 카테고리 중 검색기록 부분에서 [설정]을 클릭하고, '기록' 카테고리의 [페이지 보관 일수]를 5일로 설정한다.
⑤ 인터넷 익스플로러에서 [도구(또는 톱니바퀴 모양)]를 클릭하여 [인터넷 옵션]의 '일반' 카테고리에 있는 [종료할 때 검색 기록 삭제]를 체크한다.

51 K공사에서 근무하는 강과장은 공사창립기념 '한여름 밤의 음악회'와 관련하여 유대리에게 다음과 같이 부탁하였다. 유대리가 가장 먼저 처리해야 할 일로 옳은 것은?

> 유대리님. 퇴근하기 전에 음악회 장소를 다시 점검하러 가보셔야 할 것 같아요. 저번에 김과장님이 오른쪽 조명이 깜빡인다고 말씀하시더라고요. △△조명은 11시부터 영업을 시작하고, 음악회 주최 위원들은 점심시간에 오신다고 하니 함께 점심 드시고 오후에 연락하여 점검을 같이 나가자고 연락드려 주세요. 아, 그리고 제가 지금 외근을 나가야 하는데 오늘 몇 시에 들어올 수 있을지 모르겠어요. 일단 점심 식사 후 음악회 주최 위원들께 음악회 일정표를 전달해 주세요. 그리고 조명 점검하시고 꼭 김과장님께 상황 보고해 주세요.

① 한여름 밤의 음악회 장소 점검
② △△조명에 조명 점검 협조 연락
③ 음악회 주최 의원들과 점심
④ 음악회 주최 의원들에게 일정표 전달
⑤ 김과장에게 상황 보고

52 다음은 K사 영업부에서 근무하는 S사원의 일일업무일지이다. 업무일지에 적힌 내용 중 영업부의 주요 업무로 옳지 않은 것은 모두 몇 가지인가?

<S사원의 일일업무일지>

부서명	영업부	작성일자	2025년 3월 7일
작성자	S		
금일 업무 내용		명일 업무 내용	
• 시장 조사 계획 수립		• 신규 거래처 견적 작성 및 제출	
• 시장 조사 진행(출장)		• 전사 소모품 관리	
• 신규 거래처 개척		• 발주서 작성 및 발주	
• 판매 방침 및 계획 회의		• 사원 급여 정산	
• 전사 공채 진행		• 매입마감	

① 2가지   ② 3가지
③ 4가지   ④ 5가지
⑤ 6가지

53 조직 구조의 형태 중 사업별 조직 구조는 제품이나 고객별로 부서를 구분한다. 다음 중 사업별 조직 구조의 형태로 옳지 않은 것은?

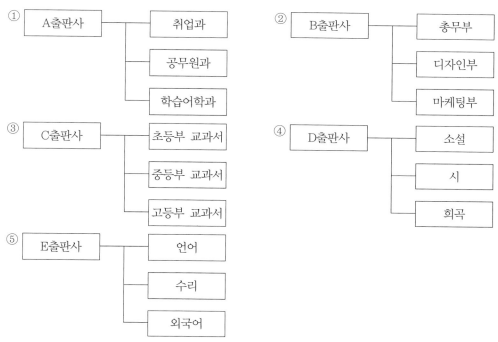

54 다음 상황에서 팀장의 지시를 적절히 수행하기 위하여 오대리가 거쳐야 할 부서명을 순서대로 나열한 것은?

> 오대리, 내가 내일 출장 준비 때문에 무척 바빠서 그러는데 자네가 좀 도와줘야 할 것 같군. 우선 박비서한테 가서 오후 사장님 회의 자료를 좀 가져다 주게나. 오는 길에 지난주 기자단 간담회 자료 정리가 되었는지 확인해 보고 완료됐으면 한 부 챙겨오고. 다음 주에 승진자 발표가 있을 것 같은데 우리 팀 승진 대상자 서류가 잘 전달되었는지 그것도 확인 좀 해 줘야겠어. 참, 오후에 바이어가 내방하기로 되어 있는데 공항 픽업 준비는 잘 해 두었지? 배차 예약 상황도 다시 한번 점검해 봐야 할 거야. 그럼 수고 좀 해 주게.

① 기획팀 – 홍보팀 – 총무팀 – 경영관리팀
② 비서실 – 홍보팀 – 인사팀 – 총무팀
③ 인사팀 – 법무팀 – 총무팀 – 기획팀
④ 경영관리팀 – 법무팀 – 총무팀 – 인사팀
⑤ 회계팀 – 경영관리팀 – 인사팀 – 총무팀

55 다음 중 주혜정 씨가 가장 마지막에 처리할 업무로 가장 적절한 것은?

> Henry Thomas의 부하직원 주혜정은 Mr. Thomas와 국내 방송사 기자와의 인터뷰 일정을 최종 점검 중이다.
>
> 주혜정 : 공진호 기자님, 안녕하세요. 저는 Sun Capital의 주혜정입니다. Mr. Thomas와의 인터뷰 일정
>　　　　확인 차 연락드립니다. 지금 통화 가능하세요?
> 공진호 : 네, 말씀하세요.
> 주혜정 : 인터뷰 예정일이 7월 10일 오후 2시인데 변동사항이 있나 확인하고자 합니다.
> 공진호 : 네, 예정된 일정대로 진행 가능합니다. Sun Capital 회의실에서 하기로 했죠?
> 주혜정 : 맞습니다. 인터뷰 준비 관련해서 저희 측에서 더 준비해야 하는 사항이 있나요?
> 공진호 : 카메라 기자와 함께 가니 회의실 공간이 좀 넓어야 하겠고, 회의실 배경이 좀 깔끔해야 할 텐데
>　　　　준비가 가능할까요?

① 총무팀에 연락하여 인터뷰 당일 회의실 예약을 미리 해 놓는다.
② 기자에게 인터뷰의 방영 일자를 확인하여 인터뷰 영상 내용을 자료로 보관하도록 한다.
③ 인터뷰 당일 Mr. Thomas의 점심 식사 약속은 될 수 있는대로 피하도록 한다.
④ 인터뷰 진행 시 통역이 필요한지 아닌지 확인하고, 질문지를 사전에 받아 Mr. Thomas에게 전달한다.
⑤ 인터뷰를 진행할 때 질문을 미리 정리해 놓는다.

56 K기업의 상황을 고려할 때, 다음 중 경영활동과 활동의 사례가 바르게 연결되지 않은 것은?

> **〈상황〉**
>
> • K기업은 국내 자동차 제조업체이다.
> • K기업은 최근 인도네시아의 자동차 판매업체와 계약을 하여, 내년부터 인도네시아로 차량을 수출할 계획이다.
> • K기업은 중국의 자동차 부품 제조업체와 협력하고 있는데, 최근 중국 내 전염병 확산으로 현지 업체들의
>   가동률이 급락하였다.
> • K기업에서 최근 내부 설문조사를 실시한 결과, 사내 유연근무제 도입을 희망하는 직원의 비율은 72%, 희
>   망하지 않는 직원의 비율은 20%, 무응답은 8%였다.
> • K기업의 1분기 생산라인 피드백 결과, 엔진 조립 공정에서 진행속도를 20% 개선할 경우, 생산성이 12%
>   증가하는 것으로 나타났다.

	경영활동	사례
①	외부경영활동	인도네시아 시장의 자동차 구매성향 파악
②	내부경영활동	국내 자동차 부품 제조업체와의 협력안 검토
③	내부경영활동	인도네시아 현지 자동차 법규 및 제도 조사
④	내부경영활동	엔진 조립 공정 개선을 위한 공정 기술 연구개발
⑤	내부경영활동	생산라인에 부분적 탄력근무제 도입

57 다음 중 밑줄 친 ㉠, ㉡에 대한 설명으로 옳은 것은?

> 조직구조는 조직마다 다양하게 이루어지며, 조직목표의 효과적 달성에 영향을 미친다. 조직구조에 대한 많은 연구를 통해 조직구조에 영향을 미치는 요인으로는 조직의 전략, 규모, 기술, 환경 등이 있음을 확인할 수 있으며, 이에 따라 ㉠기계적 조직 혹은 ㉡유기적 조직으로 설계된다.

① ㉠은 의사결정 권한이 조직의 하부구성원들에게 많이 위임되어 있다.
② ㉡은 상하 간의 의사소통이 공식적인 경로를 통해 이루어진다.
③ ㉠은 규제나 통제의 정도가 낮아 의사소통 결정이 쉽게 변할 수 있다.
④ ㉡은 구성원들의 업무가 분명하게 정의된다.
⑤ 안정적이고 확실한 환경에서는 ㉠이 적절하고, 급변하는 환경에서는 ㉡이 적절하다.

58 K회사는 매년 사내 직원을 대상으로 창의공모대회를 개최하여 최고의 창의적 인재를 선발해 큰 상금을 수여한다. 이번 해에 A사원을 포함한 동료들은 창의공모대회에 참가하기로 하고 대회에 참가하는 동료들과 함께 창의적인 사고에 대해 생각을 공유하는 시간을 가졌다. 다음 중 적절하지 않은 것은?

① 창의적인 사고는 아이디어를 내고 그 유용성을 생각해 보는 활동이라고 볼 수 있다.
② 창의적인 사고를 하기 위해서는 고정관념을 버리고, 문제의식을 느껴야 한다.
③ 창의적으로 문제를 해결하기 위해서는 문제의 원인이 무엇인가를 분석하는 논리력이 매우 뛰어나야 한다.
④ 창의적인 사고는 선천적으로 타고나야 하고, 후천적인 노력에는 한계가 있다.
⑤ 누구라도 자기 일을 하는 데 있어 요구되는 지능 수준을 가지고 있다면, 그 분야에서 누구 못지않게 창의적일 수 있다.

59 현재 시각은 오전 11시이다. 오늘 중 마쳐야 하는 다음 네 가지의 업무가 있을 때 업무의 우선순위는 어떻게 되는가?(단, 업무시간은 오전 9시부터 오후 6시까지이며, 점심시간은 12시부터 1시간이다)

업무 내용	처리 시간
ㄱ. 기한이 오늘까지인 비품 신청	1시간
ㄴ. 오늘 내에 보고해야 하는 보고서 초안을 작성해 달라는 부서장의 지시	2시간
ㄷ. 가능한 빨리 보내 달라는 인접 부서의 협조 요청	1시간
ㄹ. 오전 중으로 고객에게 보내기로 한 자료 작성	1시간

① ㄱ - ㄴ - ㄷ - ㄹ
② ㄴ - ㄱ - ㄷ - ㄹ
③ ㄴ - ㄷ - ㄹ - ㄱ
④ ㄷ - ㄴ - ㄹ - ㄱ
⑤ ㄹ - ㄴ - ㄷ - ㄱ

60 다음 〈보기〉 중 제시된 질문에 가장 바르게 대답한 사람은?

> K사 : 안녕하세요. 다름이 아니라 현재 단가로는 더 이상 귀사에 납품하는 것이 어려울 것 같아 자재의 단가를 조금 올리고 싶어서요. 이에 대해 어떻게 생각하시나요?
>
> 대답 : _____

보기

A : 지난 달 자재의 불량률이 너무 높은데 단가를 더 낮춰야 할 것 같습니다.
B : 저희도 이정도 가격은 꼭 받아야 해서요. 단가를 지금 이상 드리는 것은 불가능합니다.
C : 불량률을 3% 아래로 낮춰서 납품해 주시면 단가를 조금 올리도록 하겠습니다.
D : 단가를 올리면 저희 쪽에서 주문하는 수량이 줄어들 텐데, K사에서 괜찮을까요?
E : 단가에 대한 협상은 K사의 사장님과 해 봐야 할 것 같네요.

① A
② B
③ C
④ D
⑤ E

61 다음 중 벤치마킹의 주요 단계에 대한 설명으로 옳지 않은 것은?

① 개선계획 수립 : 벤치마킹 결과를 바탕으로 성과차이를 측정항목별로 분석한다.

② 범위 결정 : 벤치마킹이 필요한 상세 분야를 정의하고 목표와 범위를 결정하며 벤치마킹을 수행할 인력들을 결정한다.

③ 대상 결정 : 비교분석의 대상이 되는 기업·기관들을 결정하고, 대상 후보별 벤치마킹 수행의 타당성을 검토하여 최종적인 대상 및 대상별 수행방식을 결정한다.

④ 측정범위 결정 : 상세분야에 대한 측정항목을 결정하고, 측정항목이 벤치마킹의 목표를 달성하는 데 적정한가를 검토한다.

⑤ 변화 관리 : 개선목표 달성을 위한 변화사항을 지속적으로 관리하고, 개선 후 변화사항과 예상했던 변화사항을 비교한다.

62 다음 빈칸에 들어갈 문장으로 옳지 않은 것은?

> 기술능력은 직업에 종사하기 위해 모든 사람들이 필요로 하는 능력이며, 이것을 넓은 의미로 확대해 보면 기술교양(Technical Literacy)이라는 개념으로 사용될 수 있다. 즉, 기술능력은 기술교양의 개념을 보다 구체화시킨 개념으로 볼 수 있다. 일반적으로 기술교양을 지닌 사람들은 _____

① 기술학의 특성과 역할을 이해한다.

② 기술과 관련된 위험을 평가할 수 있다.

③ 기술에 의한 윤리적 딜레마에 대해 합리적으로 반응할 수 있다.

④ 기술체계가 설계되고, 사용되고, 통제되는 방법을 이해한다.

⑤ 기술과 관련된 이익을 가치화하지 않는다.

63 다음 사례에 나타나는 산업재해 원인으로 옳은 것은?

> A씨는 퇴근하면서 회사 엘리베이터를 이용하던 중 갑자기 엘리베이터가 멈춰 그 안에 20분 동안 갇히는 사고를 당하였다. 20분 후 A씨는 실신한 상태로 구조되었고 바로 응급실로 옮겨졌다. 이후 A씨는 응급실로 옮겨져 의식을 되찾았지만, 극도의 불안감과 공포감을 느껴 결국 병원에서는 A씨에게 공황장애 진단을 내렸다.

① 교육적 원인   ② 기술적 원인

③ 작업 관리상 원인   ④ 불안전한 행동

⑤ 불안전한 상태

※ 기획전략팀에서는 사무실을 간편히 청소할 수 있는 새로운 청소기를 구매하였다. 기획전략팀의 B대리는 새 청소기를 사용하기 전에 다음 사용 설명서를 참고하였다. 이어지는 질문에 답하시오. **[64~66]**

<하용 설명서>

■ 충전
- 충전 시 작동 스위치 2곳을 반드시 꺼주십시오.
- 타 제품의 충전기를 사용할 경우 고장의 원인이 되오니 반드시 전용 충전기를 사용하십시오.
- 충전 시 충전기에 열이 느껴지는 것은 고장이 아닙니다.
- 본 제품에는 배터리 보호를 위하여 과충전 보호회로가 내장되어 있어 적정 충전시간을 초과하여도 배터리는 심한 손상이 없습니다.
- 충전기의 줄을 잡고 뽑을 경우 감전, 쇼트, 발화 및 고장의 원인이 됩니다.
- 충전하지 않을 때는 전원 콘센트에서 충전기를 뽑아 주십시오. 절연 열화에 따른 화재, 감전 및 고장의 원인이 됩니다.

■ 이상발생 시 점검 방법

증상	확인사항	해결 방법
스위치를 켜도 청소기가 작동하지 않는다면?	• 청소기가 충전잭에 꽂혀 있는지 확인하세요. • 충전이 되어 있는지 확인하세요. • 본체에 핸디 청소기가 정확히 결합되었는지 확인하세요. • 접점부(핸디, 본체)를 부드러운 면으로 깨끗이 닦아 주세요.	• 청소기에서 충전잭을 뽑아 주세요.
사용 중 갑자기 흡입력이 떨어진다면?	• 흡입구를 커다란 이물질이 막고 있는지 확인하세요. • 먼지 필터가 막혀 있는지 확인하세요. • 먼지통 내에 오물이 가득 차 있는지 확인하세요.	• 이물질을 없애고 다시 사용하세요.
청소기가 멈추지 않는다면?	• 스틱 손잡이 / 핸디 손잡이 스위치 2곳 모두 꺼져 있는지 확인하세요. • 청소기 본체에서 핸디 청소기를 분리하세요.	−
사용시간이 짧다고 느껴진다면?	• 10시간 이상 충전하신 후 사용하세요.	−
라이트 불이 켜지지 않는다면?	• 청소기 작동 스위치를 ON으로 하셨는지 확인하세요. • 라이트 스위치를 ON으로 하셨는지 확인하세요.	−
파워브러시가 작동하지 않는다면?	• 머리카락이나 실 등 이물질이 감겨있는지 확인하세요.	• 청소기 전원을 끄고 이물질 제거 후 전원을 켜면 파워브러시가 재작동하며, 평상시에도 파워브러시가 멈추었을 때는 전원 스위치를 껐다 켜시면 브러시가 재작동합니다.

64 다음 중 배터리 충전 중 고장이 발생한 경우, 그 원인으로 적절하지 않은 것은?

① 충전 시 작동 스위치 2곳을 모두 끄지 않은 경우
② 충전기를 뽑을 때 줄을 잡고 뽑은 경우
③ 충전하지 않을 때 충전기를 계속 꽂아 둔 경우
④ 적정 충전시간을 초과하여 충전한 경우
⑤ 타 제품의 충전기를 사용한 경우

65 B대리는 청소기의 전원을 껐다 켬으로써 청소기의 작동 불량을 해결하였다. 다음 중 어떤 작동 불량이 발생하였는가?

① 청소기가 멈추지 않았다.
② 사용시간이 짧게 느껴졌다.
③ 파워브러시가 작동하지 않았다.
④ 사용 중 흡입력이 떨어졌다.
⑤ 라이트 불이 켜지지 않았다.

66 다음 중 청소기에 이물질이 많이 들어있을 때 나타날 수 있는 증상은?

① 사용시간이 짧아진다.
② 라이트 불이 켜지지 않는다.
③ 스위치를 켜도 청소기가 작동하지 않는다.
④ 충전 시 충전기에서 열이 난다.
⑤ 사용 중 갑자기 흡입력이 떨어진다.

※ 다음은 K전자의 어떤 제품에 대한 사용설명서이다. 이어지는 질문에 답하시오. [67~68]

<사용 시 주의사항>

- 운전 중에 실내기나 실외기의 흡입구를 열지 마십시오.
- 침수가 되었을 때에는 반드시 서비스 센터에 의뢰하십시오.
- 청소 시 전원 플러그를 뽑아 주십시오.
- 세척 시 부식을 발생시키는 세척제를 사용하지 마십시오. 특히 내부 세척은 전문가의 도움을 받으십시오.
- 필터는 반드시 끼워서 사용하고 2주에 1회 가량 필터를 청소해 주십시오.
- 운전 중에 가스레인지 등 연소기구 이용 시 수시로 환기를 시키십시오.
- 어린이가 제품 위로 올라가지 않도록 해 주십시오.

<문제발생 시 확인사항>

발생 문제	확인사항	조치
제품이 작동하지 않습니다.	전원 플러그가 뽑혀 있지 않습니까?	전원플러그를 꽂아 주십시오.
	전압이 너무 낮지 않습니까?	공급 전력이 정격 전압 220V인지 한국전력에 문의하십시오.
	리모컨에 이상이 없습니까?	건전지를 교환하거나 (＋), (－)극에 맞게 다시 투입하십시오.
찬바람이 지속적으로 나오지 않습니다.	전원을 끈 후 곧바로 운전시키지 않았습니까?	실외기의 압축기 보호 장치 작동으로 약 3분 후 다시 정상 작동됩니다.
	희망온도가 실내온도보다 높게 설정되어 있지 않습니까?	희망온도를 실내온도보다 낮게 설정하십시오.
	제습모드나 절전모드는 아닙니까?	운전모드를 냉방으로 변경하십시오.
배출구에 이슬이 맺힙니다.	실내 습도가 너무 높지 않습니까?	공기 중의 습기가 이슬로 맺히는 자연스러운 현상으로, 증상이 심한 경우 마른 수건으로 닦아 주십시오.
예약운전이 되지 않습니다.	예약시각이 올바르게 설정되었습니까?	설명서를 참고하여 올바른 방법으로 예약해 주십시오.
	현재시각이 올바르게 설정되어 있습니까?	현재시각을 다시 설정해 주십시오.
원하는 만큼 실내가 시원해지지 않습니다.	제품의 냉방가능 면적이 실내 면적보다 작지 않습니까?	냉방가능 면적이 실내 면적과 일치하는 성능의 제품을 사용하십시오.
	실내기와 실외기의 거리가 멀지 않습니까?	실내기와 실외기 사이가 5m 이상이 되면 냉방능력이 다소 떨어질 수 있습니다.
	실내에 인원이 너무 많지 않습니까?	실내에 인원이 많으면 냉방효과가 다소 떨어질 수 있습니다.
	햇빛이 실내로 직접 들어오지 않습니까?	커튼이나 블라인드 등으로 햇빛을 막아 주십시오.
	문이나 창문이 열려있지 않습니까?	찬 공기가 실외로 빠져나가지 않도록 문을 닫아 주십시오.
	실내기·실외기 흡입구나 배출구가 막혀있지 않습니까?	실내기·실외기 흡입구나 배출구의 장애물을 제거해 주십시오.
	필터에 먼지 등 이물질이 끼지 않았습니까?	필터를 깨끗이 청소해 주십시오.
리모컨이 작동하지 않습니다.	건전지의 수명이 다 되지 않았습니까?	새 건전지로 교체하십시오.
	주변에 너무 강한 빛이 있지 않습니까?	네온사인이나 삼파장 형광등 등, 강한 빛이 발생하는 주변에서는 간혹 리모컨이 작동하지 않을 수 있으므로 실내기 수신부 앞에서 에어컨을 작동시키십시오.
	리모컨의 수신부가 가려져 있지 않습니까?	가리고 있는 물건을 치우십시오.

냄새가 나고 눈이 따갑습니다.	냄새를 유발하는 다른 요인(조리, 새집의 인테리어 및 가구, 약품 등)이 있지 않습니까?	환풍기를 작동하거나 환기를 해 주십시오.
	곰팡이 냄새가 나지 않습니까?	제품에서 응축수가 생겨 잘 빠지지 않을 경우 냄새가 날 수 있습니다. 배수호스를 점검해 주십시오.
제품이 저절로 꺼집니다.	꺼짐 예약 또는 취침예약이 되어있지 않습니까?	꺼짐 예약이나 취침예약을 취소하십시오.
실내기에서 안개 같은 것이 발생합니다.	습도가 높은 장소에서 사용하고 있지 않습니까?	습도가 높으면 습기가 많은 바람이 나오면서 안개 같은 것이 배출될 수 있습니다.
	기름을 많이 사용하는 장소에서 사용하고 있지 않습니까?	음식점 등 기름을 많이 사용하는 장소에서 사용할 경우 기기 내부를 정기적으로 청소해 주십시오.

67 다음 중 제시된 사용설명서는 어떤 제품에 대한 사용설명서인가?

① 가스레인지   ② 냉장고
③ 에어컨   ④ TV
⑤ 공기청정기

68 제품에서 곰팡이 냄새가 난다면, 다음 중 어떤 조치를 해야 하는가?

① 환기를 해야 한다.   ② 제품 내부를 청소해야 한다.
③ 직사광선이 심한지 확인한다.   ④ 배수호스를 점검해야 한다.
⑤ 고장이므로 A/S를 맡겨야 한다.

69 다음 뉴스 내용에서 볼 수 있는 기술경영자의 능력으로 옳은 것은?

> 앵커 : 현재 국제 원유 값이 고공 행진을 계속하면서 석유자원에서 탈피하려는 기술 개발이 활발히 진행되고
> 있는데요. 석유자원을 대체하고 에너지의 효율성을 높일 수 있는 연구개발 현장을 기자가 소개합니다.
> 기자 : 네. 여기는 메탄올을 화학 산업에 많이 쓰이는 에틸렌과 프로필렌, 부탄 등의 경질 올레핀으로 만드는
> 공정 현장입니다. 석탄과 바이오매스, 천연가스를 원료로 만들어진 메탄올에서 촉매반응을 통해 경질
> 올레핀을 만들기 때문에 석유 의존도를 낮출 수 있는 기술을 볼 수 있는데요. 기존 석유 나프타를
> 열분해 공정보다 수율이 높고, 섭씨 400도 이하에서 제조가 가능해 온실가스는 물론 에너지 비용을
> 50% 이상 줄일 수 있어 화제가 되고 있습니다.

① 빠르고 효과적으로 새로운 기술을 습득하고 기존의 기술에서 탈피하는 능력
② 기술 전문 인력을 운용할 수 있는 능력
③ 조직 내의 기술 이용을 수행할 수 있는 능력
④ 새로운 제품개발 시간을 단축할 수 있는 능력
⑤ 기술을 효과적으로 평가할 수 있는 능력

70 다음은 기술선택을 위한 절차에 대한 자료이다. 밑줄 친 (A) ~ (E)에 대한 행동으로 옳은 것은?

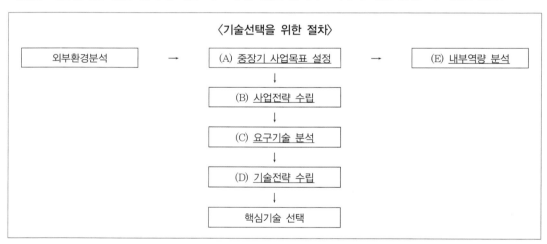

① (A) : 기술획득 방법 결정
② (B) : 사업 영역 결정, 경쟁 우위 확보 방안 수립
③ (C) : 기업의 장기비전, 매출목표 및 이익목표 설정
④ (D) : 기술능력, 생산능력, 마케팅 / 영업능력, 재무능력 등 분석
⑤ (E) : 제품 설계 / 디자인 기술, 제품 생산 공정, 원재료 / 부품 제조기술 분석

현재 나의 실력을 객관적으로 파악해 보자!

모바일 OMR
답안채점 / 성적분석 서비스

도서에 수록된 모의고사에 대한 객관적인 결과(정답률, 순위)를 종합적으로 분석하여 제공합니다.

OMR 입력

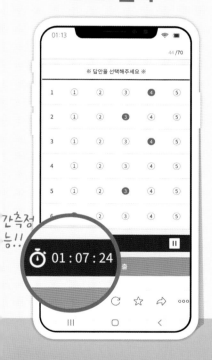

성적분석

채점결과

※OMR 답안채점 / 성적분석 서비스는 등록 후 30일간 사용 가능합니다.

도서 내 모의고사 우측 상단에 위치한 QR코드 찍기 → 로그인 하기 → '시작하기' 클릭 → '응시하기' 클릭 → 나의 답안을 모바일 OMR 카드에 입력 → '성적분석 & 채점결과' 클릭 → 현재 내 실력 확인하기

2025
전면개정판

사이다 기출응용
모의고사 시리즈

사일 동안
이것만 풀면
다 합격!

판매량
1위
YES24 한전KPS

한전KPS
NCS
4회분 | 정답 및 해설

모바일 OMR
답안채점 / 성적분석
서비스
—
NCS
핵심이론 및
대표유형 PDF
—
[합격시대]
온라인 모의고사
무료쿠폰
—
무료
NCS
특강

SDC
SDC는 시대에듀 데이터 센터의 약자로 약 30만 개의 NCS · 적성 문제
데이터를 바탕으로 최신 출제경향을 반영하여 문제를 출제합니다.

편저 | SDC(Sidae Data Center)

시대에듀

기출응용 모의고사
정답 및 해설

1일 차 기출응용 모의고사 정답 및 해설

| 01 | 의사소통능력(공통)

01	02	03	04	05	06	07	08	09	10
③	①	①	④	⑤	③	④	①	⑤	②

01
정답 ③

(라)의 '이러한 기술 발전'은 (나)의 내용에 해당하고, (가)의 '그러한 위험'은 (다)의 내용에 해당한다. 이때 문맥상 기술 혁신에 대해 먼저 설명하고 그 위험성에 대해 설명해야 하므로, (나) – (라) – (다) – (가) 순으로 나열해야 한다.

02
정답 ①

• 이체(移替) : 계좌 따위에 들어 있는 돈을 다른 계좌 따위로 옮김

오답분석
② 연체(延滯) : 기한 안에 이행하여야 할 채무나 납세 따위를 지체하는 일
③ 지체(遲滯) : 때를 늦추거나 질질 끎
④ 정체(停滯) : 사물이 발전하거나 나아가지 못하고 한자리에 머물러 그침
⑤ 침체(沈滯) : 어떤 현상이나 사물이 진전하지 못하고 제자리에 머무름

- 대형 쇼핑몰 근처의 도로는 주말마다 항상 극심한 <u>정체</u>를 이룬다.
- 내년에는 부동산 경기 <u>침체</u>가 더 심화될 전망이다.
- 시간을 <u>지체</u>하면 더 큰 피해가 발생할 수 있습니다.
- 일정 기간 통신료를 <u>연체</u>할 경우 사용이 제한될 수 있습니다.

03
정답 ①

안정적인 전력망 운영을 위해서는 전력계통에서 전력의 공급량과 전력의 수요량이 일치해야 한다.

오답분석
② 전력데이터 확보 및 실증의 어려움으로 개발에 어려움이 있었던 건 맞으나, 한전의 전력데이터를 활용한 '배전계통 부하 예측 관리 시스템'을 개발했다.

③ '배전계통 부하 예측 관리 시스템'은 날씨에 따른 발전량의 급격한 변화에도 예측이 가능하게 설계됐다.
④ 연간 80억 원의 비용을 절감할 것으로 기대되며, 100억 원은 예상되는 직·간접 이윤에 해당한다.
⑤ 개발 시스템을 한국전력공사 내 전체 사업소에 보급할 계획이다.

04
정답 ④

네 번째 문단에 따르면 2000년대 초 연준의 금리 인하는 국공채에 투자했던 퇴직자들의 소득을 감소시켰고, 노년층에서 정부로, 정부에서 금융업으로 부의 대규모 이동이 이루어져 불평등을 심화시켰다. 따라서 금융업으로부터 정부로 부가 이동하였다는 ④는 적절하지 않다.

오답분석
① 두 번째 문단에 따르면 부동산 거품 대응 정책에서는 주택 담보 대출에 대한 규제가 금리 인상보다 더 효과적인 정책이다.
② 2000년대 초 연준의 저금리 정책으로 주택 가격이 상승하여 주택 시장의 거품을 초래하였고, 주식 가격 역시 상승하였지만 이에 대한 이득은 대체로 부유층에 집중되었다.
③ 세 번째 문단에 따르면 2000년대 초는 대부분의 부문에서 설비 가동률이 낮은 상황이었기 때문에 당시의 저금리 정책이 오히려 주택 시장의 거품을 초래하였다.
⑤ 마지막 문단에 따르면 2000년대 초 연준이 고용 증대를 기대하고 시행한 저금리 정책은 노동을 자본으로 대체하는 투자를 증대시킴으로써 오히려 실업률이 떨어지지 않는 구조를 만들었다.

05
정답 ⑤

언어의 친교적 기능이란 어떤 정보를 요구하거나 전달하기보다는 언어를 통해 사람들 간의 친밀한 관계를 확인하거나 유지하는 기능으로, 대부분의 인사말이 이에 속한다. ㉠의 '밥은 먹었니?', ㉢의 '이따가 전화하자.', ㉤의 '조만간 밥 한번 먹자.', ㉥의 '너 요즘도 거기서 근무하니?' 등은 어떤 대답을 요구하거나 행동을 할 것을 요청하는 것이 아니라 특별한 의미 없이 친근함을 나타내고 있다.

오답분석
㉡과 ㉣의 경우 A가 대답을 요구하는 질문을 함으로써 B는 그에 대한 정보를 전달하고 있으므로 친교적 기능이 드러난 대화로 보기 어렵다.

06

정답 ③

'새로운 물건을 만들거나 새로운 생각을 내어놓음'의 의미로 쓰이는 '개발'로 써야 하므로 ③은 어법상 옳지 않다.

07

정답 ④

제시문은 위계화의 개념을 설명하고, 이러한 불평등의 원인과 구조에 대해 살펴보고 있다. 따라서 글의 제목으로는 ④가 가장 적절하다.

08

정답 ①

두 번째 문단에서 '강한 핵력의 강도가 겨우 0.5% 다르거나 전기력의 강도가 4% 다를 경우에도 탄소나 산소는 우주에서 합성되지 않는다. 따라서 생명 탄생의 가능성도 사라진다.'라고 했으므로 탄소가 없어도 생명은 자연적으로 진화할 수 있다는 추론은 적절하지 않다.

09

정답 ⑤

현존하는 가장 오래된 실록은 전주 사고에 보관되어 있던 것으로, 강화도 마니산에 봉안되었다가 1936년 병자호란에 의해 훼손된 것을 현종 때 보수하여 숙종 때 강화도 정족산에 다시 봉안하였고, 현재 서울대학교에 보존되어 있다.

오답분석
① 원본을 포함해 모두 5벌의 실록을 갖추게 되었으므로 재인쇄하였던 실록은 모두 4벌이다.
② 강원도 태백산에 보관하였던 실록은 서울대학교에 있다.
③ 현재 한반도에 남아 있는 실록은 강원도 태백산, 강화도 정족산, 장서각의 것으로 모두 3벌이다.
④ 적상산에 보관하였던 실록은 구황궁 장서각으로 옮겨졌으며, 6·25전쟁 때 북한으로 옮겨져 현재 김일성종합대학에 소장되어 있다.

10

정답 ②

마지막 문단에서 '그리고 병원균이나 곤충, 선충에 기생하는 종들을 사용한 생물 농약은 유해 병원균이나 해충을 직접 공격하기도 한다.'라고 하였으므로 ②는 글의 내용으로 적절하지 않다.

| 02 | 수리능력(공통)

11	12	13	14	15	16	17	18	19	20
③	①	⑤	④	④	②	①	④	⑤	④

11

정답 ③

총 6시간 30분 중 30분은 정상에서 휴식을 취했으므로, 오르막길과 내리막길의 실제 이동시간은 6시간이다.
총 14km의 길이 중 오르막길에서 걸린 시간을 a시간, 내리막길에서 걸린 시간을 b시간이라고 하면 다음과 같은 식이 성립한다.
• a+b=6 ⋯ ㉠
• 1.5a+4b=14 ⋯ ㉡
㉠, ㉡을 연립하면 a는 4시간, b는 2시간이 소요된다.
따라서 오르막길의 거리는 1.5×4=6km이다.

12

정답 ①

두 사람이 걸은 거리의 합은 24km이므로 세화가 걸은 거리의 길이를 $x$km라고 하고, 성현이가 걸은 거리의 길이를 $y$km라고 하면 다음과 같은 식이 성립한다.
• $x+y=24$ ⋯ ㉠
• $\dfrac{x}{5}=\dfrac{y}{3}$ ⋯ ㉡
㉠, ㉡을 연립하면 다음과 같다.
• $x+y=24$ ⋯㉠
• $3x-5y=0$ ⋯㉡′
$3\times(㉠-㉡′)=8y=72$이다.
따라서 $x=15$, $y=9$이므로 세화가 걸은 거리는 15km이다.

13

정답 ⑤

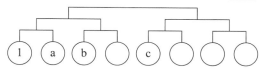

• 2반이 a자리에 배정될 확률 : $\dfrac{1}{7}$

• 2반이 b자리에 배정되고, 1반과 만날 확률
: $\dfrac{1}{2}\times\dfrac{2}{7}\times\dfrac{1}{2}=\dfrac{1}{14}$

• 2반이 c자리에 배정되고, 1반과 만날 확률
: $\left(\dfrac{1}{2}\right)^2\times\dfrac{4}{7}\times\left(\dfrac{1}{2}\right)^2=\dfrac{1}{28}$

따라서 1반과 2반이 축구 시합에서 만날 확률은 $\dfrac{1}{7}+\dfrac{1}{14}+\dfrac{1}{28}$ $=\dfrac{7}{28}=\dfrac{1}{4}$ 이다.

14

정답 ④

판매량이 4개일 경우 평균 비용은 5만 원, 평균 수입은 6만 원이다. 이때 총비용은 20만 원, 총수입은 24만 원으로 이윤은 4만 원이다. 판매량을 3개로 줄일 경우 평균 비용은 4만 원, 평균 수입은 6만 원이다. 이때 총비용은 12만 원, 총수입은 18만 원으로 6만 원의 이윤이 발생한다. 따라서 이윤을 증가시키기 위해서는 판매량을 3개로 줄이는 것이 합리적이다.

오답분석
① 판매량이 1개일 때와 5개일 때의 이윤은 0원이다.
② 판매량을 늘리면 평균 수입은 변화가 없지만 평균 비용이 높아지므로 이윤이 감소한다.
③ 현재 평균 수입은 평균 비용보다 높다.
⑤ 판매량이 4개일 경우의 이윤은 4만 원이고, 판매량이 3개일 경우의 이윤은 6만 원이다. 따라서 판매량을 줄여야 이윤이 극대화된다.

15

정답 ④

2021년부터 2023년까지 경기 수가 증가하는 스포츠는 배구와 축구 2종목이다.

오답분석
① 2021년 농구의 전년 대비 경기 수 감소율은 $\frac{413-403}{413} \times 100$ ≒2.4%p이며, 2024년 전년 대비 경기 수 증가율은 $\frac{410-403}{403}$ $\times 100$ ≒1.7%p이다. 따라서 2021년 전년 대비 경기 수 감소율이 더 높다.
② 2020년 농구와 배구의 경기 수 차이는 413-226=187회이고, 야구와 축구의 경기 수 차이는 432-228=204회이다. 따라서 $\frac{187}{204} \times 100$ ≒91.7%이므로 90% 이상이다.
③ 5년 동안의 종목별 스포츠 경기 수 평균은 다음과 같다.
  • 농구 : $\frac{413+403+403+403+410}{5}$ =406.4회
  • 야구 : $\frac{432+442+425+433+432}{5}$ =432.8회
  • 배구 : $\frac{226+226+227+230+230}{5}$ =227.8회
  • 축구 : $\frac{228+230+231+233+233}{5}$ =231.0회
  따라서 야구 평균 경기 수는 축구 평균 경기 수의 약 1.87배로 2배 이하이다.
⑤ 2024년 경기 수가 5년 동안의 종목별 평균 경기 수보다 적은 스포츠는 야구 1종목이다.

16

정답 ②

영국은 2023년 1분기에는 2022년보다 고용률이 하락했고, 2023년 2분기에는 1분기 고용률이 유지되었다.

오답분석
① 자료를 통해 확인할 수 있다.
③ 2024년 1분기 고용률이 가장 높은 국가는 독일이고, 가장 낮은 국가는 프랑스이다. 두 국가의 고용률의 차는 74.4-64.2 =10.2%p이다.
④ 프랑스와 한국의 2024년 1분기와 2분기의 고용률은 변하지 않았다.
⑤ • 2024년 2분기 OECD 전체 고용률 : 66.9%
  • 2023년 2분기 OECD 전체 고용률 : 66.1%
  따라서 2024년 2분기 OECD 전체 고용률의 작년 동기 대비 증가율은 $\frac{66.9-66.1}{66.1} \times 100$ ≒1.21%이다.
  • 2024년 1분기 OECD 전체 고용률 : 66.8%
  따라서 2024년 2분기 OECD 전체 고용률의 직전 분기 대비 증가율 $\frac{66.9-66.8}{66.8} \times 100$ ≒0.15%이다.

17

정답 ①

A사와 B사의 전체 직원 수를 알 수 없으므로, 비율만으로는 판단할 수 없다.

오답분석
② B, C, D사 각각 남직원보다 여직원의 비율이 높다. 따라서 B, C, D사 모두에서 남직원 수보다 여직원 수가 많다. 즉, B, C, D사의 직원 수를 다 합했을 때도 남직원 수는 여직원 수보다 적다.
③ 여직원 대비 남직원 비율은 여직원 비율이 높을수록, 남직원 비율이 낮을수록 값이 작아진다. 따라서 여직원 비율이 가장 높으면서, 남직원 비율이 가장 낮은 D사가 비율이 가장 낮고, 남직원 비율이 여직원 비율보다 높은 A사가 비율이 가장 높다.
④ A, B, C사의 각각 전체 직원 수를 a명이라 하면, 여직원의 수는 각각 $0.46a$명, $0.52a$명, $0.58a$명이다. 따라서 $0.46a+0.58a=2 \times 0.52a$이므로 옳은 설명이다.
⑤ A사의 전체 직원 수를 a명, B사의 전체 직원 수를 b명이라 하면, A사의 남직원 수는 $0.54a$명, B사의 남직원 수는 $0.48b$명이고 다음과 같은 식이 성립한다.
  $\frac{0.54a+0.48b}{a+b} \times 100=52$
  → $54a+48b=52(a+b)$
  ∴ $a=2b$

18

제시된 자료의 원자력 소비량 수치를 보면 증감을 반복하고 있는 것을 확인할 수 있다.

오답분석
① 2015년 석유 소비량을 제외한 나머지 에너지 소비량의 합을 구하면 $54.8+30.4+36.7+5.3=127.2$백만 TOE이다. 즉, 석유 소비량인 101.5백만 TOE보다 크다. 2016 ~ 2024년 역시 석유 소비량을 제외한 나머지 에너지 소비량의 합을 구해 석유 소비량과 비교하면 석유 소비량이 나머지 에너지 소비량의 합보다 적음을 알 수 있다.
② 석탄 소비량은 2015 ~ 2021년까지 지속적으로 상승하다가 2022년 감소한 뒤 2023년부터 다시 상승세를 보이고 있다.
③ 제시된 자료를 보면 기타 에너지 소비량은 지속적으로 증가하고 있다.
⑤ 2019년에는 LNG 소비량이 감소했으므로 증가 추세가 심화되었다고 볼 수 없다.

19
정답 ⑤

생산이 증가한 해에는 수출과 내수 모두 증가했다.

오답분석
① 표에서 ▽는 감소 수치를 나타내고 있으므로 옳은 판단이다.
② 내수가 가장 큰 폭으로 증가한 해는 2022년으로 생산과 수출 모두 감소했다.
③ 수출이 증가한 해는 2020, 2023, 2023년으로 내수와 생산 모두 증가했다.
④ 2022년의 경우 내수는 증가했지만 생산과 수출이 모두 감소했다.

20
정답 ④

오답분석
① 2024년 이후 인터넷을 선호하는 구성원 수는 145명이고, 2024년 이전은 100명이라고 하더라도 2024년 이후의 구성원 수가 2024년 이전의 구성원 수를 모두 포함한다고 보기는 어렵다.
② 2024년 전·후로 가장 인기 없는 매체는 신문이다.
③ 2024년 이후에 가장 선호하는 언론매체는 TV이다.
⑤ TV에서 라디오를 선호하게 된 구성원 수는 15명으로, 인터넷에서 라디오를 선호하게 된 구성원 수인 10명보다 많다.

| 03 | 문제해결능력(공통)

21	22	23	24	25	26	27	28	29	30
④	①	③	①	②	③	①	②	③	③

21
정답 ④

주어진 조건을 순서대로 논리 기호화하여 표현하면 다음과 같다.
• 두 번째 조건 : 햇살론 → (~출발적금 ∧ ~미소펀드)
• 세 번째 조건 : ~대박적금 → 햇살론
• 네 번째 조건 : 미소펀드
• 마지막 조건 : (미소펀드 ∨ 출발적금) → 희망예금
네 번째 조건에 따라 미소펀드는 반드시 가입하므로, 마지막 조건에 따라 출발적금 가입여부와 무관하게 희망예금에 가입하고, 두 번째 조건의 대우에 따라 햇살론에는 가입하지 않는다. 또한 세 번째 조건의 대우에 따라 대박적금은 가입하게 되므로 첫 번째 조건에 따라 미소펀드, 희망예금, 대박적금 3가지에 가입하고, 햇살론, 출발적금에는 가입하지 않는다.

22
정답 ①

주어진 조건을 순서대로 논리 기호화하여 표현하면 다음과 같다.
• 첫 번째 조건 : ~C
• 두 번째 조건 : ~B → (C ∧ E)
• 세 번째 조건 : (~E ∨ ~F) → D
• 네 번째 조건 : B → (~A ∧ ~E)
첫 번째 조건이 참이므로 두 번째 조건의 대우에 따라 B는 공휴일에 영업한다. 그러므로 네 번째 조건에 따라 A와 E는 영업하지 않고, 다섯 번째 조건에 따라 F도 영업하지 않는다. 마지막으로 세 번째 조건에 따라 D는 영업한다. 따라서 공휴일에 영업하는 가게는 B와 D로 총 2곳이다.

23
정답 ③

각각의 조건에서 해당되지 않는 쇼핑몰을 확인하여 선택지에서 하나씩 제거하는 방법으로 푸는 것이 좋다.
• 철수 : C, D, F는 포인트 적립이 안 되므로 해당 사항이 없다. (②, ④ 제외)
• 영희 : 배송비를 고려하였으므로 A에는 해당 사항이 없다.
• 민수 : 주문 다음 날 취소가 되지 않았으므로 A, B, C에는 해당 사항이 없다. (①, ⑤ 제외)
• 철호 : 환불 및 송금수수료, 배송비가 포함되었으므로 A, D, E, F에는 해당 사항이 없다.

24

정답 ①

WT전략은 외부 환경의 위협 요인을 회피하고 약점을 보완하는 전략을 적용해야 한다. ①은 강점(S)을 강화하는 방법에 대해 이야기하고 있다.

[오답분석]
② WT전략은 외부 환경의 위협 요인을 회피하고 약점을 보완하는 전략이므로 옳다.
③ WO전략은 외부의 기회를 사용해 약점을 보완하는 전략이므로 옳다.
④ SO전략은 기회를 활용하면서 강점을 더욱 강화시키는 전략이므로 옳다.
⑤ ST전략은 외부 환경의 위협을 회피하며 강점을 적극 활용하는 전략이므로 옳다.

25

정답 ②

'을'과 '정'이 서로 상반된 이야기를 하고 있으므로 둘 중 1명이 거짓말을 하고 있다. 만일 '을'이 참이고 '정'이 거짓이라면 화분을 깨뜨린 사람은 '병', '정'이 되는데, 화분을 깨뜨린 사람은 1명이어야 하므로 모순이다. 따라서 거짓말을 한 사람은 '을'이다.

26

정답 ③

• 702 나 2838 : '702'는 승합차에 부여되는 자동차 등록번호이다.
• 431 사 3019 : '사'는 운수사업용 차량에 부여되는 자동차 등록번호이다.
• 912 라 2034 : '912'는 화물차에 부여되는 자동차 등록번호이다.
• 214 하 1800 : '하'는 렌터카에 부여되는 자동차 등록번호이다.
• 241 가 0291 : '0291'은 발급될 수 없는 일련번호이다.
따라서 보기에서 비사업용 승용차의 자동차 등록번호로 잘못 부여된 것은 모두 5개이다.

27

정답 ①

주어진 조건을 순서대로 논리 기호화하여 표현하면 다음과 같다.
• 마지막 조건 : 1층에 경영지원실이 위치한다.
• 첫 번째 조건 : 1층에 경영지원실이 위치하므로 4층에 기획조정실이 위치한다.
• 두 번째 조건 : 2층에 보험급여실이 위치한다.
• 네 번째, 다섯 번째 조건 : 3층에 급여관리실, 5층에 빅데이터운영실이 위치한다.
따라서 1층부터 순서대로 '경영지원실 – 보험급여실 – 급여관리실 – 기획조정실 – 빅데이터운영실'이 위치하므로 5층에 있는 부서는 빅데이터운영실이다.

28

정답 ②

• A : 비판적 사고의 목적은 단순히 주장의 단점을 찾아내는 것이 아니라, 종합적인 분석과 검토를 통해 그 주장이 타당한지 아닌지를 밝혀내는 것이다.
• D : 비판적 사고는 논증, 추론에 대한 문제의 핵심을 파악하는 방법을 통해 배울 수 있으며, 타고난 것이라고 할 수 없다.

29

정답 ③

자유연상법은 창의적 사고를 기를 수 있는 방법으로, 어떤 생각에서 다른 생각을 계속해서 떠올리는 작용을 통해 어떤 주제에서 생각나는 것을 계속해서 열거해 나가는 발산적 사고 방법이다.

[오답분석]
① 강제연상법 : 각종 힌트에 강제적으로 연결지어서 발상하는 방법이다.
② 비교발상법 : 주제의 본질과 닮은 것을 힌트로 발상하는 방법이다.

30

정답 ③

브레인스토밍을 위한 인원은 5 ~ 8명 정도가 적당하며, 주제에 대한 전문가를 절반 이하로 구성하고, 다양한 분야의 사람들을 참석시키는 것이 다양한 의견을 도출하는 지름길이다.

[오답분석]
① ㉠ : 주제를 구체적이고 명확하게 선정한다.
② ㉡ : 구성원의 다양한 의견을 도출할 수 있는 사람을 리더로 선출한다.
④ ㉣ : 발언은 누구나 자유롭게 하고, 모든 발언 내용을 기록한 후 구조화한다.
⑤ ㉤ : 제시된 아이디어는 비판해서는 안 되며, 실현 가능한 아이디어 평가한다.

| 04 | 자원관리능력
(법정 · 상경 / 발전설비운영)

31	32	33	34	35	36	37	38	39	40
③	④	①	③	③	③	⑤	④	③	④

31
정답 ③

퇴직일 이전 먼저 A씨의 퇴직금을 구하기 위해서는 1일 평균임금을 구해야 한다. 3개월간 임금총액은 $6,000,000+720,000=6,720,000$원이고, 1일 평균임금은 $6,720,000÷80=84,000$원이다. 따라서 퇴직금은 $84,000×30일×(730÷365)=5,040,000$원이다.

32
정답 ④

통화내역을 통해 국내통화인지 국제통화인지 구분한다.
- 국내통화 : 11/5(화), 11/6(수), 11/8(금)
  → 10분+30분+30분=70분
- 국제통화 : 11/7(목) → 60분
∴ $(70분×15원)+(60분×40원)=3,450$원
따라서 A대리가 사용한 통화요금은 총 3,450원이다.

33
정답 ①

- 치과 진료 : 수요일 3주 연속 받는다고 하였으므로 13일, 20일은 무조건 치과 진료가 있다.
- 신혼여행 : 8박 9일간 신혼여행을 가고 휴가는 5일 사용할 수 있으므로 주말 4일을 포함해야 한다.

조건을 종합하면, 치과는 6일이 아닌 27일에 예약되어 있으며, 2일(토요일)부터 10일(일요일)까지 주말 4일을 포함하여 9일 동안 신혼여행을 다녀오게 된다. 신혼여행은 결혼식 다음 날 간다고 하였으므로 주어진 일정을 달력에 표시하면 다음과 같다.

일요일	월요일	화요일	수요일	목요일	금요일	토요일
					1 결혼식	2 신혼여행
3 신혼여행	4 신혼여행	5 신혼여행	6 신혼여행	7 신혼여행	8 신혼여행	9 신혼여행
10 신혼여행	11	12	13 치과	14	15	16
17	18	19	20 치과	21	22	23
24	25	26	27 치과	28 회의	29	30 추석 연휴

따라서 A대리의 결혼날짜는 9월 1일이다.

34
정답 ③

C대리의 인사평가 점수는 2024년 업무평가 점수인 89점에서 지각 1회에 따른 5점, 결근 1회에 따른 10점을 제한 74점이다. 따라서 승진 대상에 포함되지 못하므로, 그대로 대리일 것이다.

오답분석
① A사원은 근속연수가 3년 미만이므로 승진 대상이 아니다.
② B주임은 출산휴가 35일을 제외하면 근속연수가 3년 미만이므로 승진 대상이 아니다.
④ · ⑤ 승진 대상에 대한 자료이므로 대리가 될 수 없다.

35
정답 ③

A씨는 납부기한 내에 모든 보험료를 분할납부하였으므로 5%의 금액이 공제된다는 점을 참고하여 개산보험료와 확정보험료를 계산하면 다음과 같다.
- 개산보험료 : $250만×12×4×0.0136×0.95=1,550,400$원
- 확정보험료 : $(200만+190만+260만+250만)×12×0.0136=900만×12×0.0136=1,468,800$원이다.

따라서 A씨가 실제 납부한 개산보험료와 확정보험료의 차이는 $1,550,400-1,468,800=81,600$원이다.

36
정답 ③

밴쿠버 지사에 메일이 도착한 밴쿠버 현지 시각은 4월 22일 오전 12시 15분이지만, 업무 시간이 아니므로 메일을 읽을 수 없다. 따라서 밴쿠버 지사에서 가장 빠르게 읽을 수 있는 시각은 전력 점검이 끝난 4월 22일 오전 10시 15분이다. 모스크바는 밴쿠버와 10시간의 시차가 있으므로 이때의 모스크바 현지 시각은 4월 22일 오후 8시 15분이다.

37
정답 ⑤

가격, 조명도, A/S 등의 요건이 주어진 조건에 모두 부합한다.

오답분석
① 예산이 150만 원이라고 했으므로 예산을 초과하였다.
② 해외 A/S만 가능하므로 신속한 A/S 조건에 맞지 않는다.
③ 조명도가 5,000lx 미만이므로 적절하지 않다.
④ 가격과 조명도 적절하고 특이사항도 문제없지만, 가격이 저렴한 제품을 우선으로 한다고 하였으므로 적절하지 않다.

38
정답 ④

K조선소의 하루 최대투입가능 근로자 수는 100명이며, 건조기간은 30일이다. 최대 수익을 위해서는 30일 동안 많은 선박을 건조하는 것도 중요하지만 투입되는 시간 대비 벌어들이는 수익이 더 높은 선박부터 진행하는 것이 가장 중요하다. 그리고 근로자 수에 대한 조건도 함께 고려하여야 한다.

1) 선박별 1일 기준 수익비교(투입인력은 고려하지 않음)

선박	소요기간	수익	1일 수익
A	5일	15억 원	3억 원
B	10일	20억 원	2억 원
C	10일	40억 원	4억 원
D	15일	35억 원	2.33억 원
E	15일	45억 원	3억 원
F	20일	85억 원	4.25억 원

따라서 F선박이 가장 수익이 높다는 것을 알 수 있다.

2) 앞에서 판단한 것을 기준으로 근로자 수를 함께 고려하여 30일 내에 제작 가능한지를 판단하면 다음과 같다.
   ㉠ F선박을 포함할 경우

0	5	10	15	20	25	30
F선박 (70명)				C선박 (50명)		
B선박 (30명)		A선박 (20명)	−		−	

   • 15일 이후부터 근로자 수가 30 ~ 50명이 남으나 D, E선박은 40 ~ 60명이 필요하므로 건조할 수 없다.
   • 수익 : 85억(F)+20억(B)+15억(A)+40억(C)=160억 원
   ㉡ F선박을 포함하지 않을 경우

0	5	10	15	20	25	30
D선박 (40명)			B선박 (30명)		A선박 (20명)	
E선박 (60명)			C선박 (50명)		−	

   • 25일부터 근로자 수가 80명이 남으나, F선박은 20일이 소요되므로 건조할 수 없다.
   • 수익 : 35억(D)+45억(E)+20억(B)+40억(C)+15억(A) =155억 원

3) 따라서 K조선소가 벌어들일 수 있는 최대 수익은 160억 원이다.

39
정답 ③

면접에 참여하는 직원들의 휴가 일정은 다음과 같다.
• 마케팅팀 차장 : 6월 29일 ~ 7월 3일
• 인사팀 차장 : 7월 6 ~ 10일
• 인사팀 부장 : 7월 6 ~ 10일
• 인사팀 과장 : 7월 6 ~ 9일
• 총무팀 주임 : 7월 1 ~ 3일
따라서 선택지에 제시된 날짜 중에서 직원들의 휴가 일정이 잡히지 않은 유일한 날짜가 면접 가능 날짜가 되므로 정답은 7월 5일이다.

40
정답 ④

B과장의 지출내역을 토대로 여비를 계산하면 다음과 같다.
• 운임 : 철도・선박・항공운임에 대해서만 지급한다고 규정하고 있으므로, 버스 또는 택시요금에 대해서는 지급하지 않는다. 따라서 철도운임만 지급되며 일반실 기준으로 실비로 지급하므로, 여비는 43,000+43,000=86,000원이다.
• 숙박비 : 1박당 실비로 지급하되, 그 상한액은 40,000원이다. 그러나 출장기간이 2일 이상인 경우에는 출장기간 전체의 총액 한도 내에서 실비로 지급한다고 하였으므로, 3일간의 숙박비는 총 120,000원 내에서 실비가 지급된다. 따라서 B과장이 지출한 숙박비 45,000+30,000+35,000=110,000원 모두 여비로 지급된다.
• 식비 : 1일당 20,000원으로 여행일수에 따라 지급된다. 총 4일이므로 80,000원이 지급된다.
• 일비 : 1인당 20,000원으로 여행일수에 따라 지급된다. 총 4일이므로 80,000원이 지급된다.
따라서 B과장이 정산 받은 여비의 총액은 86,000+110,000+80,000+80,000=356,000원이다.

| 05 | 정보능력(법정 · 상경 / 전산)

41	42	43	44	45	46	47	48	49	50
③	③	④	①	①	①	②	⑤	②	⑤

41
정답 ③

PROPER 함수는 단어 앞의 첫 글자만 대문자로 나타내고 나머지는 소문자로 나타내주는 함수이다. 따라서 'Republic Of Korea'로 나와야 한다.

42
정답 ③

오른쪽에 조건부 서식을 살펴보면 중복되지 않는 고유한 값에 서식이 지정되도록 설정되어 있다. 따라서 서식이 적용되는 값은 성명, 워드 1급, 컴활1급, 김홍인, 최석우, 김지혜, 홍윤진, 전민경, 이애리, 한미리로 총 10개의 셀에 서식이 적용된다.

43
정답 ④

LARGE 함수는 데이터 집합에서 N번째로 큰 값을 구하는 함수이다. 따라서 ④를 입력하면 [D2:D9] 범위에서 두 번째로 큰 값인 20,000이 산출된다.

오답분석
① MAX 함수는 최댓값을 구하는 함수이다.
② MIN 함수는 최솟값을 구하는 함수이다.
③ MID 함수는 문자열의 지정 위치에서 문자를 지정한 개수만큼 돌려주는 함수이다.
⑤ INDEX 함수는 범위 내에서 값이나 참조 영역을 구하는 함수이다.

44
정답 ①

SUMIF 함수는 주어진 조건에 의해 지정된 셀들의 합을 구하는 함수이며, 「=SUMIF(조건 범위,조건,계산할 범위)」로 구성된다. 따라서 ①을 입력하면 계산할 범위 [C2:C9] 안에서 [A2:A9] 범위 안의 조건인 [A2](의류)로 지정된 셀들의 합인 42가 산출된다.

오답분석
② COUNTIF 함수는 지정한 범위 내에서 조건에 맞는 셀의 개수를 구하는 함수이다.
③ VLOOKUP 함수는 목록 범위의 첫 번째 열에서 세로 방향으로 검색하면서 원하는 값을 추출하는 함수이다.
④ HLOOKUP 함수는 목록 범위의 첫 번째 행에서 가로방향으로 검색하면서 원하는 값을 추출하는 함수이다.
⑤ AVERAGEIF 함수는 주어진 조건에 따라 지정되는 셀의 평균을 구하는 함수이다.

45
정답 ①

LEFT 함수는 텍스트 문자열의 시작 지점부터 지정한 수만큼의 문자를 반환해 주는 함수이다. LEFT(B2,4)의 결괏값은 1993이며, ①의 경우 2025-1993+1로 계산되어 [C2] 셀에 결괏값 33이 나타나게 된다.

46
정답 ①

C의 초기값이 0이기 때문에 몇 번을 곱해도 C는 0이다.

47
정답 ②

ㄱ. 반복적인 작업을 간단히 실행키에 기억시켜 두고 필요할 때 빠르게 바꾸어 사용하는 기능은 매크로이다.
ㄷ. 같은 내용의 편지나 안내문 등을 여러 사람에게 보낼 때 쓰이는 기능은 메일 머지이다.

48
정답 ⑤

RFID 태그의 종류에 따라 반복적으로 데이터를 기록하는 것이 가능하며, 물리적인 손상이 없는 한 반영구적으로 이용할 수 있다.

> **RFID**
> 무선 주파수(RF; Radio Frequency)를 이용하여 대상을 식별(IDentification)하는 기술로, 정보가 저장된 RFID 태그를 대상에 부착한 뒤 RFID 리더를 통하여 정보를 인식한다. 기존의 바코드를 읽는 것과 비슷한 방식으로 이용되나, 바코드와 달리 물체에 직접 접촉하지 않고도 데이터를 인식할 수 있으며, 여러 개의 정보를 동시에 인식하거나 수정할 수 있다. 또한, 바코드에 비해 많은 양의 데이터를 허용함에도 데이터를 읽는 속도가 매우 빠르며 데이터의 신뢰도 또한 높다.

49
정답 ②

〈Shift〉+〈F5〉는 현재 슬라이드부터 프레젠테이션을 실행하는 단축키이다.

오답분석
① 〈Ctrl〉+〈S〉: 저장하기
③ 〈Ctrl〉+〈P〉: 인쇄하기
④ 〈Shift〉+〈F10〉: 바로가기 메뉴를 표시
⑤ 〈Ctrl〉+〈M〉: 새 슬라이드 추가

50

정답 ⑤

제시문에서는 '응용프로그램과 데이터베이스를 독립시킴으로써 데이터를 변경시키더라도 응용프로그램은 변경되지 않는다.'고 하였다. 따라서 데이터 논리적 의존성이 아니라 데이터 논리적 독립성이 적절하다.

오답분석

① '다량의 데이터는 사용자의 질의에 대한 신속한 응답 처리를 가능하게 한다.'라는 내용이 실시간 접근성에 해당한다.
② '삽입, 삭제, 수정, 갱신 등을 통하여 항상 최신의 데이터를 유동적으로 유지할 수 있으며'라는 내용을 통해 데이터베이스는 그 내용을 변화시키면서 계속적인 진화를 하고 있음을 알 수 있다.
③ '여러 명의 사용자가 동시에 공유할 수 있고'라는 부분에서 동시 공유가 가능함을 알 수 있다.
④ '각 데이터를 참조할 때는 사용자가 요구하는 내용에 따라 참조가 가능함'이라는 부분에서 내용에 의한 참조인 것을 알 수 있다.

| 06 | 조직이해능력(전산)

51	52	53	54	55	56	57	58	59	60
④	④	②	⑤	④	④	①	②	④	⑤

51

정답 ④

문제 발생의 원인은 회의내용에서 알 수 있는 내용이다.

오답분석

① 회의에 참가한 인원이 6명일 뿐 조직의 인원은 회의록에서 알 수 없다.
② 회의 참석자는 생산팀 2명, 연구팀 2명, 마케팅팀 2명으로 총 6명이다.
③ 마케팅팀에서 제품을 전격 회수하고 연구팀에서 유해성분을 조사하기로 했다.
⑤ 연구팀에서 유해성분을 조사하기로 결정했을 뿐 결과는 알 수 없다.

52

정답 ④

회의 후 가장 먼저 해야 할 일은 '주문량이 급격히 증가한 일주일 동안 생산된 제품 파악'이다. 문제의 제품이 전부 회수되어야 포장재질 및 인쇄된 잉크 유해성분을 조사한 뒤 적절한 조치가 가능해지기 때문이다.

53

정답 ②

C주임은 최대 작업량을 잡아 업무를 진행하면 능률이 오를 것이라는 오해를 하고 있다. 하지만 이럴 경우 시간에 쫓기게 되어 오히려 능률이 떨어질 가능성이 있다. 실현 가능한 목표를 잡고 우선순위를 세워 진행하는 것이 옳다.

54

정답 ⑤

B대리는 먼저 A팀장이 요청한 중요 자료를 전송하고, PPT 자료를 전송한다. 그리고 점심 예약전화는 오전 10시 이전에 처리해야 하고, 오전 내에 거래처 미팅일자 변경 전화를 해야 한다.

55

정답 ④

리더와 부하 간의 상호관계는 조직 문화의 구성요소 중 리더십 스타일에 대한 설명이다. 관리 시스템은 조직 문화의 구성요소로서 장기전략 목적 달성에 적합한 보상제도와 인센티브, 경영정보와 의사결정시스템, 경영계획 등 조직의 목적을 실제로 달성하는 모든 경영관리제도와 절차를 의미한다.

56

정답 ④

밑줄 친 기법은 '한정 판매 마케팅' 기법으로, 한정판 제품의 공급을 통해 의도적으로 가격탄력성을 0에 가깝게 조정하는 것이다. 지금 아니면 못 산다는 심리를 이용하여 소비자의 소장욕구를 자극하기 때문에 소장 가치가 높은 상품을 대상으로 하면 더욱 효과적이다. 이 기법은 판매 기업의 입장에서는 이윤 증대를 위한 경영 혁신이지만 소비자의 합리적 소비를 저해할 수 있다.

57

정답 ①

제품의 질은 우수하나 브랜드의 저가 이미지 때문에 매출이 좋지 않은 것이므로 선입견을 제외하고 제품의 우수성을 증명할 수 있는 블라인드 테스트를 통해 인정을 받는다. 그리고 그 결과를 홍보의 수단으로 사용하는 것이 가장 적절하다.

58

정답 ②

K사는 기존에 수행하지 않던 해외 판매 업무가 추가될 것이므로 그에 따른 해외영업팀 등의 신설 조직이 필요하다. 해외에 공장 등의 조직을 보유하게 되므로 이를 관리하는 해외 관리 조직이 필요하며, 물품의 수출에 따른 통관 업무를 담당하는 통관물류팀, 외화 대금 수취 및 해외 조직으로부터의 자금 이동 관련 업무를 담당할 외환업무팀, 국제 거래상 발생하게 될 해외 거래 계약 실무를 담당할 국제법무 조직 등이 필요하게 된다. 그러나 기업회계팀은 K사의 해외 사업과 상관없이 기존 회계를 담당하는 조직이라고 볼 수 있다.

59

정답 ④

조직의 구조, 기능, 규정 등이 조직화되어 있는 것은 공식조직이며, 비공식조직은 개인들의 협동과 상호작용에 따라 형성된 자발적인 집단으로 볼 수 있다. 공식조직은 인간관계에 따라 형성된 비공식조직으로부터 시작되지만, 조직의 규모가 커지면서 점차 조직 구성원들의 행동을 통제할 장치를 마련하게 되고, 이를 통해 공식화된다.

60

정답 ⑤

비영리조직은 공익을 추구하는 특징을 가진다. 대기업은 이윤을 목적으로 하는 영리조직이다.

| 07 | 기술능력(발전설비운영)

61	62	63	64	65	66	67	68	69	70
②	②	②	②	①	③	④	③	③	④

61

정답 ②

산업 재해란 근로자가 업무에 관계되는 건설물, 설비, 원재료, 가스, 증기, 분진 등에 의하거나, 직업과 관련된 기타 업무에 의하여 사망 또는 부상하거나 질병에 걸리게 되는 것으로 정의하고 있다. 따라서 휴가 중 일어난 사고는 업무와 무관하므로 산업 재해가 아니다.

62

정답 ②

벤치마킹은 경쟁력을 제고하기 위한 방법의 일환으로 타사에서 배워오는 혁신 기법이다. 그러나 복제나 모방과는 다른 개념이다. 벤치마킹은 단순히 경쟁 기업이나 선도 기업의 제품을 복제하는 수준이 아니라 장·단점을 분석해 자사의 제품을 한층 더 업그레이드해 시장 경쟁력을 높이고자 하는 개념이다.

오답분석

① 벤치마크 : 기준이 되는 점, 측정기준으로 비교평가 대상으로 볼 수 있다.
③ 표절 : 다른 사람의 저작물의 일부 또는 전부를 몰래 따다 쓰는 행위를 의미한다.
④ 모방 : 다른 것을 본떠서 흉내 내는 행위를 말한다.
⑤ 차용 : 돈이나 물건 따위를 빌려서 쓰는 행위를 말한다.

63

정답 ②

성장기 후반에는 가격인하경쟁에 대응하고 선택적 수요를 자극하기 위한 촉진비용이 많이 소요되므로 이익은 다시 감소하기 시작한다.

64

정답 ②

공기청정기를 약하고 기울어진 바닥에 두면 이상 소음 및 진동이 생길 수 있으므로 단단하고 평평한 바닥에 두어야 한다. 따라서 공기청정기를 부드러운 매트 위에 놓는 것은 적절하지 않다.

65

프리필터는 청소주기에 따라 1개월에 2회 이상 청소해야 한다.

오답분석
② · ③ 탈취필터와 헤파필터의 교체주기는 6개월 ~ 1년이나 사용 환경에 따라 차이가 날 수 있으며, 필터 교체 표시등을 확인하여 교체해야 한다.
④ 프리필터는 반영구적으로 사용하는 것이므로 교체할 필요가 없다.
⑤ 냄새가 심하게 날 경우 탈취필터를 확인하여 교체해야 한다.

66

스마트에어 서비스 기기 등록 시 스마트폰의 Wi-Fi 고급설정 모드에서 '개방형 Wi-Fi' 관련 항목이 아닌 '신호 약한 Wi-Fi 끊기 항목'과 '신호 세기'와 관련된 기능을 확인해야 한다.

67

사용 시 주의사항에서 유산소 운동의 효과를 가져올 수 있는 운동 시간에 대해서는 알 수 없으므로 ④는 안내문의 내용으로 적절하지 않다.

68

볼트와 너트 체결부분이 느슨해지면 제품에서 소음이 발생할 수 있으므로 체결부분을 다시 조여주어야 한다.

69

배터리의 방전 유무를 확인한 후 충전하는 조치는 트랙터 시동모터가 회전하지 않을 경우 점검해야 하는 사항이다.

70

상부링크, 체크체인 확인, 링크볼의 일치 여부 점검은 작업기 연결 전에 확인해야 할 사항들이다. 시동 전에 점검해야 할 사항은 윤활유, 연료, 냉각수량이다.

2일 차 기출응용 모의고사 정답 및 해설

| 01 | 의사소통능력(공통)

01	02	03	04	05	06	07	08	09	10
③	④	④	④	②	④	①	①	④	③

01
정답 ③

수화 반응은 상온에서 일어나기 때문에 콘크리트 역시 상온에서 제작한다.

오답분석
① 로마 시기에 만들어진 판테온은 콘크리트를 이용해 만들어진 구조물이다.
② 콘크리트는 시멘트에 모래와 자갈 등의 골재를 섞어 만든다.
④ 콘크리트는 골재들 간의 접촉을 높여야 강도가 높아지기 때문에 서로 다른 크기의 골재를 배합하여 만드는 것이 좋다.
⑤ 콘크리트가 철근 콘크리트로 발전함에 따라 더욱 다양하고 자유로운 표현이 가능해졌다.

02
정답 ④

먼저 다문화정책의 두 가지 핵심을 밝히고 있는 (다)가 가장 앞에 와야 하고, (다)의 내용을 뒷받침하기 위해 프랑스를 사례로 든 (가)를 두 번째에 배치하는 것이 자연스럽다. 그 다음으로는 이민자에 대한 지원 촉구 및 다문화정책의 개선 등에 대한 내용이 이어지는 것이 글의 흐름상 적절하므로 이민자에 대한 배려의 필요성을 주장하는 (라)가 와야 하며, 다문화정책의 패러다임 전환을 주장하는 (나)가 이어져야 한다. 따라서 (다) – (가) – (라) – (나)의 순서로 나열해야 한다.

03
정답 ④

제시문에서는 말하지 않아도 상대방이 이해할 것이라는 선입견과 고정관념이 의사소통의 저해요인이 되고 있다.

04
정답 ④

제시문에 따르면 신약 개발의 전문가가 되기 위해서는 해당 분야에서 오랫동안 연구한 경험이 필요하므로 석사나 박사 학위를 취득하는 것이 유리하다고 하였다. 그러나 석사나 박사 학위가 신약 개발 전문가가 되는 데 도움을 준다는 것일 뿐이므로 반드시 필요한 필수 조건인지는 알 수 없다. 따라서 ④는 제시문을 통해 추론할 수 없다.

오답분석
① 제약 연구원은 약을 만드는 모든 단계에 참여한다고 하였으므로 일반적으로 약을 만드는 과정에 포함되는 약품 허가 요청 단계에도 제약 연구원이 참여하는 것을 알 수 있다.
② 오늘날 제약 분야가 성장함에 따라 도전 의식, 호기심, 탐구심 등도 제약 연구원에게 필요한 능력이 되었다고 하였으므로 과거에 비해 요구되는 능력이 많아졌음을 알 수 있다.
③ 약학 전공자 이외에도 생명 공학·화학 공학·유전 공학 전공자들도 제약 연구원으로 활발하게 참여하고 있다고 하였다.
⑤ 일반적으로 제약 연구원이 되기 위해서는 약학을 전공해야 한다고 생각하기 쉽다고 하였으므로 제약 연구원에 대한 정보가 부족한 사람이라면 약학을 전공해야만 제약 연구원이 될 수 있다고 생각할 수 있다.

05
정답 ②

제시문에서는 휘발유세 상승으로 인해 발생하는 장점들을 열거함으로써 휘발유세 인상을 정당화하고 있다. 따라서 글의 주제로 가장 적절한 것은 ②이다.

06
정답 ④

'-는커녕'은 앞말을 지정하여 어떤 사실을 부정하는 뜻을 강조하는 보조사로 한 단어이다. 따라서 '대답을 하기는커녕'과 같이 붙여 써야 한다.

07

정답 ①

'참석'은 비교적 작은 규모의 모임이나 행사, 회의 등에 단순히 출석하는 것을 뜻한다. 반면, '참가'와 '참여'는 단순한 출석 이상으로 그 일에 관계하여 개입한다는 의미가 있다. 둘 모두 행사나 모임 등이 이루어지도록 하는 일에 적극적으로 관여한다는 것을 뜻하지만, '참여'는 주로 '참가'보다 관여 대상이 다소 추상적이고 규모가 클 때 사용한다.
㉠ 참석(參席) : 모임이나 회의 따위의 자리에 참여함
㉡ 참가(參加) : 모임이나 단체 또는 일에 관계하여 들어감
㉢ 참여(參與) : 어떤 일에 끼어들어 관계함

08

정답 ①

제시문의 '잡다'는 '돈이나 재물을 얻어 가지다.'라는 의미로 쓰였으며, 이와 같은 의미로 사용된 것은 ①이다.

오답분석
②·⑤ 손으로 움키고 놓지 않다.
③ 짐승을 죽이다.
④ 자동차 따위를 타기 위하여 세우다.

09

정답 ④

제시문의 전체적인 맥락으로 볼 때, 이 글의 핵심은 과학자의 역할 및 그 중요성이다.

10

정답 ③

과학자는 과학의 소산물이 잘못 이용될 때에 생기는 예기치 못한 위험 상황을 위정자들에게 자세히 알려줄 의무가 있음을 언급하고 있으나, 위정자들의 정치관을 바로잡아 주어야 한다는 내용은 없다.

| 02 | 수리능력(공통)

11	12	13	14	15	16	17	18	19	20
⑤	⑤	⑤	③	⑤	④	③	①	②	⑤

11

정답 ⑤

세 번 안에 승패가 가려질 확률은 1−(세 번 모두 승패가 가려지지 않을 확률)이다.
• 한 번의 가위바위보에서 세 사람이 낼 수 있는 경우의 수
  : $3 \times 3 \times 3 = 27$가지
• 승패가 가려지지 않는 경우의 수
  − 모두 같은 것을 내는 경우 : 3가지
  − 모두 다른 것을 내는 경우 : 6가지

• 한 번의 가위바위보에서 승패가 가려지지 않을 확률 : $\dfrac{9}{27} = \dfrac{1}{3}$

따라서 세 번 안에 승자와 패자가 가려질 확률은 $1 - \left(\dfrac{1}{3}\right)^3 = \dfrac{26}{27}$
이다.

12

정답 ⑤

B업체 견인차의 속력을 $x$km/h(단, $x \neq 0$)라 하자.
A업체 견인차의 속력이 63km/h일 때, 40분 만에 사고지점에 도착하므로 A업체부터 사고지점까지의 거리는 $63 \times \dfrac{40}{60} = 42$km이다.
사고지점은 B업체보다 A업체에 40km 더 가까우므로 B업체에서 사고지점까지의 거리는 $42 + 40 = 82$km이다.
B업체의 견인차가 A업체의 견인차보다 늦게 도착하지 않으려면 사고지점에 도착하는 데 걸리는 시간이 40분보다 적거나 같아야 한다.
$\dfrac{82}{x} \leq \dfrac{2}{3} \rightarrow 2x \geq 246$
$\therefore x \geq 123$km/h

13

정답 ⑤

원가를 x원이라고 하면, 정가는 $(x+3,000)$원이다.
정가에서 20%를 할인하여 5개 팔았을 때 순이익과 조각 케이크 1조각당 정가에서 2,000원씩 할인하여 4개를 팔았을 때의 매출액이 같으므로 다음과 같은 식이 성립한다.
$5 \times \{0.8 \times (x+3,000) - x\} = 4 \times (x+3,000-2,000)$
$\rightarrow 5(-0.2x+2,400) = 4x+4,000$
$\rightarrow 5x = 8,000$
$\therefore x = 1,600$
따라서 정가는 $1,600 + 3,000 = 4,600$원이다.

14

정답 ③

2018년 대비 2019년의 생산가능인구는 12명 증가했다.

오답분석

① 2017년부터 2019년까지 고용률의 증감추이와 실업률의 증감추이는 '감소 - 감소'로 동일하다.

② 전년 대비 2018년에 경제활동인구가 202명 감소하였으므로 가장 많이 감소하였음을 알 수 있다.

④ 분모가 작고, 분자가 크면 비율이 높다. 따라서 고용률이 낮고 실업률이 높은 2021년과 2022년의 비율만 비교하면 된다.

- 2021년 : $\dfrac{8.1}{40.5}=0.2$

- 2022년 : $\dfrac{8}{40.3}≒0.1985$

따라서 2021년의 비율이 더 크므로 옳은 설명이다.

⑤ 2022년과 2023년의 경제활동참가율은 같지만, 전체적으로는 경제활동참가율이 감소하고 있다.

15

정답 ⑤

일반 체류자보다 시민권자가 많은 국가는 중국, 일본, 캐나다, 덴마크, 러시아, 스위스이며, 각 국가의 영주권자는 모두 300명 이상이다.

오답분석

① 영주권자가 없는 국가는 인도, 라오스, 몽골, 미얀마, 네팔, 태국, 터키, 베트남이며, 이 나라들의 일반 체류자 수의 총합은 11,251+3,042+2,132+3,842+769+19,995+2,951+172,684=216,666명으로 중국의 일반 체류자 수인 300,332명보다 작다.

② 일본의 일반 체류자 대비 시민권자 비율은 $\dfrac{736,326}{88,108}×100≒835.7\%$이다.

③ 영주권자가 시민권자의 절반보다 많은 국가는 프랑스이며, 프랑스의 총 재외동포 수는 8,961+6,541+13,665=29,167명으로 3만 명보다 적다.

④ 재외동포 수가 가장 많은 국가는 시민권자가 200만 명이 넘는 중국이다. 중국은 시민권자와 일반 체류자의 수가 각각 1위를 차지하지만, 영주권자는 프랑스(6,541명)가 1위이다.

16

정답 ④

싱가포르는 독일보다 수입금액은 적지만 수입중량이 크다.

오답분석

① 2021 ~ 2024년 동안 수출금액은 매년 감소했고, 수출중량 추이는 '감소 - 증가 - 감소'이다.

② 2024년 5개국 수입금액 총합은 39,090천+14,857천+25,442천+12,852천+18,772천=111,013천 달러로 전체 수입금액의 $\dfrac{111,013}{218,401}×100≒50.8\%$를 차지한다.

③ 무역수지는 수출금액에서 수입금액을 제외한 것으로 2021년부터 2024년까지 무역수지는 다음과 같다.

- 2021년 : 24,351천−212,579천=−188,228천 달러
- 2022년 : 22,684천−211,438천=−188,754천 달러
- 2023년 : 22,576천−220,479천=−197,903천 달러
- 2024년 : 18,244천−218,401천=−200,157천 달러

따라서 매년 전년 대비 감소함을 알 수 있다.

⑤ 2024년 5개 국가에서 무역수지가 가장 낮은 국가는 미국이다.

- 미국 : 518천−39,090천=−38,572천 달러
- 중국 : 6,049천−14,857천=−8,808천 달러
- 말레이시아 : 275천−25,442천=−25,167천 달러
- 싱가포르 : 61천−12,852천=−12,791천 달러
- 독일 : 1천−18,772천=−18,771천 달러

17

정답 ③

모든 국가의 65세 이상 경제활동 참가율 합은 29.4+17.4+4+5.9+15.2+32+21.8+8.6=134.3%이며, 우리나라 업종별 고령근로자 비율의 총합은 20+7+10+4+7+12.5+11+20+35=126.5%이다. 두 비율의 차이는 134.3−126.5=7.8%p이다.

오답분석

① 아이슬란드의 조사 인구를 10,000명이라 하면, 네덜란드의 조사 인구는 20,000명이 된다. 65세 이상 경제활동 참가율에 따라 아이슬란드의 고령근로자 수는 10,000×0.152=1,520명, 네덜란드는 20,000×0.059=1,180명이다. 따라서 네덜란드의 조사 인구가 아이슬란드보다 2배 많아도 네덜란드의 고령근로자 수는 아이슬란드보다 적다.

② 운수업 및 교육 서비스업에 종사하는 고령근로자 수는 (180×0.04)+(48×0.11)=12.48천 명이며, 제조업에 종사하는 고령근로자 수는 1,080×0.07=75.6천 명이다. 따라서 운수업 및 교육 서비스업에 종사하는 고령근로자는 제조업에 종사하는 고령근로자 수의 $\dfrac{12.48}{75.6}×100≒16.5\%$로 15% 이상이다.

④ 농업과 제조업을 제외한 모든 업종의 전체 근로자 수에서 공공기관과 외국기업에 종사하는 전체 근로자 비율은 $\dfrac{92+12}{97+180+125+160+48+92+12}×100=\dfrac{104}{714}×100≒14.6\%$로 15% 미만이다.

18

정답 ①

문제에 주어진 자료를 참고하여 독일의 조사 인구와 영국의 고령근로자 수를 구하면 다음과 같다.

- (A) : $a×0.04=132 → a=\dfrac{132}{0.04}=3,300$

- (B) : $3,540×0.086=b → b=304.44$

19

정답 ②

월 급여가 300만 원 미만인 직원은 $1,200 \times (0.18+0.35)=636$명, 350만 원 이상인 직원은 $1,200 \times (0.12+0.11)=276$명으로 $\frac{636}{276} \fallingdotseq 2.30$배이다.

오답분석

① 직원 중 4년제 국내 수도권 내 대학교 졸업자 수는 $1,200 \times 0.35 \times 0.45=189$명으로, 전체직원의 $\frac{189}{1,200} \times 100=15.75\%$이다.

③ 전체직원이 1,000명이라면 외국 대학교 졸업의 학력을 가진 직원은 $1,000 \times 0.35 \times 0.2=70$명이다.

④ 고등학교 졸업학력을 가진 직원은 $1,200 \times 0.12=144$명, 월 급여 300만 원 미만인 직원은 $1,200 \times (0.18+0.35)=636$명이다. 이 인원이 차지하는 비율은 $\frac{144}{636} \times 100 \fallingdotseq 22.6\%$이다.

⑤ 4년제 대학교 졸업 이상의 학력을 가진 직원은 $1,200 \times 0.35=420$명, 월 급여 300만 원 이상인 직원은 $1,200 \times (0.24+0.12+0.11)=564$명이다. 이 인원이 차지하는 비율은 $\frac{420}{564} \times 100 \fallingdotseq 74.46\%$이다.

20

정답 ⑤

국내소재 대학 및 대학원 졸업자는 $1,200 \times (0.17+0.36)+1,200 \times 0.35 \times (0.25+0.45+0.1)=972$명으로, 이들의 25%는 $972 \times 0.25=243$명이다. 월 급여 300만 원 이상인 직원은 $1,200 \times (0.24+0.12+0.11)=564$명이므로, 이들이 차지하는 비율은 $\frac{243}{564} \times 100 \fallingdotseq 43\%$이다.

| 03 | 문제해결능력(공통)

21	22	23	24	25	26	27	28	29	30
④	②	②	③	④	③	③	②	④	②

21

정답 ④

ㄴ. 책임운영기관이 직제개정을 하기 위해서는 소속 중앙행정기관장의 승인을 얻어야 하므로 옳은 내용이다.

ㄹ. 책임운영기관의 부기관장을 제외한 나머지 직원은 해당 책임운영기관장이 임명하므로 옳은 내용이다.

오답분석

ㄱ. 책임운영기관의 직급별 정원은 소속 중앙행정기관장의 승인을 얻어 기본운영규정에 규정하므로 옳지 않은 내용이다.

ㄷ. 중앙행정기관은 초과수입금을 사용할 수 없으므로 옳지 않은 내용이다.

22

정답 ②

서울 지점의 B씨에게 배송할 제품과 경기남부 지점의 P씨에게 배송할 제품에 대한 기호를 모두 기록해야 한다.

- B씨 : MS11EISS
  - 재료 : 연강(MS)
  - 판매량 : 1box(11)
  - 지역 : 서울(E)
  - 윤활유 사용 : 윤활작용(I)
  - 용도 : 스프링(SS)
- P씨 : AHSS00SSST
  - 재료 : 초고강도강(AHSS)
  - 판매량 : 1set(00)
  - 지역 : 경기남부(S)
  - 윤활유 사용 : 밀폐작용(S)
  - 용도 : 타이어코드(ST)

따라서 Q씨가 등록한 기호는 MS11EISS, AHSS00SSST이다.

23

정답 ②

제시된 조건을 표로 정리하면 다음과 같다.

첫 번째	두 번째	세 번째	네 번째	다섯 번째
잡지	수험서	에세이	소설	만화

먼저, A는 수험서를 구매한 다음 바로 에세이를 구매했는데 만화와 소설보다 잡지를 먼저 구매했고 수험서는 가장 먼저 구매하지 않았다고 했으므로 잡지가 가장 첫 번째로 구매한 것이 되므로 순서는 잡지 – (만화, 소설) – 수험서 – 에세이 – (만화, 소설)이다. 이때, 에세이나 소설은 마지막에 구매하지 않았으므로 만화가 마지막으로 구매한 것이 되고, 에세이와 만화를 연달아 구매하지 않았으므로 소설이 네 번째로 구매한 책이 된다.

따라서 A가 책을 구매한 순서는 잡지 - 수험서 - 에세이 - 소설 - 만화이므로 세 번째로 구매한 책은 에세이이다.

24
정답 ③

용인 지점에서는 C와 D만 근무할 수 있으며, 인천 지점에서는 A와 B만 근무할 수 있다. 이때, A는 과천 지점에서 근무하므로 인천 지점에는 B가 근무하는 것을 알 수 있다. 주어진 조건에 따라 A ~ D의 근무 지점을 정리하면 다음과 같다.

구분	과천	인천	용인	안양
경우 1	A	B	C	D
경우 2	A	B	D	C

따라서 항상 참이 되는 것은 ③이다.

오답분석

①·② 주어진 조건만으로 A와 B가 각각 안양과 과천에서 근무한 경험이 있는지는 알 수 없다.

25
정답 ④

ㄴ. 민간의 자율주행기술 R&D를 지원하여 기술적 안정성을 높이는 전략은 위협을 최소화하는 내용은 포함하지 않고 약점만 보완하는 것이므로 ST전략으로 적절하지 않다.
ㄹ. 국내기업의 자율주행기술 투자가 부족한 약점을 국가기관의 주도로 극복하려는 것은 약점을 최소화하고 위협을 회피하려는 WT전략으로 적절하지 않다.

오답분석

ㄱ. 높은 수준의 자율주행기술을 가진 외국 기업과의 기술이전협약 기회를 통해 국내외에서 우수한 평가를 받는 국내 자동차 기업의 수준을 향상시켜 국내 자율주행자동차 산업의 강점을 강화하는 전략은 SO전략으로 적절하다.
ㄷ. 국가가 지속적으로 자율주행차 R&D를 지원하는 법안이 본회의를 통과한 기회를 토대로 기술개발을 지원하여 국내 자율주행자동차 산업의 약점인 기술적 안전성을 확보하려는 전략은 WO전략으로 적절하다.

26
정답 ③

(가) 하드 어프로치 : 하드 어프로치에 의한 문제해결 방법은 상이한 문화적 토양을 가지고 있는 구성원을 가정하고, 서로의 생각을 직설적으로 주장하고 논쟁이나 협상을 통해 서로의 의견을 조정해 가는 방법이다.
(나) 퍼실리테이션 : 퍼실리테이션이란 '촉진'을 의미하며, 어떤 그룹이나 집단이 의사결정을 잘 하도록 도와주는 일을 의미한다. 퍼실리테이션에 의한 문제해결 방법은 깊이 있는 커뮤니케이션을 통해 서로의 문제점을 이해하고 공감함으로써 창조적인 문제해결을 도모한다.

(다) 소프트 어프로치 : 소프트 어프로치에 의한 문제해결 방법은 대부분의 기업에서 볼 수 있는 전형적인 스타일로 조직 구성원들을 같은 문화적 토양을 가지고 이심전심으로 서로를 이해하는 상황을 가정한다.

27
정답 ③

K사는 모바일 게임 시장은 사라질 것이라는 과거의 고정관념에서 벗어나 인식의 틀을 전환하여 오히려 신기술인 AR을 게임에 도입하여 큰 성공을 거두었다. 즉, K사는 기존에 가지고 있는 인식의 틀을 전환하여 새로운 관점에서 사물과 세상을 바라보는 발상의 전환을 통해 문제를 해결한 것이다.

28
정답 ②

주어진 자료를 표로 정리하면 다음과 같다.

선택		B여행팀	
		관광지에 간다	관광지에 가지 않는다
A여행팀	관광지에 간다	(10, 15)	(15, 10)
	관광지에 가지 않는다	(25, 20)	(35, 15)

• A여행팀의 최대효용
 - B여행팀이 관광지에 가는 경우 : A여행팀이 관광지에 가지 않을 때 25의 최대효용을 얻는다.
 - B여행팀이 관광지에 가지 않는 경우 : A여행팀이 관광지에 가지 않을 때 35의 최대효용을 얻는다.
 따라서 A여행팀은 B여행팀의 선택에 상관없이 관광지에 가지 않아야 효용이 발생하며, 이때의 최대효용은 35이다.
• B여행팀의 최대효용
 - A여행팀이 관광지에 가는 경우 : B여행팀이 관광지에 갈 때 15의 최대효용을 얻는다.
 - A여행팀이 관광지에 가지 않는 경우 : B여행팀이 관광지에 갈 때 20의 최대효용을 얻는다.
 따라서 B여행팀은 A여행팀의 선택에 상관없이 관광지에 가야 효용이 발생하며, 이때의 최대효용은 20이다.
이를 종합하면, A여행팀은 관광지에 가지 않을 때, B여행팀은 관광지에 갈 때 효용이 극대화되고, 이때의 총효용은 45(=25+20)이다.

29

정답 ④

- ㉠ : A와 B 중 한 사람만 참석하고, A와 D 중 적어도 한 사람은 참석한다. '갑'은 이 상황을 인지한 후에 'A는 회의에 반드시 참석'하겠다는 결론을 내린다. 이때, 'D가 회의에 불참한다'는 결론을 내릴 수 있다. 따라서 ㉠에는 'D가 회의에 불참한다'는 말이 들어가야 한다면 A와 D 중 A만 참석하게 되고 A와 B 중에서도 A만 참석한다는 결론을 내릴 수 있다. 따라서 ㉠에는 'D가 회의에 불참한다'는 말이 들어가야 한다.
- ㉡ : 갑이 '우리 생각이 모두 참이라면, E와 F 모두 참석'한다고 하였다. B와 D가 회의에 참석하지 않는다는 생각이 참이라는 가정하에 갑의 결론이 나오려면 ㉡에 'B가 회의에 불참한다면 E와 F 모두 참석하기' 때문이란 조건이 들어가야 한다.

30

정답 ②

먼저 문제에서 E가 참석할 수 없다고 하였으므로, 두 번째 조건에 따라 D는 반드시 참석한다는 것을 알 수 있다. 또한, 첫 번째 조건에 따라 (A, D)와 (B, D)의 조합이 가능함을 알 수 있다. 그리고 세 번째 조건의 역은 'D가 참석한다면 C도 참석한다.'이므로 (A, D, C)와 (B, D, C)의 조합이 가능함을 알 수 있다. 이때, 마지막 조건에서 B가 참석하지 않으면 F도 참석하지 못한다고 하였으므로 (A, D, C)의 조합은 가능하지 않다는 것을 알 수 있다(∵ 4명의 직원으로 팀을 구성해야 함). 따라서 가능한 팀의 조합은 (B, D, C, F)의 1개이다.

| 04 | **자원관리능력 (법정·상경 / 발전설비운영)**

31	32	33	34	35	36	37	38	39	40
④	③	④	③	④	①	①	②	④	④

31

정답 ④

수인이가 베트남 현금 1,670만 동을 환전하기 위해 필요한 한국 돈은 수수료를 제외하고 1,670만×483=806,610원이다.
우대사항에서 50만 원 이상 환전 시 70만 원까지 수수료가 0.4%로 낮아진다고 했으므로 70만 원의 수수료는 0.4%가 적용되고 나머지는 0.5%가 적용된다. 이때, 총수수료를 구하면 $(700,000×0.004)+\{(806,610-700,000)×0.005\}=2,800+533.05≒3,330$원이다. 따라서 수수료를 포함하여 수인이가 원하는 금액을 환전하기 위해서 필요한 총금액은 806,610+3,330=809,940원임을 알 수 있다.

32

정답 ③

안내문의 두 번째 항목에 의하여 식사횟수는 6회이다(첫째 날 중식·석식, 둘째 날 조식·중식·석식, 셋째 날 조식).
첫째 날 출발하는 선발대 인원은 50-15=35명이고, 둘째 날 도착하는 후발대 인원 15명은 둘째 날 조식부터 가능하므로 첫째 날은 35명에 대한 예산을, 둘째 날부터 마지막 날까지는 50명에 대한 예산을 작성해야 한다.
- 첫째 날 중식(정식) 비용 : 9,000×35=315,000원
- 셋째 날 조식(일품) 비용 : 8,000×50=400,000원
이때 나머지 4번의 식사는 자유롭게 선택할 수 있으나 예산을 최대로 편성해야 하므로 정식과 일품을 제외한 나머지 중 가장 비싼 스파게티의 가격을 기준해 계산한다.
- 나머지 식사 비용 : 7,000×(35+50+50+50)=1,295,000원
따라서 측정할 예산금액은 315,000+400,000+1,295,000=2,010,000원이다.

33

정답 ④

첫 번째 지원계획을 보면 지원금을 받는 모임의 구성원은 6명 이상 9명 미만이므로 A와 E는 제외한다. 나머지 B, C, D의 총지원금을 구하면 다음과 같다.
- B : 1,500만+(100만×6)=2,100만 원
- C : 1.3×{1,500만+(120만×8)}=3,198만 원
- D : 2,000만+(100만×7)=2,700만 원
따라서 D가 두 번째로 많은 지원금을 받는다.

34

甲대리의 성과평가 등급을 통해 개인 성과평가 점수에 가중치를 적용하여 점수로 나타내면 다음과 같다.

- 실적 : $30 \times 1 = 30$
- 난이도 평가 : $20 \times 0.8 = 16$
- 중요도 평가 : $30 \times 0.4 = 12$
- 신속성 : $20 \times 0.8 = 16$

甲대리의 점수는 총 74점이므로 80만 원의 성과급을 받게 된다.

35

정답 ④

팀원들의 모든 스케줄이 비어 있는 시간은 16:00 ~ 17:00이므로 ④가 적절하다.

36

정답 ①

- 출장지에 도착한 현지 날짜 및 시각

서울 시각	5일 오후 1시 35분
비행 시간	+3시간 45분
대기 시간	+3시간 50분
비행 시간	+9시간 25분
시차	−1시간
	=6일 오전 5시 35분

37

정답 ①

조건에 따라 가중치를 적용한 후보 도서들의 점수를 나타내면 다음과 같다.

(단위 : 점)

도서명	흥미도 점수	유익성 점수	1차 점수	2차 점수
재테크, 답은 있다	$6 \times 3 = 18$	$8 \times 2 = 16$	34	34
여행학 개론	$7 \times 3 = 21$	$6 \times 2 = 12$	33	$33 + 1 = 34$
부장님의 서랍	$6 \times 3 = 18$	$7 \times 2 = 14$	32	−
IT혁명의 시작	$5 \times 3 = 15$	$8 \times 2 = 16$	31	−
경제 정의론	$4 \times 3 = 12$	$5 \times 2 = 10$	22	−
건강제일 주의	$8 \times 3 = 24$	$5 \times 2 = 10$	34	34

2차 점수가 가장 높은 도서는 '재테크, 답은 있다', '여행학개론', '건강제일주의' 3개이다. 모두 점수가 동일하므로 유익성 점수(5점)가 가장 낮은 '건강제일주의'를 탈락시킨다.
따라서 최종 선정될 도서는 '재테크, 답은 있다'와 '여행학개론'이다.

38

정답 ②

성과급 지급 기준에 따라 영업팀의 성과를 평가하면 다음과 같다.

구분	성과평가 점수	성과 평가 등급	성과급 (만 원)
1분기	$(8 \times 0.4) + (8 \times 0.4) + (6 \times 0.2) = 7.6$	C	80
2분기	$(8 \times 0.4) + (6 \times 0.4) + (8 \times 0.2) = 7.2$	C	80
3분기	$(10 \times 0.4) + (8 \times 0.4) + (10 \times 0.2) = 9.2$	A	$100 + 10 = 110$
4분기	$(8 \times 0.4) + (8 \times 0.4) + (8 \times 0.2) = 8.0$	B	90

따라서 영업팀에게 1년간 지급되는 성과급의 총액은 80만＋80만＋110만＋90만＝360만 원이다.

39

정답 ④

주어진 조건을 적용하여 정리하면 다음과 같다.

(단위 : 만 원)

모델	1년 광고비	1년 광고횟수	1회당 광고효과	총 광고효과
지후	$3,000 - 1,000 = 2,000$	$2,000 \div 20 = 100$	$100 + 100 = 200$	$200 \times 100 = 20,000$
문희	$3,000 - 600 = 2,400$	$2,400 \div 20 = 120$	$60 + 100 = 160$	$160 \times 120 = 19,200$
석이	$3,000 - 700 = 2,300$	$2,300 \div 20 = 115$	$60 + 110 = 170$	$170 \times 115 = 19,550$
서현	$3,000 - 800 = 2,200$	$2,200 \div 20 = 110$	$50 + 140 = 190$	$190 \times 110 = 20,900$
슬이	$3,000 - 1,200 = 1,800$	$1,800 \div 20 = 90$	$110 + 110 = 220$	$220 \times 90 = 19,800$

따라서 총 광고효과가 가장 큰 모델은 서현이다.

40

④

25 ~ 26일은 예측농도가 '약간 나쁨', '보통'이다. 두 번째 조건에 따라 워크숍 마지막 날은 토요일도 가능하며, 27일의 예측농도는 '나쁨'이지만 따로 제한하고 있는 조건이 없으므로 25 ~ 27일이 가장 적절하다.

[오답분석]

① 1일은 미세먼지 예측농도가 '매우 나쁨'이며, 2 ~ 3일은 '나쁨'이므로 적절하지 않다.

② 8 ~ 10일은 미세먼지 예측농도는 적절하지만 매달 둘째, 넷째 주 수요일마다 기획회의가 있으므로 10일인 수요일이 불가능하다.

③ 17 ~ 18일은 미세먼지 예측농도가 '나쁨'이며, 19일에 우수성과팀 시상식이 있기 때문에 적절하지 않다.

⑤ 29 ~ 31일은 중국 현지에서 열리는 컨퍼런스에 참여해야 하므로 적절하지 않다.

| 05 | 정보능력(법정 · 상경 / 전산)

41	42	43	44	45	46	47	48	49	50
③	③	②	④	⑤	①	②	③	⑤	③

41

정답 ③

여러 셀에 숫자, 문자 데이터 등을 한 번에 입력하려면 여러 셀이 선택된 상태에서 〈Ctrl〉+〈Enter〉를 눌러서 입력해야 한다.

42

정답 ③

'MAX(B7:E7)' 함숫값은 [B7:E7] 범위에서 가장 큰 값인 91이며, COUNTA 함수는 범위에서 비어 있지 않은 셀의 개수를 세주는 함수로 'COUNTA(B6:E6)'의 함숫값은 4가 된다. 따라서 'AVERAGE(91,4)'가 되며 91과 4의 평균인 47.5가 된다.

[오답분석]

① 'LARGE(B2:E2,3)' 함숫값은 [B2:E2] 범위에서 3번째로 큰 값인 80이며, 'SMALL(B5:E5,2)' 함숫값은 [B5:E5] 범위에서 2번째로 작은 값인 79이다. 따라서 'AVERAGE(80,79)'가 되며 80과 79의 평균인 79.5가 된다.

② 'MAX(B3:E3)' 함숫값은 [B3:E3] 범위에서 가장 큰 값인 95이며, 'MIN(B7:E7)' 함숫값은 [B7:E7] 범위에서 가장 작은 값인 79이다. 따라서 'SUM(95,79)'가 되며 95와 79의 합인 174가 된다.

④ MAXA 함수는 논리값과 텍스트도 포함하여 최댓값을 나타내는 함수로 'MAXA(B4:E4)'의 함숫값은 [B4:E4] 범위의 최댓값인 94가 된다. COUNT 함수는 범위에서 숫자가 포함된 셀의 개수를 세주는 함수로 'COUNT(B3:E3)'의 함숫값은 4가 된다. 따라서 'SUM(94,4)'가 되며 94와 4의 합인 98이 된다.

⑤ 'SMALL(B3:E3,3)' 함숫값은 [B3:E3] 범위에서 3번째로 작은 값인 93이며, 'LARGE(B7:E7,3)' 함숫값은 [B7:E7] 범위에서 3번째로 큰 값인 80이다. 따라서 'AVERAGE(93,80)'가 되며 93과 80의 평균인 86.5가 된다.

43

정답 ②

주어진 자료에서 원하는 항목만을 골라 해당하는 금액의 합계를 구하기 위해서는 SUMIF 함수를 사용하는 것이 적절하다. SUMIF 함수는 「=SUMIF(범위,조건,합계를 구할 범위)」 형식으로 작성한다. 따라서 「=SUMIF(C3:C22,"외식비",D3:D22)」 함수식을 입력하면 원하는 값을 도출할 수 있다.

44

정답 ④

RANK 함수에서 0은 내림차순, 1은 오름차순이다. 따라서 [F8] 셀의 「=RANK(D8,D4:D8,0)」 함수의 결괏값은 4이다.

45

프로그램에서 대입 연산자 sum = sum+3;은 sum+=3;으로 표현하므로 같은 결과가 나타난다.
따라서 결괏값은 95+3=98이다.

46

[오답분석]
② [D3] : =MID(B3,3,2)
③ [E7] : =RIGHT(B7,2)
④ [D8] : =MID(B8,3,2)
⑤ [E4] : =MID(B4,5,2)

47

바이러스에 감염되는 경로에는 불법 무단 복제, 다른 사람들과 공동으로 사용하는 컴퓨터, 인터넷, 전자우편의 첨부파일 등이 있으며, 예방법은 다음과 같다.
• 다운로드한 파일이나 외부에서 가져온 파일은 반드시 바이러스 검사를 수행한 후에 사용한다.
• 전자우편을 통해 감염될 수 있으므로 발신자가 불분명한 전자우편은 열어보지 않고 삭제한다.
• 중요한 자료는 정기적으로 백업한다.
• 바이러스 예방 프로그램을 램(RAM)에 상주시킨다.
• 프로그램의 시스템 감시 및 인터넷 감시 기능을 이용해서 바이러스를 사전에 검색한다.
• 백신 프로그램의 업데이트를 통해 주기적으로 바이러스 검사를 수행한다.

48

고객의 신상정보의 경우 유출하거나 삭제하는 것 등의 행동을 해서는 안 되며, 거래처에서 빌린 컴퓨터에서 나왔기 때문에 거래처 담당자에게 되돌려주는 것이 가장 적절하다.

49

• COUNTIF : 지정한 범위 내에서 조건에 맞는 셀의 개수를 구한다.
• 함수식 : 「=COUNTIF(D3:D10,">=2024-07-01")」

[오답분석]
① COUNT : 범위에서 숫자가 포함된 셀의 개수를 구한다.
② COUNTA : 범위가 비어 있지 않은 셀의 개수를 구한다.
③ SUMIF : 주어진 조건에 의해 지정된 셀들의 합을 구한다.
④ MATCH : 배열에서 지정된 순서상의 지정된 값에 일치하는 항목의 상대 위치 값을 찾는다.

50

[오답분석]
①ㆍ② AND 함수는 인수의 모든 조건이 참(TRUE)일 경우에 성별을 구분하여 표시할 수 있으므로 적절하지 않다.
④ 함수식에서 "남자"와 "여자"가 바뀌었다.
⑤ 함수식에 "2"와 "3"이 아니라, "1"과 "3"이 들어가야 한다.

51	52	53	54	55	56	57	58	59	60
②	⑤	⑤	②	④	③	③	④	⑤	④

51

정답 ②

㉠ 조직 내부 문제에 대한 진단은 설문조사, 지표 분석 등 공식적으로 이루어지기도 하지만, 임의적 내부 의견수렴 등을 통해 비공식적으로 이루어지기도 한다.

㉣ 조직 문제 대안들 중 선택된 방안은 실시 전에 조직 의사결정자의 승인을 거친다.

오답분석

㉡ 조직 문제에 대한 대안은 새로운 대안 개발 외에도 기존 대안 중 선택하는 방법도 있다. 따라서 반드시 새로운 대안 설계가 가장 바람직한 것은 아니다.

㉢ 조직의 의사결정은 급진적이고 혁신적인 변화보다는 기존 결정에서 점진적으로 수정해 나가는 방식으로 이루어지는 경향이 있다.

52

정답 ⑤

홍보용 보도 자료 작성은 주로 홍보팀의 업무이며, 물품 구매는 주로 총무팀의 업무이다. 즉, 영업팀이 아닌 홍보팀이 홍보용 보도 자료를 작성해야 하며, 홍보용 사은품 역시 직접 구매하는 것이 아니라 홍보팀이 총무팀에 업무협조를 요청하여 총무팀이 구매하도록 하여야 한다.

53

정답 ⑤

김사원이 해야 할 일을 순서대로 나열해 보면 '최팀장 책상의 서류 읽어 보기(박과장 방문 전) → 박과장 응대하기(오전) → 최팀장에게 서류 가져다 주기(점심시간) → 회사로 온 연락 최팀장에게 알려 주기(오후) → 이팀장에게 전화하라고 전하기(퇴근 전)'이다.

54

정답 ②

제시된 모든 시간대에 전 직원의 스케줄이 비어있지 않다. 그렇다면 업무의 우선순위를 파악하여 바꿀 수 있는 스케줄을 파악하여야 한다. 비품 신청은 타 업무에 비해 우선순위가 낮으므로 10:00 ~ 11:00에 교육을 받는 것이 가장 적절하다.

오답분석

① 오전 부서장 회의는 부서의 상급자들과 상위 부서장들의 회의이며, 그날의 업무를 파악하고 분배하는 자리이므로 편성하기 어렵다.

③ · ④ 해당 시간에 예정된 업무는 해당 인원의 단독 업무가 아니므로 단독으로 변경해 편성하기 어렵다.

⑤ 16시 이후의 부장과 차장의 스케줄을 보면 각각 상급자에게 업무보고가 예정되어 있다. 이러한 업무보고는 과장 이하의 일일 업무 결산이 마무리되어야 하므로 편성하기 어렵다.

55

정답 ④

목표의 층위 · 내용 등에 따라 우선순위가 있을 수는 있지만, 하나씩 순차적으로 처리해야 하는 것은 아니다. 즉, 조직 목표는 동시에 여러 개가 추구될 수 있다.

56

정답 ③

경영은 경영목적, 인적자원, 자금, 전략의 4요소로 구성된다.
ㄱ. 경영목적
ㄴ. 인적자원
ㅁ. 자금
ㅂ. 경영전략

오답분석

ㄷ. 마케팅
ㄹ. 회계

57

정답 ③

경영 전략 추진과정
• 전략 목표 설정 : 비전 설정, 미션 설정
• 환경 분석 : 내부 환경 분석, 외부 환경 분석
• 경영 전략 도출 : 조직 전략, 사업 전략 등
• 경영 전략 실행 : 경영 목적 달성
• 평가 및 피드백 : 경영 전략 결과, 전략 목표 및 경영 전략 재조정

58

정답 ④

성공적인 프레젠테이션을 위해서는 내용을 완전히 숙지해야 하며(㉠), 예행연습을 철저히 해야 한다(㉡). 또한, 다양한 시청각 기자재를 활용하여 프레젠테이션 효과를 극대화해야 한다(㉣).

오답분석

㉢ 성공적인 프레젠테이션을 위해서는 청중의 니즈를 파악해야 한다. A대리의 프레젠테이션 청중은 A대리에게 광고를 의뢰한 업체 관계자이므로 A대리는 팀원이 아닌 업체 관계자의 니즈를 파악해야 한다.

㉤ 성공적인 프레젠테이션을 위해서는 일관된 흐름을 가지고 요점을 간결 · 명확하게 전달해야 한다. 따라서 A대리는 요점을 간결하면서도 명확하게 전달할 수 있도록 연습해야 한다.

59

조직 내 집단이 의사결정을 하는 과정에서 의견이 불일치하는 경우 의사결정을 내리는 데 많은 시간이 소요된다.

집단의사결정의 장단점

- 장점
  - 한 사람이 가진 지식보다 집단이 가지고 있는 지식과 정보가 더 많아 효과적인 결정을 할 수 있다.
  - 각자 다른 시각으로 문제를 바라봄에 따라 다양한 견해를 가지고 접근할 수 있다.
  - 결정된 사항에 대해 의사결정에 참여한 사람들이 해결책을 수월하게 수용하고, 의사소통의 기회도 향상된다.
- 단점
  - 의견이 불일치하는 경우 의사결정을 내리는 데 시간이 많이 소요된다.
  - 특정 구성원에 의해 의사결정이 독점될 가능성이 있다.

60

정답 ④

조직 목표의 기능
- 조직이 존재하는 정당성과 합법성 제공
- 조직이 나아갈 방향 제시
- 조직 구성원의 의사결정의 기준
- 조직 구성원 행동수행의 동기유발
- 수행평가의 기준
- 조직 설계의 기준

| 07 | 기술능력(발전설비운영)

61	62	63	64	65	66	67	68	69	70
③	①	①	⑤	④	③	④	①	①	④

61

정답 ③

체온 측정을 위한 주의사항에 따르면 체온을 측정할 때는 정확한 측정을 위해 과다한 귀지가 없도록 해야 한다.

오답분석
① 체온을 측정하기 전 새 렌즈필터를 부착해야 한다.
② 오른쪽 귀에서 측정한 체온과 왼쪽 귀에서 측정한 체온은 다를 수 있으므로 항상 같은 귀에서 체온을 측정해야 한다.
④ 영점 조정에 대한 사항은 설명서에서 확인할 수 없는 내용이다.
⑤ 체온을 측정하기 전 새 렌즈필터를 부착해야 하며, 렌즈를 알코올 솜으로 닦는 사항은 설명서에서 확인할 수 없는 내용이다.

62

정답 ①

'POE' 에러 메시지는 체온계가 렌즈의 정확한 위치를 감지할 수 없어 정확한 측정이 어렵다는 메시지이다. 따라서 〈ON〉 버튼을 3초간 길게 눌러 화면을 지운 다음 정확한 위치에 체온계를 넣어 다시 측정해야 한다.

오답분석
② '――' 에러 메시지가 떴을 때의 해결방법에 해당한다.
③ 설명서에서 확인할 수 없는 내용이다.
④ '―――' 에러 메시지가 떴을 때의 해결방법에 해당한다.
⑤ 'HI℃', 'LO℃' 에러 메시지가 떴을 때의 해결방법에 해당한다.

63

정답 ①

제품사양에 따르면 '에듀프렌드'는 내장 500GB, 외장 500GB 총 1TB의 메모리를 지원하고 있다. 1TB까지 저장이 가능하므로 500GB를 초과하더라도 추가로 저장할 수 있다.

오답분석
② 학습자 관리 기능으로 인적사항을 등록할 수 있다.
③ 교사 스케줄링 기능으로 일정을 등록할 수 있고, 중요한 일정은 알람을 설정할 수 있다.
④ 위치정보를 활용해 학습자 방문지와의 거리 및 시간 정보와 경로를 탐색할 수 있다.
⑤ 커뮤니티에 접속해 공지사항을 확인할 수 있다.

64

주의사항에 따르면 기기에 색을 칠하거나 도료를 입히면 안 되며, 이를 위반하였을 경우 제품손상이 발생할 수 있다. 그러나 ⑤와 같이 기기가 아닌 보호 커버 위에 매직펜으로 이름을 쓰는 것은 제품손상과 관계없다.

오답분석

① 출력 커넥터에 허용되는 헤드셋 또는 이어폰을 사용해야 한다.
② 자성을 이용한 제품을 가까이 두면 제품손상의 원인이 된다.
③ 물 또는 빗물에 던지거나 담그는 것은 제품손상의 원인이 된다.
④ 기기를 떨어뜨리는 것은 제품손상의 원인이 된다.

65

문화 및 제도적인 차이에 대한 부분을 통해 글로벌 벤치마킹을 설명함을 알 수 있다.

오답분석

① 내부 벤치마킹 : 같은 기업 내의 다른 지역, 타 부서, 국가 간의 유사한 활용을 비교 대상으로 한다. 이 방법은 자료 수집이 용이하며, 다각화된 우량기업의 경우 효과가 큰 반면, 관점이 제한적일 수 있고, 편중된 내부 시각에 대한 우려가 있다는 단점을 가지고 있다.
② 경쟁적 벤치마킹 : 동일 업종에서 고객을 직접적으로 공유하는 경쟁기업을 대상으로 한다. 이 방법은 경영성과와 관련된 정보 입수가 가능하며, 업무·기술에 대한 비교가 가능한 반면, 윤리적인 문제가 발생할 소지가 있으며, 대상의 적대적 태도로 인해 자료 수집이 어렵다는 단점이 있다.
③ 비경쟁적 벤치마킹 : 제품, 서비스 및 프로세스의 단위 분야에 있어 가장 우수한 실무를 보이는 비경쟁적 기업 내의 유사 분야를 대상으로 하는 방법이다. 이 방법은 혁신적인 아이디어의 창출 가능성은 높은 반면, 다른 환경의 사례를 가공하지 않고 적용할 경우 효과를 보지 못할 가능성이 높은 단점이 있다.
⑤ 간접적 벤치마킹 : 벤치마킹을 수행 방식에 따라 분류한 것으로, 인터넷 및 문서 형태의 자료를 통해서 간접적으로 수행하는 방법이다.

66

연구개발에 참가한 연구원과 엔지니어들이 그 기업을 떠나는 경우 기술과 지식의 손실이 크게 발생하는 점을 볼 때, 기술 혁신은 새로운 지식과 경험의 축적으로 나타나는 지식 집약적인 활동으로 볼 수 있다.

> **기술 혁신의 특성**
> • 기술 혁신은 그 과정 자체가 매우 불확실하고 장기간의 시간을 필요로 한다.
> • 기술 혁신은 지식 집약적인 활동이다.
> • 기술 혁신 과정의 불확실성과 모호함은 기업 내에서 많은 논쟁과 갈등을 유발할 수 있다.
> • 기술 혁신은 조직의 경계를 넘나든다.

67

산업 재해의 예방 대책 순서
1. 안전 관리 조직 : 경영자는 안전 목표를 설정하고, 안전 관리 책임자를 선정하며, 안전 계획을 수립하고, 이를 시행·감독한다.
2. 사실의 발견 : 사고 조사, 안전 점검, 현장 분석, 작업자의 제안 및 여론 조사, 관찰 및 보고서 연구 등을 통하여 사실을 발견한다.
3. 원인 분석 : 재해의 발생 장소, 재해 형태, 재해 정도, 관련 인원, 직원 감독의 적절성, 공구 및 장비의 상태 등을 정확히 분석한다.
4. 시정책 선정 : 원인 분석을 토대로 적절한 시정책, 즉 기술적 개선, 인사 조정 및 교체, 교육, 설득, 공학적 조치 등을 선정한다.
5. 시정책 적용 및 뒤처리 : 안전에 대한 교육 및 훈련 실시, 안전 시설과 장비의 결함 개선, 안전 감독 실시 등의 선정된 시정책을 적용한다.

68

제시된 사례는 불안전한 상태가 원인으로, 이에 대한 예방 대책을 세워야 한다. 근로자 상호 간에 불안전한 행동을 지적하여 안전에 대한 이해를 증진시키는 것은 불안전한 행동 방지 방법이며, 해당 사례의 재해를 예방하기 위한 대책으로 적절하지 않다.

69

기술 혁신 과정의 핵심적인 역할
아이디어 창안, 챔피언, 프로젝트 관리, 정보 수문장, 후원

70

'피재해자는 전기 관련 자격이 없었으며, 복장은 일반 안전화, 면장갑, 패딩점퍼를 착용한 상태였다.'라는 문장에서 불안전한 행동·상태, 작업 관리상 원인, 작업 준비 불충분이란 것을 확인할 수 있다. 그러나 기술적 원인은 제시문에서 찾을 수 없다.

오답분석

① 불안전한 행동 : 위험 장소 접근, 안전장치 기능 제거, 보호 장비의 미착용 및 잘못 사용, 운전 중인 기계의 속도 조작, 기계·기구의 잘못된 사용, 위험물 취급 부주의, 불안전한 상태 방치, 불안전한 자세와 동작, 감독 및 연락 잘못 등
② 불안전한 상태 : 시설물 자체 결함, 전기 시설물의 누전, 구조물의 불안정, 소방기구의 미확보, 안전 보호 장치 결함, 복장·보호구의 결함, 시설물의 배치 및 장소 불량, 작업 환경 결함, 생산 공정의 결함, 경계 표시 설비의 결함 등
③ 작업 관리상 원인 : 안전 관리 조직의 결함, 안전 수칙 미제정, 작업 준비 불충분, 인원 배치 및 작업 지시 부적당 등
⑤ 작업 준비 불충분 : 작업 관리상 원인의 하나이며, 피재해자는 경첩의 높이가 높음에도 불구하고 작업 준비에 필요한 자재를 준비하지 않은 채 불안전한 자세로 일을 시작함

3일 차 기출응용 모의고사 정답 및 해설

| 01 | 의사소통능력(공통)

01	02	03	04	05	06	07	08	09	10
③	②	②	④	①	②	④	①	③	①

01
정답 ③

제시문의 내용은 크게 두 부분으로 나눌 수 있다. 처음부터 두 번째 문단까지는 맥주의 주원료에 대해서, 그 이후부터 글의 마지막 부분까지는 맥주의 제조공정 중 발효에 대해 설명하며 이에 따른 맥주의 종류에 대해 설명하고 있다. 따라서 제목으로는 ③이 가장 적절하다.

02
정답 ②

제시문에서는 수요 탄력성이 완전 비탄력적인 상품은 가격이 하락하면 지출액이 감소하며, 수요 탄력성이 완전 탄력적인 상품은 가격이 하락하면 지출액이 늘어난다고 설명하고 있다. 그러므로 소비자의 지출액을 줄이려면 수요 탄력성이 낮은 생필품의 가격은 낮추고, 수요 탄력성이 높은 사치품은 가격을 높여야 한다고 추론할 수 있다.

03
정답 ②

먼저 상품 생산자와 상품의 관계를 제시하는 (가)가 오는 것이 자연스럽다. 이어서 '자립적인 삶'의 부연 설명을 하는 (다)가 와야 하고, 이에 내용을 더하여 시장 법칙의 지배 아래에서 사람과 사람과의 관계를 설명하는 (라)가 이어져야 하며, 마지막으로 인간의 소외의 내용으로 결론을 설명하는 (나)가 와야 한다. 따라서 (가) – (다) – (라) – (나) 순서로 나열해야 한다.

04
정답 ④

경청의 5단계
㉠ 무시(0%)
㉡ 듣는 척하기(30%)
㉢ 선택적 듣기(50%)
㉣ 적극적 듣기(70%)
㉤ 공감적 듣기(100%)

05
정답 ①

• 떠올리다 : 기억을 되살려 내거나 잘 구상되지 않던 생각을 나게 하다.
• 회상하다 : 지난 일을 돌이켜 생각하다.

[오답분석]
② 연상하다 : 하나의 관념이 다른 관념을 불러일으키다.
③ 상상하다 : 실제로 경험하지 않은 현상이나 사물에 대하여 마음속으로 그려 보다.
④ 남고하다 : 고적(古跡)을 찾아보고 당시의 일을 회상하다.
⑤ 예상하다 : 어떤 일을 직접 당하기 전에 미리 생각하여 두다.

06
정답 ②

②의 '고치다'는 '고장이 나거나 못 쓰게 된 물건을 손질하여 제대로 되게 하다.'라는 의미이다. 나머지 ①·③·④·⑤는 '잘못되거나 틀린 것을 바로 잡다.'라는 의미이다.

07
정답 ④

슈퍼문일 때는 지구와 달의 거리가 35만 7,000km 정도로 가까워지며, 이때 지구에서 보름달을 바라보는 시각도는 0.56도로 커지므로 0.49의 시각도보다 크다는 판단은 적절하다.

[오답분석]
① 케플러의 행성운동 제1법칙에 따라 태양계의 모든 행성은 태양을 중심으로 타원 궤도로 돈다. 따라서 지구도 태양을 타원 궤도로 돌기 때문에 지구에서 태양까지의 거리는 항상 일정하지 않다.
② 달이 지구에 가까워지면 달의 중력이 더 강하게 작용하여, 달을 향한 쪽의 해수면이 평상시보다 더 높아진다. 즉, 지구와 달의 거리에 따라 해수면의 높이가 달라지므로 서로 관계가 있다.
③ 달이 지구에 가까워지면 평소 달이 지구를 당기는 힘보다 더 강하게 지구를 당긴다. 따라서 이와 반대로 달이 지구에서 멀어지면 지구를 당기는 달의 힘은 약해진다.
⑤ 달의 중력 때문에 높아진 해수면이 지구의 자전을 방해하게 되고, 이 때문에 지구의 자전 속도가 느려져 100만 년에 17초 정도씩 길어진다고 하였으므로 지구의 자전 속도는 점점 느려지고 있다.

08

제시문은 청나라에 맞서 싸우자는 척화론이다. ①은 척화론과 동일한 주장을 하고 있으므로 비판으로 적절하지 않다.

09

정답 ③

제시문은 책을 사거나 빌리는 것만으로는 책을 진정으로 소유할 수 없다고 하며, 책을 진정으로 소유하기 위한 독서의 방법과 책을 고르는 기준을 제시하고 있다. 따라서 글의 주제로 가장 적절한 것은 ③이다.

오답분석

① · ② 글의 전체 내용을 포괄하지 못하므로 글의 주제로 적절하지 않다.
④ · ⑤ 글의 논점에서 벗어난 내용이므로 글의 주제로 적절하지 않다.

10

정답 ①

두 번째 문단에서 '핵력의 강도가 겨우 0.5% 다르거나 전기력의 강도가 4% 다를 경우에도 탄소나 산소는 우주에서 합성되지 않는다. 따라서 생명 탄생의 가능성도 사라진다.'라고 했으므로 탄소가 없어도 생명은 자연적으로 진화할 수 있다는 ①은 글에서 추론할 수 없다.

| 02 | 수리능력(공통)

11	12	13	14	15	16	17	18	19	20
④	①	②	①	③	④	④	③	②	⑤

11

정답 ④

오답분석

① $3,400 \times 0.75 = 2,550$명이므로 B국 이민자 수는 A국 이민자 수의 75% 이상이다.

② $3,800 - 2,800 = 1,000$명이고 $\frac{1,000}{3,800} \times 100 ≒ 26.3\%$이므로 B국 이민자 수는 A국 이민자 수의 33% 미만이다.

③ 2024년 12월 두 국가의 이민자 수 평균은 $\frac{4,000 + 2,800}{2} = 3,400$명이므로 A국 이민자 수는 평균보다 600명 더 많다.

⑤ 월별 두 국가의 이민자 수의 차이는 다음과 같다.
  • 2024년 10월 : $3,400 - 2,600 = 800$명
  • 2024년 11월 : $3,800 - 2,800 = 1,000$명
  • 2024년 12월 : $4,000 - 2,800 = 1,200$명
  따라서 이민자 수 차이는 2024년 12월이 가장 크다.

12

정답 ①

9개의 숫자에서 4개의 숫자를 뽑아 나열할 수 있는 방법은 $_9P_4 = 9 \times 8 \times 7 \times 6 = 3,024$가지이다. 여기서 5와 6을 제외하고, 1과 8이 포함된 4자리 숫자를 만들 수 있는 방법은 9개의 숫자에서 제외할 숫자와 포함될 숫자를 빼고, 남은 숫자 중에서 2개의 숫자를 뽑아 1과 8을 포함한 4개 숫자를 나열하는 것이다.

$$_5C_2 \times 4! = \frac{5 \times 4}{2} \times 4 \times 3 \times 2 \times 1 = 240$$가지

따라서 한별이가 5와 6을 제외하고 1과 8을 포함하여 비밀번호를 만들 확률은 $\frac{240}{3,024} = \frac{5}{63}$이다.

13

정답 ②

오답분석

① 1993년 이후 안정성지수는 증가했다.
③ 안정성지수와 양적성장지수는 구조개혁 전반기의 증감폭이 더 크다.
④ 구조개혁 전반기 양적성장지수의 직전기간 대비 증감폭이 더 크다.
⑤ 질적성장지수는 1.3에서 0.8 정도로 감소했기 때문에 50%에 미치지 못한다.

14
정답 ①

퍼낸 소금물의 양을 x g이라고 하면 다음과 같은 식이 성립한다.

$\left(\dfrac{6}{100}\times 700\right) - \dfrac{6}{100}x + \dfrac{13}{100}x = \dfrac{9}{100}\times 700$

→ $4,200 - 6x + 13x = 6,300$

→ $7x = 2,100$

∴ $x = 300$

따라서 퍼낸 소금물의 양은 300g이다.

15
정답 ③

원의 둘레는 $2\times\pi\times r$이고, 각 롤러가 칠할 수 있는 면적은 (원의 둘레)×(너비)이다. A롤러의 반지름(r)은 5cm, B롤러의 반지름(r)은 1.5cm이므로 A롤러가 1회전 할 때 칠할 수 있는 면적은 $2\times\pi\times 5\times$(너비), B롤러가 1회전 할 때 칠할 수 있는 면적은 $2\times\pi\times 1.5\times$(너비)이다. π와 롤러의 너비는 같으므로 소거하면, A롤러는 10, B롤러는 3만큼의 면적을 칠한다. 즉, 처음으로 같은 면적을 칠하기 위해 A롤러는 3바퀴, B롤러는 10바퀴를 회전해야 한다. 따라서 A롤러와 B롤러가 회전한 수의 합은 10+3=13바퀴이다.

16
정답 ④

B를 거치는 A와 C의 최단 경로는 A와 B 사이의 경로와 B와 C 사이의 경로를 나눠서 구할 수 있다.

- A와 B의 최단 경로의 경우의 수 : $\dfrac{5!}{3!\times 2!}=10$가지
- B와 C의 최단 경로의 경우의 수 : $\dfrac{3!}{1!\times 2!}=3$가지

따라서 B를 거치는 A와 C의 최단 경로의 경우의 수는 $3\times 10=30$가지이다.

17
정답 ④

2023년 대비 2024년 월 평균 소득 증가율은 $\dfrac{788,000-765,000}{765,000}\times 100 ≒ 3.0\%$p이며, 평균 시급 증가율은 $\dfrac{8,590-8,350}{8,350}\times 100 ≒ 2.9\%$p로 월 평균 소득 증가율이 더 높다.

오답분석

① 2021 ~ 2024년 동안 전년 대비 주간 평균 근로시간은 2022년까지 증가하다가 2023년부터 감소하며, 월 평균 소득의 경우 지속적으로 증가한다.

② 전년 대비 2022년 평균 시급 증가액은 7,530-6,470=1,060원이며, 전년 대비 2023년 증가액은 8,350-7,530=820원이다. 따라서 전년 대비 2022년 평균 시급 증가액은 전년 대비 2023년 증가액의 $\dfrac{1,060}{820}≒ 1.3$배이므로 3배 미만이다.

③ 2022년에 전년 대비 평균 시급은 높아졌고, 주간 평균 근로시간도 길어졌다.

⑤ 주간 평균 근로시간에 대한 월 평균 소득의 비율이 가장 높은 연도는 2024년이다.

18
정답 ③

2019 ~ 2024년의 공정자산총액과 부채총액의 차를 순서대로 나열하면 952, 1,067, 1,383, 1,127, 1,864, 1,908억 원이다. 따라서 공정자산총액과 부채총액의 차가 가장 큰 해는 2024년이다.

오답분석

① 2022년에는 자본총액이 전년 대비 감소했다.

② 직전 해에 비해 당기순이익이 가장 많이 증가한 해는 2023년이다.

④ 각 지표 중 총액 규모가 가장 큰 것은 공정자산총액이다.

⑤ 2019년과 2020년을 비교하면, 분모증가율은 $\dfrac{1,067-952}{952}=\dfrac{115}{952}≒\dfrac{1}{8}$이고, 분자증가율은 $\dfrac{481-464}{464}=\dfrac{17}{464}≒\dfrac{1}{27}$이다. 따라서 2020년에는 비중이 감소했다.

19
정답 ②

㉠ 남성 박사학위 취득자 중 50세 이상이 차지하는 비율은 $\dfrac{1,119}{5,730}\times 100 ≒ 19.5\%$이고, 여성 박사학위 취득자 중 50세 이상이 차지하는 비율은 $\dfrac{466}{2,966}\times 100 ≒ 15.7\%$이다. 따라서 남성 박사학위 취득자 중 50세 이상이 차지하는 비율이 더 높다.

㉢ 남성과 여성의 연령대별 박사학위 취득자 수가 많은 순위는 30세 이상 35세 미만>35세 이상 40세 미만>50세 이상>40세 이상 45세 미만>45세 이상 50세 미만>30세 미만 순서로 동일하다.

오답분석

㉡ 공학계열 박사학위 취득자 중 남성의 비율은 $\dfrac{2,441}{2,441+332}\times 100 ≒ 88.0\%$, 사회계열 박사학위 취득자 중 남성의 비율은 $\dfrac{1,024}{1,024+649}\times 100 ≒ 61.2\%$, 자연계열 박사학위 취득자 중 남성의 비율은 $\dfrac{891}{891+513}\times 100 ≒ 63.5\%$이므로 남성의 비율이 높은 순위는 공학계열>자연계열>사회계열 순서이다.

㉣ 연령별 남녀 박사학위 취득자 수의 차이를 구해보면, 30세 미만은 196-141=55명, 30세 이상 35세 미만은 1,811-825=986명, 35세 이상 40세 미만은 1,244-652=592명, 40세 이상 45세 미만은 783-465=318명, 45세 이상 50세 미만은 577-417=160명, 50세 이상은 1,119-466=653명이다. 따라서 연령대가 올라갈수록 남녀 박사학위 취득자 수의 차이가 점점 커지고 있다는 설명은 옳지 않다.

20

업그레이드 전 성능지수가 100인 기계의 수는 15대이고, 성능지수 향상 폭이 35인 기계의 수도 15대이므로 동일하다.

[오답분석]

① 업그레이드한 기계 100대의 성능지수 향상 폭의 평균을 구하면

$$\frac{60 \times 14 + 5 \times 20 + 5 \times 21 + 15 \times 35}{100} = 15.7$$로 20 미만이다.

② 성능지수 향상 폭이 35인 기기는 15대인데, 성능지수는 65, 79, 85, 100 네 가지가 있고 이 중 가장 최대는 100이다. 서비스 성능이 35만큼 향상할 수 있는 경우는 성능지수가 65였을 때이다. 따라서 35만큼 향상된 기계의 수가 15대라고 했으므로 $\frac{15}{80} \times 100 = 18.75\%$가 100으로 향상되었다.

③ 성능지수 향상 폭이 21인 기계는 5대로, 업그레이드 전 79인 기계 5대가 모두 100으로 향상되었다.

④ 향상되지 않은 기계는 향상 폭이 0인 15대이고, 이는 업그레이드 전 성능지수가 100인 기계 15대를 뜻하며, 그 외 기계는 모두 성능지수가 향상되었다.

| 03 | 문제해결능력(공통)

21	22	23	24	25	26	27	28	29	30
⑤	③	②	④	②	⑤	③	②	③	④

21

주어진 조건을 정리하면 다음과 같다.

구분	A	B	C	D	E
가	O	O	X		
나			O	O	
다	O	O			X
라	X	O		X	
마	O	X		O	X

나는 병이 치료되지 않았기 때문에 C와 D는 성공한 신약이 아니다.

• A가 신약인 경우

구분	A (신약)	B	C	D	E
가	O	O	X		
나	X		O	O	X
다	O	O			X
라	X	O		X	
마	O	X		O	X

세 명이 치료되므로 신약이 될 수 없다.

• B가 신약인 경우

구분	A	B (신약)	C	D	E
가	O	O	X		
나		X	O	O	X
다	O	O			X
라	X	O		X	
마	O	X		O	X

세 명이 치료되므로 신약이 될 수 없다.

• E가 신약인 경우

구분	A	B	C	D	E (신약)
가	O	O	X		
나			O	O	X
다	O	O			X
라	X	O		X	
마	O	X		O	X

가와 라 두 명이 치료될 수 있으므로 성공한 신약이 될 수 있다. 따라서 개발에 성공한 신약은 E이다.

22

정답 ③

주어진 조건을 정리해 보면 다음과 같다.

구분	가	나	다	라
경우 1	호밀식빵	우유식빵	밤식빵	옥수수식빵
경우 2	호밀식빵	밤식빵	우유식빵	옥수수식빵

따라서 항상 참인 것은 ③이다.

오답분석
①·②·④·⑤ 주어진 조건만으로는 판단하기 어렵다.

23

정답 ②

(가) 강제연상법 : 각종 힌트에서 강제적으로 연결 지어서 발상하는 방법이다.
(나) 자유연상법 : 어떤 생각에서 다른 생각을 떠올리는 작용을 통해 어떤 주제에서 생각나는 것을 열거해 나가는 방법이다.
(다) 비교발상법 : 주제가 본질적으로 닮은 것을 힌트로 하여 새로운 아이디어를 얻는 방법이다.

24

정답 ④

브레인스토밍은 어떤 문제의 해결책을 찾기 위해 여러 사람이 자유롭게 아이디어를 제시하도록 요구하는 방법으로, 가능한 한 많은 양의 아이디어를 모아 그 속에서 해결책을 찾는 방법이다. 따라서 제시된 아이디어에 대해 비판해서는 안 되며, 다양한 아이디어를 결합하여 최적의 방안을 찾아야 한다.

25

정답 ②

경쟁자의 시장 철수로 인한 시장으로의 진입 가능성은 K공사가 가지고 있는 내부환경의 약점이 아닌 외부환경에서 비롯되는 기회에 해당한다.

26

정답 ⑤

가장 높은 등급을 1등급, 가장 낮은 등급을 5등급이라 하면, 네 번째 조건에 의해 A는 3등급을 받는다. 또한 첫 번째 조건에 의해, E는 4등급 또는 5등급이다. 이때, 두 번째 조건에 의해 C가 5등급을 받고 E가 4등급을 받으며, 세 번째 조건에 의해 B는 1등급을 받고 D는 2등급을 받는다. 측정 결과를 표로 정리하면 다음과 같다.

등급	1등급	2등급	3등급	4등급	5등급
환자	B	D	A	E	C

따라서 발송 대상자는 C와 E이다.

27

정답 ③

A사원은 자사의 수익과 성과가 적은 이유를 단순히 영업에서의 문제로 판단하고, 타사에 근무하는 친구의 경험만을 바탕으로 이에 대한 해결 방안을 제시하였다. 따라서 문제를 각각의 요소로 나누어 판단하는 분석적 사고가 부족한 사례로 볼 수 있다. A사원은 먼저 문제를 각각의 요소로 나누고, 그 요소의 의미를 도출한 후 우선순위를 부여하여 구체적인 문제해결방법을 실행해야 한다.

28

정답 ②

다음의 논리 순서를 따라 주어진 조건을 정리하면 쉽게 접근할 수 있다.
• 세 번째 조건 : 한국은 월요일에 대전에서 연습을 한다.
• 다섯 번째 조건 : 미국은 월요일과 화요일에 수원에서 연습을 한다.
• 여섯 번째 조건 : 미국은 목요일에 인천에서 연습을 한다.
• 일곱 번째 조건 : 금요일에 중국과 미국은 각각 서울과 대전에서 연습을 한다.
• 마지막 조건 : 한국은 월요일에 대전에서 연습하므로, 화요일과 수요일에 이틀 연속으로 인천에서 연습을 한다.
이때, 미국은 자연스럽게 수요일에 서울에서 연습함을 유추할 수 있고, 한국은 금요일에 인천에서 연습을 할 수 없으므로, 목요일에는 서울에서, 금요일에는 수원에서 연습한다. 그리고 만약 중국이 수요일과 목요일에 이틀 연속으로 수원에서 연습을 하게 되면 일본은 수원에서 연습을 못하게 되므로, 중국은 월요일과 목요일에 각각 인천과 수원에서 연습하고, 화요일과 수요일에 대전에서 이틀 연속으로 연습해야 한다. 나머지는 일본이 모두 연습하면 된다. 이 사실을 종합하여 주어진 조건을 표로 정리하면 다음과 같다.

구분	월요일	화요일	수요일	목요일	금요일
서울	일본	일본	미국	한국	중국
수원	미국	미국	일본	중국	한국
인천	중국	한국	한국	미국	일본
대전	한국	중국	중국	일본	미국

따라서 수요일에 대전에서는 중국이 연습을 한다.

오답분석
①·③·④·⑤ 조건을 정리한 표를 통해 확인할 수 있다.

29

정답 ③

B안의 가중치는 전문성인데 자원봉사제도는 (−)이므로 적절하지 않은 판단이다.

오답분석
① 전문성 면에서는 유급법률구조제도가 (+), 자원봉사제도가 (−)이므로 옳은 설명이다.
② A안에 가중치를 적용할 경우 접근용이성과 전문성에 가중치를 적용하므로 두 정책목표 모두에서 (+)를 보이는 유급법률구조제도가 가장 적절하다.

④ B안에 가중치를 적용할 경우 전문성에 가중치를 적용하므로 (+)를 보이는 유급법률구조제도가 가장 적절하며, A안에 가중치를 적용할 경우 ②에 의해 유급법률구조제도가 가장 적절하다. 따라서 어떤 것을 적용하더라도 결과는 같다.
⑤ 비용저렴성을 달성하려면 (+)를 보이는 자원봉사제도가 가장 유리하다.

30
정답 ④

지역가입자 A ~ E의 생활수준 및 경제활동 점수표를 정리하면 다음과 같다.

구분	성별	연령	연령점수	재산정도	재산정도점수	연간자동차세액	연간자동차세액점수
A	남성	32세	6.6점	2,500만 원	7.2점	12.5만 원	9.1점
B	여성	56세	4.3점	5,700만 원	9점	35만 원	12.2점
C	남성	55세	5.7점	20,000만 원	12.7점	43만 원	15.2점
D	여성	23세	5.2점	1,400만 원	5.4점	6만 원	3점
E	남성	47세	6.6점	13,000만 원	10.9점	37만 원	12.2점

이에 따른 지역보험료를 계산하면 다음과 같다.
• A씨 : $(6.6+7.2+9.1+200+100)\times183 ≒ 59,090$원
• B씨 : $(4.3+9+12.2+200+100)\times183 ≒ 59,560$원
• C씨 : $(5.7+12.7+15.2+200+100)\times183 ≒ 61,040$원
• D씨 : $(5.2+5.4+3+200+100)\times183 ≒ 57,380$원
• E씨 : $(6.6+10.9+12.2+200+100)\times183 ≒ 60,330$원
따라서 보험료를 바르게 계산한 것은 ④이다.

| 04 | 자원관리능력
(법정 · 상경 / 발전설비운영)

31	32	33	34	35	36	37	38	39	40
④	④	②	④	②	②	④	③	⑤	③

31
정답 ④

1인당 지급하는 국문 명함은 150장이므로 1인 기준 국문 명함 제작비용은 $10,000(100장)+3,000(추가 50장)=13,000$원이다.
신입사원의 수를 x명이라고 하면
$13,000x=195,000$
∴ $x=15$
따라서 신입사원은 총 15명이다.

32
정답 ④

1인당 지급하는 영문 명함은 200장이므로 1인당 제작비용(일반종이 기준)은 $15,000(100장)+10,000(추가 100장)=25,000$원이다. 이때 고급종이로 영문 명함을 제작하므로 해외영업부 사원들의 1인당 제작비용은 $25,000\times\left(1+\dfrac{1}{10}\right)=27,500$원이다.

따라서 8명의 영문 명함 제작비용은 $27,500\times8=220,000$원이다.

33
정답 ②

A씨와 B씨의 일정에 따라 요금을 계산하면 다음과 같다.
• A씨
  - 이용요금 : $1,310\times6\times3=23,580$원
  - 주행요금 : $92\times170=15,640$원
  - 반납지연에 따른 페널티 금액 : $(1,310\times9)\times2=23,580$원
∴ $23,580+15,640+23,580=62,800$원

• B씨
  - 이용요금
    목요일 : 39,020원
    금요일 : $880\times6\times8=42,240$원
    → 81,260원
  - 주행요금 : $243\times170=41,310$원
∴ $81,260+41,310=122,570$원

34
정답 ④

A와 B사원은 6급이므로 국내여비 정액표에 따라 다군에 속한다.
• 교통비 왕복 총액(2인) : 105,200원
• 일비 : $2\times20,000\times3=120,000$원
• 식비 : $2\times20,000\times3=120,000$원

• 숙박비
　– 첫째 날 : 2명 이상이 공동 숙박하고, 기준금액(남원시, 5만 원)을 넘었으므로 50,000원이다.
　– 둘째 날 : 2명 이상이 공동 숙박하고, 기준금액(5만 원) 이하로 지출했으므로, '4－나'를 적용하면
$$\left(2-\frac{40,000}{50,000}\right)\times20,000\times2=48,000$$원이다.
따라서 출장여비 총액은 105,200＋120,000＋120,000＋50,000＋48,000＝443,200원이다.

35　 ②

• 항공편 예약
　김과장은 시간이 적게 걸리는 항공편을 효율적이라고 본다. 따라서 프놈펜과 서울의 시차 2시간을 적용하여 시간이 적게 걸리는 항공편을 순서대로 나열하면 '503(5시간 10분) － 300(7시간 30분) － 150(10시간 35분) － 701(12시간 10분) － 103(18시간) － 402(21시간 25분)'이다.
　그러나 주어진 조건에 따라 김과장은 4월 16일 자정 이전에 입국해야 한다. 따라서 503 항공편은 5시간 10분이 걸리지만 4월 17일 오전 7시 5분에 도착하므로 적합하지 않다. 따라서 503 항공편 다음으로 시간이 적게 소요되고 4월 16일 16시 25분에 도착하는 300 항공편을 예약하면 된다.
• 비용(취소 수수료 포함)
　– 김과장이 다시 예약할 300 항공편 : 582,900원
　– 취소 수수료(출발 30일 ~ 21일 전 가격) : 18,000원
　따라서 총비용은 582,900＋18,000＝600,900원이다.

36　 ②

8월 10일에 B부서의 과장이 연차이지만 마지막 조건에 따라 B부서와 C부서의 과장은 워크숍에 참여하지 않는다. 따라서 워크숍 기간으로 적절한 기간은 8월 9 ~ 10일이다.

오답분석
① 부사장의 외부 일정으로 불가능하다.
③ 일요일(8월 15일)은 워크숍 일정에 들어갈 수 없다.
④ 8월 19일은 회식 전날이므로 불가능하다.
⑤ 8월 31일은 부사장 외부 일정이 있으므로 불가능하다.

37　 ④

채울 수 있는 빈칸을 먼저 계산한다.
• B품목 금액 : 1,000×6＝6,000원
• D품목 금액 : 4,000×2＝8,000원
• E품목 금액 : 500×8＝4,000원
• 소계 : 3,500÷0.1＝35,000원
즉, C품목의 금액은 35,000－(5,000＋6,000＋8,000＋4,000)＝12,000원이다.
따라서 C품목의 수량은 12,000÷1,500＝8개이다.

38　 ③

상 종류별로 수상인원을 고려하여, 상패와 물품의 총수량과 비용을 계산하면 다음과 같다.

상패 혹은 물품	총수량 (개)	개당 비용(원)	총비용(원)
금 도금 상패	7	49,500원 (10% 할인!)	7×49,500＝346,500
은 도금 상패	5	42,000	42,000×4(1개 무료) ＝168,000
동 상패	2	35,000	35,000×2＝70,000
식기 세트	5	450,000	5×450,000 ＝2,250,000
신형 노트북	1	1,500,000	1×1,500,000 ＝1,500,000
태블릿PC	6	600,000	6×600,000 ＝3,600,000
안마의자	4	1,700,000	4×1,700,000 ＝6,800,000
만년필	8	100,000	8×100,000＝800,000
합계	－	－	15,534,500

따라서 상품 구입비용은 총 15,534,500원이다.

39　 ⑤

같은 조가 될 수 있는 20대는 김기안, 방성훈, 김충재, 안화사이다. 김충재와 안화사는 같은 총무팀이므로 같은 조가 될 수 없고, 김기안과 방성훈 중 나이 차가 5세 이하인 김기안과 같은 조가 되므로, 방성훈과 김충재가 같은 조가 된다.
30대는 전현무, 이시언, 한혜진, 박나래, 정려원, 김사랑이다. 20대조에서 남녀 조가 나왔기 때문에 나머지는 모두 동성 조가 되어야 하므로 전현무와 이시언이 같은 조가 되고, 나머지(정려원, 한혜진, 박나래, 김사랑)끼리 조를 구성해야 한다. 이때, 박나래와 김사랑은 나이가 7세 차이로 같은 조가 될 수 없다. 즉, 가능한 조 편성은 다음과 같다.
• 경우 1

김기안, 안화사	방성훈, 김충재	전현무, 이시언	한혜진, 김사랑	박나래, 정려원

• 경우 2

김기안, 안화사	방성훈, 김충재	전현무, 이시언	한혜진, 박나래	정려원, 김사랑

따라서 ⑤가 정답이다.

40

정답 ③

나이가 많은 순서대로 나열하면 '전현무>김사랑>이시언>한혜진>정려원>박나래>방성훈>김기안>김충재>안화사'이다. 따라서 맨 앞과 맨 뒤에서 차례대로 짝을 지어 조를 만들면 전현무(39) - 안화사(23), 김사랑(37) - 김충재(24), 이시언(36) - 김기안(27), 한혜진(35) - 방성훈(29), 정려원(32) - 박나래(30) 가 된다.

| 05 | 정보능력(법정 · 상경 / 전산)

41	42	43	44	45	46	47	48	49	50
③	③	④	②	④	④	①	①	③	④

41

정답 ③

정보를 관리하지 않고 그저 머릿속에만 기억해 두는 것은 정보관리에 허술한 사례이다.

오답분석

①·④ 정보검색의 바람직한 사례이다.
② 정보전파의 바람직한 사례이다.
⑤ 정보관리의 바람직한 사례이다.

42

정답 ③

'1인 가구의 인기 음식(ⓒ)'과 '5세 미만 아동들의 선호 색상(ⓑ)'은 각각 음식과 색상에 대한 자료를 가구, 연령으로 특징지음으로써 자료를 특정한 목적으로 가공한 정보(Information)로 볼 수 있다.

오답분석

㉠·㉣·㉤ 특정한 목적이 없는 자료(Data)의 사례이다.
ⓒ 특정한 목적을 달성하기 위한 지식(Knowledge)의 사례이다.

43

정답 ④

보기의 자료는 '운동'을 주제로 나열되어 있는 자료임을 알 수 있다.
④는 운동이 아닌 '식이요법'을 목적으로 하는 지식의 사례이다.

44

정답 ②

SEQUENCE 함수는 규칙을 가진 배열을 형성하는 함수이며 「=SEQUENCE(ROWS, COLUMNS, START, STEP)」 형식으로 쓴다. 여기서 ROWS는 행의 수, COLUMN은 열의 수, START는 시작하는 수, STEP은 늘어나는 규칙이며 COLUMNS, START, STEP은 생략 시 기본값 1로 배열을 만든다.
제시된 표에서는 행이 10,000개이고 열이 1, 0부터 시작하여 1씩 늘어나는 배열을 만들어야 하므로 SEQUENCE 함수를 이용하여 「=SEQUENCE(10000,1,0,1)」를 입력해야 한다.

45

정답 ④

[C2] 셀의 관리번호의 3번째 문자부터 2개를 반환해야 하므로 MID 함수를 사용해야 한다. 구문은 「=MID(추출할 문자열,시작위치,추출할 문자수)」이므로 「=MID(C2,3,2)」를 입력해야 한다.

46

정답 ④

바로가기 아이콘을 삭제해도 연결된 실제 파일은 삭제되지 않는다.

47

정답 ①

쿠키는 특정 웹사이트에서 사용자 컴퓨터의 정보 수집을 위해 심어 놓는 것으로, 해당 업체의 마케팅에 도움이 되기는 하지만 개인정보의 침해 소지가 있다. 따라서 주기적으로 삭제하는 것이 개인정보가 유출되지 않도록 하는 방법이다.

48

정답 ①

LEN 함수는 문자열의 문자 수를 구하는 함수이므로 숫자를 반환한다. 「=LEN(A2)」는 '서귀포시'로 문자 수가 4이며 여기서 −1을 하면 [A2] 열의 3번째 문자까지를 지정하는 것이므로 [C2] 셀과 같이 나온다. 텍스트 문자열의 시작지점부터 지정한 수만큼의 문자를 반환하는 LEFT 함수를 사용하여 「=LEFT(A2,LEN(A2)−1)」를 입력해야 한다.

49

정답 ③

⊙ 영어점수가 평균을 초과하는 것을 뽑을 때는 AVERAGE 함수의 범위에 반드시 절대참조가 들어가야 한다.
ⓒ 성명의 두 번째 문자가 '영'인 데이터를 추출해야 하므로 입력할 내용은 '=?영*'이다.

50

정답 ④

%는 나머지를 나타내는 연산자이므로 위 프로그램의 실행 결과는 1 2 0 1 2 0이다. 따라서 결괏값의 합은 1+2+0+1+2+0=6이다.

| 06 | 조직이해능력(전산)

51	52	53	54	55	56	57	58	59	60
①	②	④	①	②	⑤	②	①	③	②

51

정답 ①

일반적으로 코칭은 문제 및 진척 상황을 직원들과 함께 자세하게 살피고 지원을 아끼지 않으며, 지도 및 격려를 하는 활동을 의미한다. 직원들을 코칭하는 리더는 직원 자신이 권한과 목적의식을 가지고 있는 중요한 사람이라는 사실을 느낄 수 있도록 이끌어 주어야 한다. 또한, 직원들이 자신만의 장점과 성공 전략을 활용할 수 있도록 적극적으로 도와야 한다.

오답분석
② 티칭 : 학습자에게 지식이나 기술을 전달하고, 제능력(諸能力)이나 가치관을 형성시키는 교육활동이다.
③ 멘토링 : 경험과 지식이 풍부한 사람이 지도와 조언을 하여 받는 사람의 실력과 잠재력을 개발하는 것이다.
④ 컨설팅 : 어떤 분야에 전문적인 지식을 가진 사람이 고객을 상대로 상세하게 상담하고 도와주는 것이다.
⑤ 카운슬링 : 심리적인 문제나 고민이 있는 사람에게 실시하는 상담 활동으로 상담원이 전문적인 입장에서 조언·지도를 하거나 공감적인 이해를 보여 심리적 상호 교류를 함으로써 상담자의 문제를 해결하거나 심리적 성장을 돕는 것이다.

52

정답 ②

업무 순서를 나열하면 '회사 홈페이지, 관리자 페이지 및 업무용 메일 확인 – 외주업체로부터 브로슈어 샘플 디자인 받기 – 회의실 예약 후 마이크 및 프로젝터 체크 – 팀 회의 참석 – 외근 지출결의서 총무부 제출'이다. 따라서 출근 후 두 번째로 해야 할 일은 '외주업체로부터 판촉 행사 브로슈어 샘플 디자인 받기'이다.

53

정답 ④

⊙ : Q1, Q8
ⓒ : Q5, Q6, Q7, Q9

54

정답 ①

B대리는 남은 수강일과 동영상 강의 및 도서 환불에 대해 문의하고 있으므로, Q1, Q6, Q8을 통해 궁금증을 해결할 수 있다.

55

정답 ②

구성원들이 보유하고 있는 능력, 스킬, 욕구, 태도 등은 구성원(Staff)에 해당된다. 조직 구조(Structure)는 전략을 실행해 가기 위한 틀로서 조직도라 할 수 있으며, 구성원들의 역할과 구성원 간 상호관계를 지배하는 공식 요소들(예) 권한, 책임)을 포함한다. 제도·절차(System)와 함께 구성원들의 행동을 특정 방향으로 유도하는 역할을 한다.

> **맥킨지 7S 모델(McKinsey 7S Model)**
> • 공유가치(Shared Value) : 모든 조직 구성원들이 공유하는 기업의 핵심 이념이나 가치관, 목적 등을 말한다.
> • 전략(Strategy) : 조직의 장기적 계획 및 목표를 달성하기 위한 수단이나 방법을 말한다.
> • 제도·절차(System) : 조직의 관리체계나 운영절차, 제도 등을 말한다.
> • 조직 구조(Structure) : 전략을 실행해 가기 위한 틀로서 조직도라 할 수 있다.
> • 리더십 스타일(Style) : 조직을 이끌어나가는 관리자의 경영방식이나 리더십 스타일을 말한다.
> • 관리기술(Skill) : 전략을 실행하는 데 필요한 구체적 요소를 말한다.
> • 구성원(Staff) : 조직 내 인력 구성을 말한다. 구성원들의 단순한 인력 구성 현황을 의미하기보다는 구성원들이 보유하고 있는 능력, 스킬, 욕구, 태도 등을 포함한다.

56

정답 ⑤

조직의 구조는 조직 내의 부문 사이에 형성된 관계로 조직목표를 달성하기 위한 조직 구성원들의 상호작용을 보여 준다. 조직구조는 의사결정권의 집중정도, 명령계통, 최고경영자의 통제, 규칙과 규제의 정도에 따라 달라지며, 구성원들의 업무나 권한이 분명하게 정의된 기계적 조직과 의사결정권이 하부구성원들에게 많이 위임되고 업무가 고정적이지 않은 유기적 조직으로 구분할 수 있다.

57

정답 ②

경영활동을 구성하는 요소는 경영목적, 인적자원, 자금, 경영전략이다. (나)의 경우와 같이 봉사활동을 수행하는 일은 목적과 인력, 자금 등이 필요한 일이지만, 정해진 목표를 달성하기 위한 조직의 관리, 전략, 운영활동이라고 볼 수 없으므로 경영활동이 아니다.

58

정답 ①

[오답분석]
② 스캔런플랜에 대한 설명으로, 성과참가 유형이다.
③ 러커플랜에 대한 설명으로, 성과참가 유형이다.
④ 노사협의제도에 대한 설명으로, 의사결정참가 유형이다.
⑤ 노사공동결정제도에 대한 설명으로, 의사결정참가 유형이다.

59

정답 ③

직장은 일을 하는 물리적 장소임과 동시에 업무 처리의 만족감 또는 좌절감 등을 느끼는 심리적 장소이기도 하다. 그러므로 회사의 목표와 자신의 가치관 사이에서 오는 차이가 크다면, 그 심리적 스트레스를 감당하기가 너무 버거울 것이다. 조직은 조직 생활에 잘 적응하는 사람을 기본적으로 선호하지만 그 다음으로 원하는 것은 '그 과정이 능동적인가'하는 점이다. 그러므로 ③과 같이 자신과 다른 회사의 가치관까지 수긍한다고 밝힌 C지원자는 회사에 채용될 사원으로서 적절하지 않다.

60

정답 ②

각종 위원회 위원 위촉에 관한 전결규정은 없다. 따라서 ②는 적절하지 않다. 단, 대표이사의 부재중에 부득이하게 위촉을 해야 하는 경우가 발생했다면 차하위자(전무)가 대결을 할 수는 있다.

| 07 | 기술능력(발전설비운영)

61	62	63	64	65	66	67	68	69	70
③	④	④	④	③	②	④	②	④	③

61
정답 ③

가정에 있을 경우 전력수급 비상단계를 신속하게 극복하기 위해 전력기기 등의 전원을 차단하거나 사용을 중지하는 것이 필요하나, 4번 항목에 따르면 안전, 보안 등을 위한 최소한의 조명까지 소등할 필요는 없다.

오답분석
① 가정에 있을 경우, TV, 라디오 등을 통해 재난상황을 파악하여 대처하라고 하였으므로, 전력수급 비상단계 발생 시 대중매체를 통해 재난상황에 대한 정보를 파악할 수 있다는 것을 알 수 있다.
② 사무실에 있을 경우 즉시 사용이 필요하지 않은 사무기기의 전원을 차단하여야 한다.
④ 공장에서는 비상발전기의 가동을 점검하여 가동을 준비해야 한다.
⑤ 전력수급 비상단계가 발생할 경우, 컴퓨터, 프린터 등 긴급하지 않은 모든 사무기기의 전원을 차단하여야 하므로 한동안 사무실의 업무가 중단될 수 있다.

62
정답 ④

ⓒ 사무실에서의 행동요령에 따르면 본사의 중앙보안시스템은 긴급한 설비로 볼 수 있다. 따라서 3번 항목의 예외에 해당하므로 중앙보안시스템의 전원을 차단해 버린 이주임의 행동은 적절하지 않다고 볼 수 있다.
ⓔ 상가에서의 행동요령에 따르면 식재료의 부패와 관련 없는 가전제품의 가동을 중지하거나 조정하도록 설명되어 있다. 하지만 최사장은 횟감을 포함한 식재료를 보관 중인 모든 냉동고의 전원을 차단하였으므로 적절하지 못하다.

오답분석
ⓐ 집에 있던 중 세탁기 사용을 중지하고 실내조명을 최소화한 것은 행동요령에 따른 것으로 적절한 행동이다.
ⓒ 공장에 있던 중 공장 내부 조명 밝기를 최소화한 박주임의 행동은 적절하다.

63
정답 ④

당직근무 배치가 원활하지 않아 일어난 사고는 배치의 불충분으로 일어난 산업 재해의 경우로, 4M 중 Management(관리)에 해당된다.

오답분석
① 개인의 심리적 요인으로, 4M 중 Man에 해당된다.

② 작업 공간 불량으로, 4M 중 Media에 해당된다.
③ 점검, 정비의 결함으로, 4M 중 Machine에 해당된다.
⑤ 안전보건교육 부족으로, 4M 중 Management에 해당된다.

64
정답 ④

• (ㄱ) : 구명밧줄이나 공기 호흡기 등을 준비하지 않아 사고가 발생했음을 알 수 있다. 따라서 보호구 사용 부적절로, 4M 중 Media의 사례이다.
• (ㄴ) : 안전장치가 제대로 작동하지 않았음을 볼 때, Machine의 사례이다.

65
정답 ③

운전조작부를 청소할 때는 물을 뿌려 닦으면 안 되나, 수조 내부의 경우 장기간 사용하지 않을 때에는 물을 완전히 비우고, 수조와 디스크에 세제를 풀어 부드러운 솔로 청소하여 건조시킨 후 보관하여야 한다.

오답분석
① 벽면으로부터 좌·우측뿐만 아니라 뒷면과도 30cm 간격을 유지하여야 한다.
② 하부 수조에 뜨거운 물을 부어 사용하는 것은 고장의 원인이 될 수 있다.
④ 향기 제품 사용 시 플라스틱 부분의 깨짐, 변형 및 고장의 원인이 될 수 있다.
⑤ 바닥이 기울어져 있으면 소음이 발생하거나 내부부품 변형으로 고장의 원인이 될 수 있다. 또한 탁자 위보다 바닥에 두는 것이 안전하다.

66
정답 ②

에어워셔를 장기간 사용하지 않을 때, 수조 내부의 물을 완전히 비우고 수조와 디스크를 청소하여 건조시킨 후 보관하는 것은 오염을 막기 위함이다. 따라서 ②를 감전이나 화재에 대한 원인으로 보는 것은 적절하지 않다.

67
정답 ④

'E5' 표시는 팬모터 이상을 나타내므로 전원을 빼고 서비스센터에 문의하여야 한다.

오답분석
① 디스크 캡이 느슨하게 체결되어 있다면, 디스크 캡을 조여 주면 된다.
② 'E3' 표시는 물 부족을 나타내므로 물을 보충해 주면 된다.
③ 팬 주변으로 이물질이 끼어 있으면, 전원을 차단시킨 후 이물질을 제거하면 된다.
⑤ 디스크가 정위치에 놓여있지 않으면 회전하는 정위치에 맞게 올리면 된다.

68

정답 ②

매뉴얼 작성을 위한 TIP

1. 내용이 정확해야 한다.
2. 사용자가 알기 쉽게 쉬운 문장으로 쓰여야 한다.
3. 사용자에 대한 심리적 배려가 있어야 한다.
4. 사용자가 찾고자 하는 정보를 쉽게 찾을 수 있어야 한다.
5. 사용하기 쉬워야 한다.

69

정답 ④

기술경영자의 능력

1. 기술을 기업의 전반적인 전략 목표에 통합시키는 능력
2. 빠르고 효과적으로 새로운 기술을 습득하고 기존의 기술에서 탈피하는 능력
3. 기술을 효과적으로 평가할 수 있는 능력
4. 기술 이전을 효과적으로 할 수 있는 능력
5. 새로운 제품개발 시간을 단축할 수 있는 능력
6. 크고 복잡하고 서로 다른 분야에 걸쳐 있는 프로젝트를 수행할 수 있는 능력
7. 조직 내의 기술 이용을 수행할 수 있는 능력
8. 기술 전문 인력을 운용할 수 있는 능력

70

정답 ③

기술은 과거에는 Know-how의 개념이 강했다. 그러나 시간이 지나면서 현대적 기술은 Know-how와 Know-why가 결합하는 방법으로 진행되고 있다.

4일 차 기출응용 모의고사 정답 및 해설

| 01 | 의사소통능력(공통)

01	02	03	04	05	06	07	08	09	10
②	①	④	②	④	④	①	⑤	④	⑤

01
정답 ②

제시문은 검무의 정의와 기원, 검무의 변천 과정과 구성, 검무의 문화적 가치를 설명하는 글이다. 따라서 글의 표제와 부제로는 ②가 가장 적절하다.

02
정답 ①

두 번째 문단의 예시를 보면, 공동체에 소속된 사람들은 공동 식사를 통해 유대감을 가졌지만, 그 공동체에 속하지 않은 사람과 함께 식사를 한 사람에게 가혹한 형벌을 내린 것을 통해 배타성이 있었음을 확인할 수 있다.

오답분석

ㄴ. 첫 번째 문단의 중간 부분을 확인해 보면 공동 식사가 새로운 종교를 만든 것이 아니라, 새로 만들어진 종교가 공동 식사를 통해 공동체 의식을 만든 것을 알 수 있다.
ㄷ. 첫 번째 문단의 '이러한 공동 식사 중에는 ~ 배타성이 극복된다.'는 문장을 통해 식사 자체는 이기적이지만, 공동 식사를 통해 이를 극복하게 되었다는 것을 알 수 있다.

03
정답 ④

색채를 활용하여 먼 거리에서 더 잘 보이게 하거나 뚜렷하게 보이도록 해야 할 때가 있다. 그럴 경우에는 배경과 그 앞에 놓이는 그림의 속성 차를 크게 해야 한다.

오답분석

① 색채의 대비는 2개 이상의 색을 동시에 보거나 계속해서 볼 때 일어나는 현상이다. 전자를 '동시대비', 후자를 '계속대비'라 한다.
② 어떤 색을 계속 응시하면, 시간의 경과에 따라 그 색의 보이는 상태가 변화한다.

③ 색채가 어떠하며, 우리 눈에 그것이 어떻게 보이고, 어떤 느낌을 주는지는 색채심리학이 다루는 연구대상 중 가장 주요한 부분이다.
⑤ 멀리서도 잘 보여야 하는 표지류 등은 대비량이 큰 색을 사용한다.

04
정답 ②

연두색과 노란색과 같은 두 색이 서로의 영향으로 색상 차가 나는 것으로 색상대비로 볼 수 있다.

오답분석

① 명도대비에 대한 예시이다.
③ 채도대비에 대한 예시이다.
④ 보색잔상에 대한 예시이다.
⑤ 색순응에 대한 예시이다.

05
정답 ④

'신기롭다'와 '신기스럽다' 중 '신기롭다'만을 표준어로 인정한다.

오답분석

한글 맞춤법에 따르면 똑같은 형태의 의미가 몇 가지 있을 경우, 그중 어느 하나가 압도적으로 널리 쓰이면 그 단어만을 표준어로 삼는다.
① '-지만서도'는 방언형일 가능성이 높다고 보아 표준어에서 제외되었으며, '-지만'이 표준어이다.
② '길잡이', '길라잡이'가 표준어이다.
③ '쏜살같이'가 표준어이다.
⑤ '빠뜨리다', '빠트리다'가 표준어이다.

06
정답 ④

A씨의 아내는 A씨가 자신의 이야기에 공감해주길 바랐지만, A씨는 아내의 이야기를 들어주기보다는 해결책을 찾아 아내의 문제에 대해 조언하려고만 하였다. 즉, 아내는 마음을 털어놓고 남편에게 위로받고 싶었지만, A씨의 조언하려는 태도 때문에 더 이상 대화가 이어질 수 없었다.

① 짐작하기 : 상대방의 말을 듣고 받아들이기보다 자신의 생각에 들어맞는 단서들을 찾아 자신의 생각을 확인하는 것이다.
② 걸러내기 : 상대의 말을 듣기는 하지만 상대방의 메시지를 온전하게 듣는 것이 아닌 경우이다.
③ 판단하기 : 상대방에 대한 부정적인 판단 때문에, 또는 상대방을 비판하기 위하여 상대방의 말을 듣지 않는 것이다.
⑤ 옳아야만 하기 : 자존심이 강한 사람은 자존심에 관한 것을 전부 막아버리려 하기 때문에 자신의 부족한 점에 대한 상대방의 말을 들을 수 없게 된다.

07

정답 ①

제시문은 단백질의 분해와 합성에 필요한 필수아미노산을 설명하고 있다. 마지막 문단에서 제한아미노산을 '단백질 합성에 필요한 각각의 필수아미노산의 양에 비해 공급된 어떤 식품에 포함된 해당 필수아미노산의 양의 비율이 가장 낮은 필수아미노산'이라고 정의하였다. 그러므로 필수아미노산을 제외한 다른 아미노산도 제한아미노산이 될 수 있는 것은 아니다.

08

정답 ⑤

첫 번째 문단에 따르면 아미노산들은 DNA 염기 서열에 담긴 정보에 따라 정해진 순서대로 결합된다.

① 첫 번째 문단에 따르면 체내 단백질 분해를 통해 우리 몸에 부족한 에너지 및 포도당을 보충할 수 있다.
② 두 번째 문단에 따르면 단백질 분해로 생성된 아미노산의 75%는 다른 단백질 합성에 이용되며, 나머지 25%는 분해되어 아미노기가 분리되어 나온 후, 아미노기는 암모니아로 바뀌어 요소로 합성된 후 체외로 배출된다.
③ 세 번째 문단에 따르면 성장기 어린이는 체내에서 필수아미노산을 합성할 수 있으나, 그 양이 모자라기 때문에 음식 섭취로 보충해야 한다.
④ 네 번째 문단에 따르면 육류 등의 동물성 단백질은 필수아미노산을 균형 있게 함유하고 있어서 필수아미노산의 이용 효율이 높은 반면, 쌀 등의 식물성 단백질은 필수아미노산의 이용 효율이 상대적으로 낮다.

09

정답 ④

먼저 '본성 대 양육 논쟁'이라는 화제를 제기하는 (나) 문단이 첫 번째에 배치되어야 하며, (다) 문단의 '이러한 추세'가 가리키는 것이 (나) 문단에서 언급한 '양육 쪽이 일방적인 승리를 거두게 된 것'이므로, (나) – (다) 순으로 이어지는 것이 자연스럽다. 또한 (라) 문단의 첫 번째 문장, '더욱이'는 앞 내용과 연결되는 내용을 덧붙여 앞뒤 문장을 이어주는 말이므로 (다) 문단의 뒤에 이어져야 하며, 본성과 양육 논쟁의 가열을 전망하면서 본성과 양육 모두 인간 행동에 필수적인 요인임을 밝히고 있는 (가) 문단이 가장 마지막에 배치되는 것이 적절하다. 따라서 (나) – (다) – (라) – (가) 순서로 나열해야 한다.

10

정답 ⑤

토지공공임대제(ⓜ)는 토지가치공유제(ⓒ)의 하위 제도로, 사용권은 민간이 갖고 수익권은 공공이 갖는다. 처분권의 경우 사용권을 가진 민간에게 한시적으로 맡기는 것일 뿐이며, 처분권도 공공이 갖는다. 따라서 ⑤는 토지공공임대제(ⓜ)에 대한 설명으로 적절하지 않다.

| 02 | 수리능력(공통)

11	12	13	14	15	16	17	18	19	20
③	③	③	③	⑤	②	②	②	②	①

11

정답 ③

3대의 버스 배차시간은 각각 30분, 60분, 80분으로, 첫차 시간 오전 7시 이후에 다시 같이 만나는 시각은 배차시간의 최소공배수를 구하면 된다. 배차시간의 최소공배수는 $10 \times 3 \times 2 \times 4 = 240$분 이므로 $240 \div 60 = 4$시간마다 3대의 버스가 같이 출발한다. 따라서 오전 7시 이후 같은 정류장에서 두 번째로 같이 출발한 시각은 $7+4=$ 오전 11시이다.

12

정답 ③

배의 속력을 $x$km/h, 강물의 유속을 $y$km/h라 하면 다음과 같은 식이 성립한다.
$5(x-y)=30 \cdots$ ㉠
$3(x+y)=30 \cdots$ ㉡
㉠, ㉡을 연립하면 $x=8$, $y=2$이다.
따라서 배의 속력은 8km/h이다.

13

정답 ③

빨간 구슬의 개수를 x개, 흰 구슬의 개수를 $(15-x)$개라 하자. 이때, 2개의 구슬을 꺼내는 모든 경우의 수는 (15×14)가지이고, 2개의 구슬이 모두 빨간색일 경우의 수는 $x(x-1)$가지이다.
5회에 1번 꼴로 모두 빨간 구슬이었으므로 다음과 같은 식이 성립한다.
$$\frac{x(x-1)}{15 \times 14} = \frac{1}{5}$$
$\rightarrow x^2 - x = 42$
$\therefore x = 7$

따라서 빨간 구슬일 확률은 $\frac{7}{15}$ 이다.

14

정답 ③

남자 합격자 수는 1,003명, 여자 합격자 수는 237명이다. $\frac{1,003}{237}$ ≒4이므로, 남자 합격자 수는 여자 합격자 수의 약 4배이다.

오답분석
① · ② 자료를 통해 확인할 수 있다.
④ B집단의 경쟁률은 $\frac{585}{370} = \frac{117}{74}$ ≒1.6%이다.

⑤ C집단의 모집정원은 K회사 전체 모집정원의 $\frac{269}{1,240} \times 100$ ≒ 22%를 차지한다.

15

정답 ⑤

8월 7일의 8월 2일 가격 대비 증감율은 $1.1 \times 1.2 \times 0.9 \times 0.8 \times 1.1 = 1.04544$이므로 매도 시 주식가격은 $100,000 \times 1.04544 = 104,544$원이다.

오답분석
① 8월 2일 대비 8월 5일 주식가격 증감율은 $1.1 \times 1.2 \times 0.9 = 1.188$이며, 매도할 경우 $100,000 \times 1.188 = 118,800$원에 매도 가능하므로 18,800원 이익이다.
② · ④ 8월 6일에 주식을 매도할 경우 가격은 $100,000 \times (1.1 \times 1.2 \times 0.9 \times 0.8) = 95,040$이다. 따라서 $100,000 - 95,040 = 4,960$원 손실이며, 8월 2일 대비 주식가격 감소율(이익률)은 $\frac{100,000 - 95,040}{100,000} \times 100 = 4.96\%$이다.
③ 8월 4일에 주식을 매도할 경우 가격은 $100,000 \times (1.1 \times 1.2) = 132,000$원이므로, 이익률은 $\frac{132,000 - 100,000}{100,000} \times 100 = 32\%$이다.

16

정답 ②

㉠ 서울과 경기의 인구 수 차이는 2018년에 $10,463 - 10,173 = 290$명, 2024년에 $11,787 - 10,312 = 1,475$명으로 2024년에 차이가 더 커졌다.
㉢ 광주는 2024년에 22명이 증가하였고, 다른 연도보다 2024년에 가장 많이 증가했다.

오답분석
㉡ 인구가 감소한 지역은 부산, 대구이다.
㉣ 대구는 2020년부터 전년 대비 인구가 감소하다가 2024년에 다시 증가했다.

17

정답 ②

운항편의 수치는 여객과 화물을 모두 포함한 수치이다. 따라서 여객에 이용된 운항편이 총 몇 대인지 알 수 없으므로 계산할 수 없다.

오답분석
① 운항편이 가장 많은 요일은 토요일이고, 토요일에 여객은 953,945명, 화물은 48,033톤으로 가장 높은 수치를 보이고 있다.
③ 자료를 통해 알 수 있다.
④ '감소 – 증가 – 감소 – 증가 – 증가 – 감소'로 같다.
⑤ K공항에 도착한 화물 중 일요일에 도착한 화물의 무게는 월요일에 도착한 화물 무게의 $\frac{21,615}{11,715}$ ≒ 1.85이므로 1.5배 이상이다.

18

자료를 통해서 2022년부터 세계 전문 서비스용 로봇산업의 규모가 증가함을 알 수 있다. 2024년에 세계 전문 서비스용 로봇시장 규모가 전체 세계 로봇시장 규모에서 차지하는 비중을 구하면 $\frac{4,600}{17,949} \times 100 ≒ 25.63\%$이다. 따라서 2024년 전체 세계 로봇시장 규모에서 세계 전문 서비스용 로봇시장 규모가 차지하는 비중은 27% 미만이므로 옳지 않은 설명이다.

오답분석

① 2024년 세계 개인 서비스용 로봇산업 시장 규모의 전년 대비 증가율은 $\frac{2,216-2,134}{2,134} \times 100 ≒ 3.8\%$이다.

③ 2024년 세계 제조용 로봇산업 시장 규모의 전년 대비 증가율은 $\frac{11,133-10,193}{10,193} \times 100 ≒ 9.2\%$이고, 2024년의 세계 제조용 로봇산업의 규모가 세계 로봇시장에서 가장 큰 규모를 차지하고 있다.

④ • 전년 대비 2024년의 국내 전문 서비스용 로봇 생산 규모의 증가율 : $\frac{2,629-1,377}{1,377} \times 100 ≒ 91.0\%$
• 2023년의 전체 서비스용 로봇산업 생산 규모 : 3,247억+1,377억=4,624억 원
• 2024년의 전체 서비스용 로봇산업 생산 규모 : 3,256억+2,629억=5,885억 원
• 전년 대비 2024년의 전체 서비스용 로봇산업 생산 규모의 증가율 : $\frac{5,885-4,624}{4,624} \times 100 ≒ 27.3\%$

⑤ • 전년 대비 2024년의 개인 서비스용 로봇산업 수출 규모의 감소율 : $\frac{944-726}{944} \times 100 ≒ 23.1\%$
• 2023년의 전체 서비스용 로봇산업 수출 규모 : 944억+154억=1,098억 원
• 2024년의 전체 서비스용 로봇산업 수출 규모 : 726억+320억=1,046억 원
• 전년 대비 2024년의 전체 서비스용 로봇산업 수출 규모의 감소율 : $\frac{1,098-1,046}{1,098} \times 100 ≒ 4.7\%$

19

㉠ 2020년에서 2024년 사이 전년 대비 문화재 건수의 증가폭을 구하면 다음과 같다.
• 2020년 : 3,459−3,385=74건
• 2021년 : 3,513−3,459=54건
• 2022년 : 3,583−3,513=70건
• 2023년 : 3,622−3,583=39건
• 2024년 : 3,877−3,622=255건
따라서 전년 대비 전체 국가지정문화재 건수가 가장 많이 증가한 해는 2024년이다.

㉢ 2019년 대비 2024년 문화재 종류별 건수의 증가율을 구하면 다음과 같다.
• 국보 : $\frac{328-314}{314} \times 100 ≒ 4.46\%$
• 보물 : $\frac{2,060-1,710}{1,710} \times 100 ≒ 20.47\%$
• 사적 : $\frac{495-479}{479} \times 100 ≒ 3.34\%$
• 명승 : $\frac{109-82}{82} \times 100 ≒ 32.93\%$
• 천연기념물 : $\frac{456-422}{422} \times 100 ≒ 8.06\%$
• 국가무형문화재 : $\frac{135-114}{114} \times 100 ≒ 18.42\%$
• 중요민속문화재 : $\frac{294-264}{264} \times 100 ≒ 11.36\%$
따라서 2019년 대비 2024년 건수의 증가율이 가장 높은 문화재는 명승 문화재이다.

오답분석

㉡ 2024년 국보 문화재 건수는 2019년에 비해 328−314=14건 증가했다. 그러나 2019년에 전체 국가지정문화재 중 국보 문화재가 차지하는 비율은 $\frac{314}{3,385} \times 100 ≒ 9.28\%$, 2024년에 전체 국가지정문화재 중 국보 문화재가 차지하는 비율은 $\frac{328}{3,877} \times 100 ≒ 8.46\%$이다. 따라서 2024년에 국보 문화재가 전체 국가지정문화재에서 차지하는 비중은 2019년에 비해 감소했다.

㉣ 연도별 국가무형문화재 건수의 4배의 수치를 구하면 다음과 같다.
• 2019년 : 114×4=456건
• 2020년 : 116×4=464건
• 2021년 : 119×4=476건
• 2022년 : 120×4=480건
• 2023년 : 122×4=488건
• 2024년 : 135×4=540건
2019년에서 2023년까지 사적 문화재의 지정 건수는 국가무형문화재 건수의 4배가 넘는 수치를 보이고 있지만, 2024년의 경우 국가무형문화재 건수의 4배를 넘지 못한다.

20

①

고속국도 평균 버스 교통량의 증감 추이는 '증가 – 감소 – 증가 – 감소'이고, 일반국도 평균 버스 교통량의 증감 추이는 '감소 – 감소 – 감소 – 감소'이다. 따라서 고속국도와 일반국도의 평균 버스 교통량의 증감 추이는 같지 않다.

오답분석

② 자료를 통해 확인할 수 있다.
③ 전년 대비 교통량이 감소한 2021년을 제외하고 국가지원지방도 연도별 평균 버스 교통량의 전년 대비 증가율을 구하면 다음과 같다.

• 2022년 : $\dfrac{226-219}{219} \times 100 ≒ 3.20\%$

• 2023년 : $\dfrac{231-226}{226} \times 100 ≒ 2.21\%$

• 2024년 : $\dfrac{240-231}{231} \times 100 ≒ 3.90\%$

따라서 2024년에 국가지원지방도 평균 버스 교통량의 전년 대비 증가율이 가장 컸다.

④ 2020 ~ 2024년의 일반국도와 국가지원지방도 일평균 승용차 교통량의 합을 구하면 다음과 같다.

• 2020년 : 7,951+5,169=13,120대
• 2021년 : 8,470+5,225=13,695대
• 2022년 : 8,660+5,214=13,874대
• 2023년 : 8,988+5,421=14,409대
• 2024년 : 9,366+5,803=15,169대

따라서 고속국도 일평균 승용차 교통량은 일반국도와 국가지원지방도 일평균 승용차 교통량의 합보다 항상 많음을 알 수 있다.

⑤ 2022년 일반국도와 국가지원지방도 일평균 화물차 교통량의 합은 2,757+2,306=5,063대이고, 5,063×2.5=12,657.5<13,211이다. 따라서 2024년 고속국도 일평균 화물차 교통량은 2024년 일반국도와 국가지원지방도 일평균 화물차 교통량의 합의 2.5배 이상이다.

| 03 | 문제해결능력(공통)

21	22	23	24	25	26	27	28	29	30
④	②	④	③	④	④	④	③	③	③

21

정답 ④

주어진 상황을 모두 고려하면 '자동차 관련 기업의 주식을 사서는 안 된다.'는 결론이 가장 적절하다.

오답분석

① 두 번째, 세 번째 상황을 고려하고 있지 않다.
② 세 번째 상황을 고려하고 있지 않다.
③ 주어진 상황을 모두 고려하고 있으나, 자동차 산업과 주식시장이 어떻게 되는가를 전달하고 있지 않다.
⑤ 두 번째 상황을 고려하고 있지 않다.

22

정답 ②

퍼실리테이션은 단순히 타협점을 조정하는 것에 그치는 것이 아니라 창조적인 해결 방안까지 도출하고자 한다.

오답분석

① 깊이 있는 커뮤니케이션을 통해 서로의 문제점을 이해하고 공감하게 한다.
③ 초기에 생각하지 못했던 창조적인 해결방법을 도출한다.
④ 구성원이 자율적으로 실행하는 것으로, 제3자가 합의점이나 줄거리를 준비해 놓고 예정대로 결론이 도출되는 것이 아니다.
⑤ 구성원의 동기가 강화되고 팀워크도 한층 강화된다는 특징을 보인다.

23

정답 ④

발행형태가 4로 전집이기 때문에 한 권으로만 출판된 것이 아님을 알 수 있다.

오답분석

① 국가번호가 05(미국)로 미국에서 출판되었다.
② 서명식별번호가 1011로 1011번째 발행되었다. 441은 발행자의 번호로 이 책을 발행한 출판사의 발행자번호가 441이라는 것을 의미한다.
③ 발행자번호는 441로 세 자리로 이루어져 있다.
⑤ 도서의 내용이 710(한국어)이지만, 도서가 한국어로 되어 있는지는 알 수 없다.

24

정답 ③

다음의 논리 순서를 따라 주어진 조건을 정리하면 쉽게 접근할 수 있다.

- 두 번째 조건 : 홍보팀은 5실에 위치한다.
- 첫 번째 조건 : 홍보팀이 5실에 위치하므로, 마주 보는 홀수실인 3실 또는 7실에 기획조정 1팀과 미래전략 2팀 각각 위치한다.
- 네 번째 조건 : 보안팀은 남은 홀수실인 1실에 위치하고, 이에 따라 인사팀은 8실에 위치한다.
- 세 번째 조건 : 7실에 미래전략 2팀, 3실에 기획조정 1팀이 위치한다.
- 마지막 조건 : 2실에 기획조정 3팀, 4실에 기획조정 2팀이 위치하고, 남은 6실에는 자연스럽게 미래전략 1팀이 위치함을 알 수 있다.

이 사실을 종합하여 주어진 조건에 따라 사무실을 배치하면 다음과 같다.

1실 – 보안팀	2실 – 기획조정 3팀	3실 – 기획조정 1팀	4실 – 기획조정 2팀
복도			
5실 – 홍보팀	6실 – 미래전략 1팀	7실 – 미래전략 2팀	8실 – 인사팀

따라서 기획조정 1팀(3실)은 기획조정 2팀(4실)과 3팀(2실) 사이에 위치한다.

오답분석

① 인사팀은 8실에 위치한다.
② 미래전략 2팀과 기획조정 3팀은 복도를 사이에 두고 위치한다.
④ 미래전략 1팀은 6실에 위치한다.
⑤ 홍보팀이 있는 라인에서 가장 높은 번호의 사무실은 8실로 인사팀이 위치한다.

25

정답 ④

두 번째와 네 번째 조건에 의해 B는 치통에 사용되는 약이고, A는 세 번째와 네 번째 조건에 의해 몸살에 사용되는 약이다.

∴ A – 몸살, B – 치통, C – 배탈, D – 피부병

두 번째와 다섯 번째 조건에 의해 은정이가 처방받은 약은 B, 희경이가 처방받은 약은 C에 해당된다. 그러면 소미가 처방받은 약은 마지막 조건에 의해 D에 해당된다.

따라서 네 사람이 처방받은 약은 정선 – A(몸살), 은정 – B(치통), 희경 – C(배탈), 소미 – D(피부병)이다.

26

정답 ④

ⓒ 특허를 통한 기술 독점은 기업의 내부환경으로 볼 수 있다. 따라서 내부환경의 강점(Strength) 사례이다.
ⓒ 점점 증가하는 유전자 의뢰는 기업의 외부환경(고객)으로 볼 수 있다. 따라서 외부환경에서 비롯된 기회(Opportunity) 사례이다.

오답분석

㉠ 투자 유치의 어려움은 기업의 외부환경(거시적 환경)으로 볼 수 있다. 따라서 외부환경에서 비롯된 위협(Threat) 사례이다.
㉣ 높은 실험비용은 기업의 내부환경으로 볼 수 있다. 따라서 내부환경의 약점(Weakness) 사례이다.

27

정답 ④

A가 서브한 게임에서 전략팀이 득점하였으므로 이어지는 서브권은 A가 가지며, 전략팀이 총 4점을 득점한 상황이므로 팀 내에서 선수끼리 자리를 교체하여 A가 오른쪽에서 서브를 해야 한다. 그리고 서브를 받는 총무팀은 서브권이 넘어가지 않았기 때문에 선수끼리 코트 위치를 바꾸지 않는다. 따라서 ④가 가능하다.

28

정답 ③

애플리케이션에 판단 (A), (B)의 영향도를 분석하면 아래와 같다.
(A) • 애플리케이션의 응답시간에 대한 사용자 요구 수준을 볼 때, 기본적인 성능이 잘 제공되는 것으로 판단된다.
→ (성능 영향도 0)
 • 그러나 고장 시 불편한 손실이 발생되며, 다행히 쉽게 복구가 가능하다. → (신뢰성 영향도 1)
 • 설계 단계에서 하나 이상의 설치 사이트에 대한 요구사항이 고려되며, 유사한 하드웨어나 소프트웨어 환경하에서만 운영되도록 설계되었다. → (다중 사이트 영향도 1)
 • 그리고 데이터를 전송하는 정도를 보면 분산처리에 대한 요구사항이 명시되지 않은 것으로 판단된다.
→ (분산처리 영향도 0)
(B) • 애플리케이션에서 발생할 수 있는 장애에 있어서는 기본적인 신뢰성이 제공된다. → (신뢰성 영향도 0)
 • 응답시간 또는 처리율이 피크타임에 중요하며,
→ (성능 영향도 1)
 • 애플리케이션의 처리기능은 복수개의 서버상에서 동적으로 상호 수행된다. → (분산처리 영향도 2)
 • 그리고 이 애플리케이션은 동일한 소프트웨어 환경하에서만 운영되도록 설계되었다. → (다중 사이트 영향도 0)
따라서 영향도 값을 구하면 (A)는 2, (B)는 3이다.

29

정답 ③

가입금액 한도 내에서 보상하되, 휴대품 손해로 인한 보상 시 휴대품 1개 또는 1쌍에 대해서만 20만 원 한도로 보상한다.

30

정답 ③

다음의 논리 순서를 따라 주어진 조건을 정리하면 쉽게 접근할 수 있다.

- 첫 번째 조건 : B부장의 자리는 출입문과 가장 먼 10번 자리에 배치된다.
- 두 번째 조건 : C대리와 D과장은 마주 봐야 하므로 2·7번 또는 4·9번 자리에 앉을 수 있다.
- 세 번째 조건 : E차장은 B부장과 마주 보거나 옆자리이므로 5번과 9번에 배치될 수 있다.
- 네 번째 조건 : C대리는 A사원 옆자리에 앉아야 하지만 9번 자리에 앉으면 E차장은 5번 자리에 배치된다.
- 다섯 번째 조건 : E차장 옆자리는 공석이므로 4번 자리는 아무도 앉을 수가 없어 두 번째 조건을 만족하지 못한다. 따라서 C대리는 7번 자리에 앉고, D과장은 2번 자리에 앉아야 하며, E차장은 옆자리에 공석이어야 하므로 5번 자리에 앉을 수밖에 없다.
- 일곱 번째 조건 : D과장과 G과장은 마주 보거나 나란히 앉을 수 없으므로 G과장은 3번 자리에 앉을 수 없고, 6번과 9번에 앉을 수 있다.
- 여섯 번째 조건 : F대리는 마주 보는 자리에 아무도 앉지 않아야 하므로 9번 자리에 배치되어야 하고 G과장은 6번 자리에 앉아야 한다.

따라서 주어진 조건에 맞게 자리 배치를 정리하면 다음과 같다.

출입문				
1 – 신입사원	2 – D과장	×	×	5 – E차장
6 – G과장	7 – C대리	8 – A사원	9 – F대리	10 – B부장

|04| 자원관리능력 (법정·상경 / 발전설비운영)

31	32	33	34	35	36	37	38	39	40
④	④	④	③	④	③	②	③	①	④

31

정답 ④

- A씨가 인천공항에 도착한 현지 날짜 및 시각

  독일시각   8월 2일 19시 30분

  소요시간   +12시간 20분

  시차   +8시간

  =8월 3일 15시 50분

인천공항에 도착한 시각은 한국시각으로 8월 3일 15시 50분이고, A씨는 3시간 40분 뒤에 일본으로 가는 비행기를 타야 한다. 비행 출발 시각 1시간 전에는 공항에 도착해야 하므로, 참여 가능한 환승투어 코스는 소요 시간이 두 시간 이내인 엔터테인먼트, 인천시티, 해안관광이며, A씨의 인천공항 도착시각과 환승투어 코스가 바르게 짝지어진 것은 ④이다.

32

정답 ④

6월 20 ~ 21일은 주중이며, 출장 혹은 연수 일정이 없고, 부서이동 전에 해당되므로 김대리가 경기본부의 전기점검을 수행할 수 있는 일정이다.

오답분석

① 6월 6 ~ 7일은 김대리의 연수 참석 기간이다.

② 6월 11 ~ 12일은 주말인 11일을 포함하고 있다.

③ 6월 14 ~ 15일 중 15일은 목요일로, 김대리가 경인건설본부로 출장을 가는 날짜이다.

⑤ 6월 27 ~ 28일은 김대리가 27일부터 부서를 이동한 이후이므로, 김대리가 아니라 후임자가 경기본부의 전기점검을 간다.

33

정답 ④

- A : 견학 희망 인원이 45명, 견학 희망 장소는 발전소 전체이고 견학 희망시간이 100분 이상이므로 한빛 발전소로 견학을 가야 한다.
- B : 견학 희망 인원이 35명이고 견학 희망 장소는 발전시설을 제외한 곳이므로 고리 발전소 또는 월성 발전소로 견학을 가야 한다. 이때, C팀이 고리 발전소로 견학을 가야 하므로 월성 발전소로 견학을 가야 한다.
- C : 견학 희망 인원이 45명이고 견학 희망 장소는 홍보관이므로 고리 발전소로 견학을 가야 한다.
- D : 견학 희망 인원이 35명이고 견학 희망 장소는 발전소 전체이므로 한빛 발전소, 한울 발전소로 견학을 갈 수 있으나, A팀이 한빛 발전소로 견학을 가야 하므로 한울 발전소로 견학을 가야 한다.

- E : 견학 희망 인원이 35명, 견학 희망 시간은 최소 100분이므로 새울 발전소와 한빛 발전소 중 한 곳으로 견학을 가야 한다. 이때, A팀이 한빛 발전소를 가야 하므로 새울 발전소로 견학을 가야 한다.

따라서 A팀은 한빛 발전소, B팀은 월성 발전소, C팀은 고리 발전소, D팀은 한울 발전소, E팀은 새울 발전소로 견학을 가야 한다.

34 　　　　정답 ③

월성 발전소 견학 순서에 따른 모든 발전소의 견학 순서는 다음과 같다.
- 월성 발전소의 견학순서가 첫 번째일 때
  새울 발전소는 세 번째로 가야 한다. 이 때 두 번째와 마지막 조건에 의해 한울 발전소는 두 번째로 가야하고, 첫 번째 조건에 의해 고리 발전소는 한빛 발전소보다 먼저 견학을 가야 한다. 따라서 견학 순서는 '월성 발전소 – 한울 발전소 – 새울 발전소 – 고리 발전소 – 한빛 발전소'이다.
- 월성 발전소의 견학 순서가 세 번째일 때
  네 번째 조건에 의해 새울 발전소는 다섯 번째로 가야 한다. 이때 한울 발전소를 네 번째로 간다면 월성 발전소보다 먼저 한빛 발전소로 견학을 가야 하므로 첫 번째 조건을 만족하지 않는다. 따라서 견학 순서는 '고리 발전소 – 한울 발전소 – 월성 발전소 – 한빛 발전소 – 새울 발전소'이다.
- 월성 발전소의 견학 순서가 다섯 번째일 때
  월성 발전소보다 먼저 한빛 발전소에 견학을 가야 하므로 첫 번째 조건을 만족하지 않는다.

따라서 항상 두 번째로 견학을 가게 되는 발전소는 한울 발전소이다.

35 　　　　정답 ④

- 한국시각 기준 비행기 탑승 시각 : 21일 8시 30분+13시간=21일 21시 30분
- 비행기 도착 시각 : 21일 21시 30분+17시간=22일 14시 30분
∴ 김사원의 출발 시각 : 22일 14시 30분-1시간 30분-30분 =22일 12시 30분

36 　　　　정답 ③

엘리베이터는 한 번에 최대 세 개 층을 이동할 수 있으며, 올라간 다음에는 반드시 내려와야 한다는 조건에 따라 A가 최소 시간으로 6층을 순찰하고, 1층으로 돌아올 수 있는 방법은 다음과 같다.
- 1층 → 3층 → 2층 → 5층 → 4층 → 6층 → 3층 → 4층 → 1층

이때, 이동에 소요되는 시간은 2+1+3+1+2+3+1+3=16분이다.

따라서 청원경찰이 6층을 모두 순찰하고 1층으로 돌아오기까지 소요되는 시간은 60분(=10분×6층)+16분=76분=1시간 16분이다.

37 　　　　정답 ②

먼저 참가 가능 종목이 2개인 사람부터 종목을 확정한다. D는 훌라후프와 줄다리기, E는 계주와 줄다리기, F는 줄넘기와 줄다리기, G는 줄다리기와 2인 3각, J는 계주와 줄넘기이다. 여기에서 E와 J는 계주 참가가 확정되고, 참가인원이 1명인 훌라후프 참가자가 D로 확정되었으므로 나머지는 훌라후프에 참가할 수 없다. 그러므로 C는 계주와 줄넘기에 참가한다. 다음으로 종목별 참가 가능 인원이 지점별 참가인원과 동일한 경우 참가를 확정시키면, 줄다리기와 2인 3각 참여인원이 확정된다. A는 줄다리기와 2인 3각에 참가하고, B·H·I 중 한 명이 계주에 참가하게 되며 나머지 2명이 줄다리기에 참가한다. 따라서 계주에 꼭 출전해야 하는 직원은 C, E, J이다.

38 　　　　정답 ③

ⅰ) 연봉 3천만 원인 K사원의 월 수령액은 3천만÷12=250만 원이고, 월평균 근무시간은 200시간이므로 시급은 250만÷200=12,500원이다.
ⅱ) K사원이 평일에 야근한 시간은 2+3+3+2=10시간이다. 따라서 야근 수당은 (12,500+5,000)×10=175,000원이다.
ⅲ) K사원이 주말에 특근한 시간은 3+5=8시간이므로, 특근 수당은 (12,500+10,000)×8=180,000원이다.

식대는 야근·특근 수당에 포함되지 않으므로 K사원의 한 달간 야근 및 특근 수당의 총액은 175,000+180,000=355,000원이다.

39 　　　　정답 ①

각 자동차의 경비를 구하면 다음과 같다.
- A자동차
  - (연료비)=150,000÷12×1,400=1,750만 원
  - (경비)=1,750만+2,000만=3,750만 원
- B자동차
  - (연료비)=150,000÷8×900=1,687.5만 원
  - (경비)=1,687.5만+2,200만=3,887.5만 원
- C자동차
  - (연료비)=150,000÷15×1,150=1,150만 원
  - (경비)=1,150만+2,700만=3,850만 원
- D자동차
  - (연료비)=150,000÷20×1,150=862.5만 원
  - (경비)=862.5만+3,300만=4,162.5만 원
- E자동차
  - (연료비)=150,000÷15×1,400=1,400만 원
  - (경비)=1,400만+2,600만=4,000만 원

따라서 경비가 가장 적게 들어가는 것은 A자동차이다.

40

7월							8월
25일 (화)	26일 (수)	27일 (목)	28일 (금)	29일 (토)	30일 (일)	31일 (월)	1일 (화)
A	A	A	A	주말	주말	A	…
		B	B			B	
			C			C	

- 25 ~ 26일 : A공정에 의해 100개 생산
- 27 ~ 28일 : A공정에 의해 100개 생산
- 31일 : A공정이 작업 중이지만 2일이 걸리므로 제외한다.
- 27 ~ 31일 : B공정에 의해 150개 생산
- 28 ~ 31일 : C공정에 의해 200개 생산

따라서 7월 31일에 제품 550개가 생산되므로 7월 31일에 제품 생산이 가장 빨리 완료된다.

| 05 | 정보능력(법정 · 상경 / 전산)

41	42	43	44	45	46	47	48	49	50
④	⑤	①	②	③	④	①	④	④	③

41

(가) 자료(Data) : 정보 작성을 위하여 필요한 데이터를 말하는 것으로, 이는 '아직 특정의 목적에 대하여 평가되지 않은 상태의 숫자나 문자들의 단순한 나열'을 뜻한다.

(나) 정보(Information) : 자료를 일정한 프로그램에 따라 처리 · 가공함으로써 '특정한 목적을 달성하는 데 필요하거나 특정한 의미를 가진 것으로 다시 생산된 것'을 뜻한다.

(다) 지식(Knowledge) : '특정한 목적을 달성하기 위해 과학적 또는 이론적으로 추상화되거나 정립되어 있는 일반화된 정보'를 뜻하는 것으로, 어떤 대상에 대하여 원리적 · 통일적으로 조직되어 객관적 타당성을 요구할 수 있는 판단의 체계를 제시한다.

42

오답분석

① 새 문서
② 쪽 번호 매기기
③ 저장하기
④ 인쇄하기

43

DCOUNT 함수는 범위에서 조건에 맞는 레코드 필드 열에 수치 데이터가 있는 셀의 개수를 계산하는 함수이며, 「=DCOUNT(목록 범위,목록의 열 위치,조건 범위)」로 구성된다. 따라서 「=DCOUNT(A1:C9,2,A12:B14)」를 입력하면 [A1:C9] 목록 범위의 두 번째 열은 수치 데이터가 없으므로 결괏값은 0이 산출된다.

44

ISNONTEXT 함수는 값이 텍스트가 아닐 경우 논리값 'TRUE'를 반환한다. [A2] 셀의 값은 텍스트이므로 함수의 결괏값으로 산출되는 것은 'FALSE'이다.

오답분석

① ISNUMBER 함수 : 값이 숫자일 경우 논리값 'TRUE'를 반환한다.
③ ISTEXT 함수 : 값이 텍스트일 경우 논리값 'TRUE'를 반환한다.
④ ISEVEN 함수 : 값이 짝수이면 논리값 'TRUE'를 반환한다.
⑤ ISODD 함수 : 값이 홀수이면 논리값 'TRUE'를 반환한다.

45

정답 ③

IF 함수는 「=IF(조건,조건이 참일 경우,조건이 거짓일 경우)」로 구성된다. 따라서 ③을 풀어보면 '거주지가 '팔달구'이거나 '영통구'이면 '매탄2동점'에, 아니라면 '금곡동점'에 배치'하라는 의미이기 때문에 [D2] 셀에 들어갈 수식으로 옳다.

오답분석
① 거주지가 '장안구'이거나 '영통구'이면 '금곡동점'에, 아니라면 '매탄2동점'에 배치하라는 의미이다.
② 거주지가 '팔달구'이거나 '영통구'이면 '금곡동점'에, 아니라면 '매탄2동점'에 배치하라는 의미이다.
④ 거주지가 '팔달구'이면서 '영통구'이면 '매탄2동점'에, 아니라면 '금곡동점'에 배치하라는 의미이다.
⑤ 거주지가 '팔달구'이면서 '영통구'이면 '금곡동점'에, 아니라면 '매탄2동점'에 배치하라는 의미이다.

46

정답 ④

여러 값을 출력하려면 print 함수에서 쉼표로 구분해주면 된다. 따라서 1 다음에 공백이 하나 있고 2가 출력되고, 공백 다음에 3이 출력되고, 공백 다음에 4가 출력되고, 공백 다음에 5가 출력되므로 1 2 3 4 5가 출력된다.

47

정답 ①

데이터베이스(DB; Data Base)란 어느 한 조직의 여러 응용 프로그램들이 공유하는 관련 데이터들의 모임이다. 대학 내 서로 관련 있는 데이터들을 하나로 통합하여 데이터베이스로 구축하게 되면 학생 관리 프로그램, 교수 관리 프로그램, 성적 관리 프로그램은 이 데이터베이스를 공유하며 사용하게 된다. 이처럼 데이터베이스는 여러 사람에 의해 공유되어 사용될 목적으로 통합하여 관리되는 데이터의 집합을 말하며, 자료항목의 중복을 없애고 자료를 구조화하여 저장함으로써 자료 검색과 갱신의 효율을 높인다.

오답분석
② 유비쿼터스 : 사용자가 네트워크나 컴퓨터를 의식하지 않고 장소에 상관없이 자유롭게 네트워크에 접속할 수 있는 정보통신 환경을 의미한다.
③ RFID : 극소형 칩에 상품정보를 저장하고 안테나를 달아 무선으로 데이터를 송신하는 장치를 말한다.
④ NFC : 전자태그(RFID)의 하나로, 13.56MHz 주파수 대역을 사용하는 비접촉식 근거리 무선통신 모듈이며, 10cm의 가까운 거리에서 단말기 간 데이터를 전송하는 기술을 말한다.
⑤ 와이파이 : 무선접속장치(AP; Access Point)가 설치된 곳에서 전파를 이용하여 일정 거리 안에서 무선인터넷을 할 수 있는 근거리 통신망을 칭하는 기술이다.

48

정답 ④

창 나누기를 수행하면 셀 포인터의 왼쪽과 위쪽으로 창 구분선이 표시된다.

49

정답 ④

오답분석
ㄱ. 스팸메일을 열게 되면 바이러스가 침투할 수 있기 때문에 읽지 않고 삭제하여야 한다.
ㄷ. 사이트 내에 바이러스가 침투했을 수 있기 때문에 ActiveX 컨트롤은 반드시 필요한 부분만 설치해야 한다.

50

정답 ③

주어진 메일 내용에서 검색기록 삭제 시 기존에 체크되어 있는 항목 외에도 모든 항목을 체크하라고 되어 있으나, 괄호 안에 '즐겨찾기 웹 사이트 데이터 보존 부분은 체크 해제할 것'이라고 명시되어 있으므로 모든 항목을 체크하는 행동은 적절하지 못하다.

| 06 | 조직이해능력(전산)

51	52	53	54	55	56	57	58	59	60
③	②	②	②	②	③	⑤	④	⑤	③

51

정답 ③

유대리가 처리해야 할 일의 순서는 '음악회 주최 의원들과 점심 → 음악회 주최 의원들에게 일정표 전달(점심 이후) → △△조명에 조명 점검 협조 연락(오후) → 한여름 밤의 음악회 장소 점검(퇴근 전) → 김과장에게 상황 보고'이다. 따라서 가장 먼저 해야 할 일은 '음악회 주최 의원들과 점심'이다.

52

정답 ②

영업부의 주요 업무로는 견적 작성 및 제출, 시장분석, 판매 등을 들 수 있다. 금일 업무 내용 중 전사 공채 진행은 인사 업무이며, 명일 업무 내용 중 전사 소모품 관리는 총무 업무, 사원 급여 정산은 인사 업무로 볼 수 있다. 따라서 영업부의 주요 업무로 옳지 않은 것은 총 3가지이다.

53

정답 ②

②는 업무의 내용이 유사하고 관련성이 있는 업무들을 결합해서 구분한 것으로, 기능별 조직 구조의 형태로 볼 수 있다.

54

정답 ②

우선 박비서에게 회의 자료를 받아와야 하므로 비서실을 들러야 한다. 다음으로 기자단 간담회는 대외 홍보 및 기자단 상대 업무를 맡은 홍보팀에서 기자단 간담회 자료를 정리할 것이므로 홍보팀을 거쳐야 하며, 승진자 인사 발표 소관 업무는 인사팀이 담당한다고 볼 수 있으므로 인사팀을 들러야 한다. 또한, 회사의 차량 배차에 대한 업무는 총무팀이 담당한다고 볼 수 있다. 따라서 오대리가 거쳐야 할 부서를 순서대로 나열하면 '비서실 – 홍보실 – 인사팀 – 총무팀'이다.

55

정답 ②

①·③·④·⑤는 인터뷰 준비를 위한 업무처리 내용이고, ②는 인터뷰 사후처리에 대한 내용이므로 우선순위 면에서는 가장 늦다.

56

정답 ③

경영활동은 조직의 효과성을 높이기 위해 총수입 극대화, 총비용 극소화를 통해 이윤을 창출하는 외부경영활동과 조직내부에서 인적, 물적 자원 및 생산기술을 관리하는 내부경영활동으로 구분할 수 있다. 인도네시아 현지 시장의 규율을 조사하는 것은 시장진출을 준비하는 과정으로, 외부경영활동에 해당된다.

[오답분석]

① 추후 진출 예정인 인도네시아 시장 고객들의 성향을 미리 파악하는 것은 외부경영활동이다.
② 가동률이 급락한 중국 업체를 대신해 국내 업체들과의 협력안을 검토하는 것은 내부 생산공정 관리와 같은 내부경영활동에 해당된다.
④ 내부 엔진 조립 공정을 개선하면 생산성을 증가시킬 수 있다는 피드백에 따라 이를 위한 기술개발에 투자하는 것은 생산관리로서, 내부경영활동에 해당된다.
⑤ 다수의 직원들이 유연근무제를 원한다는 설문조사 결과에 따라 유연근무제의 일환인 탄력근무제를 도입하여 능률적으로 인력을 관리하는 것은 내부경영활동에 해당한다.

57

정답 ⑤

안정적이고 확실한 환경에서는 기계적 조직이 적절하고, 급변하는 환경에서는 유기적 조직이 적절하다.

기계적 조직과 유기적 조직의 특징

기계적 조직	유기적 조직
• 구성원들의 업무가 분명하게 정의된다. • 많은 규칙과 규제들이 있다. • 상하 간 의사소통이 공식적인 경로를 통해 이루어진다. • 엄격한 위계질서가 존재한다. • 대표적인 기계조직으로 군대를 볼 수 있다.	• 의사결정 권한이 조직의 하부구성원들에게 많이 위임되어 있다. • 업무가 고정되지 않고, 공유 가능하다. • 비공식적인 상호의사소통이 원활하게 이루어진다. • 규제나 통제의 정도가 낮아 변화에 따라 의사결정이 쉽게 변할 수 있다.

58

정답 ④

창의적인 사고가 선천적으로 타고난 사람들에게만 있고, 후천적 노력에는 한계가 있다는 것은 편견이다.

59

정답 ⑤

현재 시각이 오전 11시이므로 오전 중으로 처리하기로 한 업무를 가장 먼저 처리해야 한다. 따라서 오전 중으로 고객에게 보내기로 한 자료 작성(ㄹ)을 가장 먼저 처리한다. 다음으로 오늘까지 처리해야 하는 업무 두 가지(ㄱ, ㄴ) 중 비품 신청(ㄱ)보다 부서장이 지시한 부서 업무 사항(ㄴ)을 먼저 처리하는 것이 적절하다. 또한, 특별한 상황이 없는 한, 개인의 단독 업무보다는 타인·타 부서와 협조된 업무를 우선적으로 처리해야 하므로, 인접 부서의 협조 요청(ㄷ)을 처리한다. 따라서 'ㄹ – ㄴ – ㄷ – ㄱ' 순서로 업무를 처리해야 한다.

60

정답 ③

C는 K사의 이익과 자사의 이익 모두를 고려하여 서로 원만한 합의점을 찾고 있다. 따라서 가장 바르게 협상한 사람은 C이다.

오답분석

① A는 K사의 협상당사자가 설정한 목표와 한계에서 벗어나는 요구를 하고 있으므로 바르게 협상한 것이 아니다.
② B는 합의점을 찾기보다는 자사의 특정 입장만 고집하고 있다. 따라서 바르게 협상한 것이 아니다.
④ D는 상대방의 상황에 대해서 지나친 염려를 하고 있다. 따라서 바르게 협상한 것이 아니다.
⑤ K사의 협상 당사자는 가격에 대한 결정권을 가지고 있으므로 협상을 시도한 것이며, 회사의 최고 상급자는 협상의 세부사항을 잘 알지 못하므로 E는 잘못된 사람과의 협상을 요구하고 있다. 따라서 바르게 협상한 것이 아니다.

| 07 | 기술능력(발전설비운영)

61	62	63	64	65	66	67	68	69	70
①	⑤	②	④	③	⑤	③	④	①	②

61

정답 ①

①은 성과차이 분석에 대한 설명이다. 개선계획 수립은 성과차이에 대한 원인 분석을 진행하고 개선을 위한 성과목표를 결정하며, 성과목표를 달성하기 위한 개선계획을 수립하는 것이다.

벤치마킹의 주요 단계
1. 범위결정 : 벤치마킹이 필요한 상세 분야를 정의하고 목표와 범위를 결정하며 벤치마킹을 수행할 인력들을 결정한다.
2. 측정범위 결정 : 상세분야에 대한 측정항목을 결정하고, 측정항목이 벤치마킹의 목표를 달성하는 데 적정한가를 검토한다.
3. 대상 결정 : 비교분석의 대상이 되는 기업·기관들을 결정하고, 대상 후보별 벤치마킹 수행의 타당성을 검토하여 최종적인 대상 및 대상별 수행방식을 결정한다.
4. 벤치마킹 : 직접 또는 간접적인 벤치마킹을 진행한다.
5. 성과차이 분석 : 벤치마킹 결과를 바탕으로 성과차이를 측정항목별로 분석한다.
6. 개선계획 수립 : 성과차이에 대한 원인 분석을 진행하고 개선을 위한 성과목표를 결정하며, 성과목표를 달성하기 위한 개선계획을 수립한다.
7. 변화 관리 : 개선목표 달성을 위한 변화사항을 지속적으로 관리하고, 개선 후 변화사항과 예상했던 변화사항을 비교한다.

62

정답 ⑤

기술교양을 지닌 사람들의 특징
• 기술학의 특성과 역할을 이해한다.
• 기술체계가 설계되고, 사용되고, 통제되는 방법을 이해한다.
• 기술과 관련된 이익을 가치화하고 위험을 평가할 수 있다.
• 기술에 의한 윤리적 딜레마에 대해 합리적으로 반응할 수 있다.

63

정답 ②

A씨가 공황장애를 진단받은 원인은 엘리베이터의 고장(시설물 결함)으로 인한 것이므로, 이는 산업재해 중 기술적 원인으로 볼 수 있다.

① 해당 산업재해의 원인이 교육적 원인이기 위해서는, 해당 산업재해가 안전 지식이나 경험, 작업방법 등에 대해 충분히 교육이 이루어져지지 않아 발생한 것이어야 한다.
③ 해당 산업재해의 원인이 작업 관리상 원인이기 위해서는, 해당 산업재해가 안전 관리 조직의 결함 또는 안전 수칙이나 작업 준비의 불충분 및 인원 배치가 부적당한 이유로 인해 발생한 것이어야 한다.
④ 해당 산업재해의 원인이 불안전한 행동이기 위해서는, 재해당사자가 위험 장소에 접근했거나, 안전장치 기능을 제거했거나, 보호 장비를 미착용 또는 잘못된 착용을 하는 등의 행위를 함으로써 산업재해가 발생한 것이어야 한다.
⑤ 해당 산업재해의 원인이 불안전한 상태이기 위해서는, 시설물이 구조적으로 불안정하거나 충분한 안전장치를 갖추지 못하는 등의 이유로 인해 산업재해가 발생한 것이어야 한다.

64
정답 ④

배터리 보호를 위하여 과충전 보호회로가 내장되어 있어 적정 충전시간을 초과하여도 배터리에 큰 손상이 없다. 따라서 고장의 원인으로 적절하지 않다.

65
정답 ③

청소기 전원을 끄고 이물질 제거 후 전원을 켜면 파워브러시가 재작동하며, 평상시에도 파워브러시가 멈추었을 때는 전원 스위치를 껐다 켜면 재작동한다.

66
정답 ⑤

사용 중 갑자기 흡입력이 떨어지는 이유는 흡입구를 커다란 이물질이 막고 있거나, 먼지 필터가 막혀 있거나, 먼지통 내에 오물이 가득 차 있을 경우이다.

67
정답 ③

문제발생 시 확인사항의 '찬바람이 지속적으로 나오지 않습니다.', '실내기', '실외기' 등의 단서를 통해 에어컨 사용설명서라는 것을 알 수 있다.

68
정답 ④

에어컨 응축수가 잘 빠지지 않을 경우 냄새가 나므로 배수호스를 점검해야 한다.

69
정답 ①

석유자원을 대체하고 에너지의 효율성을 높이는 것은 기존 기술에서 탈피하고 새로운 기술을 습득하는 기술경영자의 능력으로 볼 수 있다.

기술경영자의 능력
• 기술을 기업의 전반적인 전략 목표에 통합시키는 능력
• 빠르고 효과적으로 새로운 기술을 습득하고 기존의 기술에서 탈피하는 능력
• 기술을 효과적으로 평가할 수 있는 능력
• 기술 이전을 효과적으로 할 수 있는 능력
• 새로운 제품개발 시간을 단축할 수 있는 능력
• 크고 복잡하며 서로 다른 분야에 걸쳐 있는 프로젝트를 수행할 수 있는 능력
• 조직 내의 기술 이용을 수행할 수 있는 능력
• 기술 전문 인력을 운용할 수 있는 능력

70
정답 ②

기술선택을 위한 절차
• 외부환경분석 : 수요 변화 및 경쟁자 변화, 기술 변화 등 분석
• 중장기 사업목표 설정 : 기업의 장기비전, 중장기 매출목표 및 이익목표 설정
• 내부역량 분석 : 기술능력, 생산능력, 마케팅 / 영업능력, 재무능력 등 분석
• 사업전략 수립 : 사업 영역 결정, 경쟁 우위 확보 방안 수립
• 요구기술 분석 : 제품 설계 / 디자인 기술, 제품 생산 공정, 원재료 / 부품 제조기술 분석
• 기술전략 수립 : 기술획득 방법 결정

www.sdedu.co.kr

한전KPS 필기시험 답안카드

1	① ② ③ ④ ⑤	21	① ② ③ ④ ⑤	41	① ② ③ ④ ⑤
2	① ② ③ ④ ⑤	22	① ② ③ ④ ⑤	42	① ② ③ ④ ⑤
3	① ② ③ ④ ⑤	23	① ② ③ ④ ⑤	43	① ② ③ ④ ⑤
4	① ② ③ ④ ⑤	24	① ② ③ ④ ⑤	44	① ② ③ ④ ⑤
5	① ② ③ ④ ⑤	25	① ② ③ ④ ⑤	45	① ② ③ ④ ⑤
6	① ② ③ ④ ⑤	26	① ② ③ ④ ⑤	46	① ② ③ ④ ⑤
7	① ② ③ ④ ⑤	27	① ② ③ ④ ⑤	47	① ② ③ ④ ⑤
8	① ② ③ ④ ⑤	28	① ② ③ ④ ⑤	48	① ② ③ ④ ⑤
9	① ② ③ ④ ⑤	29	① ② ③ ④ ⑤	49	① ② ③ ④ ⑤
10	① ② ③ ④ ⑤	30	① ② ③ ④ ⑤	50	① ② ③ ④ ⑤
11	① ② ③ ④ ⑤	31	① ② ③ ④ ⑤		
12	① ② ③ ④ ⑤	32	① ② ③ ④ ⑤		
13	① ② ③ ④ ⑤	33	① ② ③ ④ ⑤		
14	① ② ③ ④ ⑤	34	① ② ③ ④ ⑤		
15	① ② ③ ④ ⑤	35	① ② ③ ④ ⑤		
16	① ② ③ ④ ⑤	36	① ② ③ ④ ⑤		
17	① ② ③ ④ ⑤	37	① ② ③ ④ ⑤		
18	① ② ③ ④ ⑤	38	① ② ③ ④ ⑤		
19	① ② ③ ④ ⑤	39	① ② ③ ④ ⑤		
20	① ② ③ ④ ⑤	40	① ② ③ ④ ⑤		

※ 본 답안지는 마킹연습용 모의 답안지입니다.

한전KPS 필기시험 답안카드

성 명	

지원 분야	

문제지 형별기재란	Ⓐ
( )형	Ⓑ

수 험 번 호

⓪	①	②	③	④	⑤	⑥	⑦	⑧	⑨
⓪	①	②	③	④	⑤	⑥	⑦	⑧	⑨
⓪	①	②	③	④	⑤	⑥	⑦	⑧	⑨
⓪	①	②	③	④	⑤	⑥	⑦	⑧	⑨
⓪	①	②	③	④	⑤	⑥	⑦	⑧	⑨
⓪	①	②	③	④	⑤	⑥	⑦	⑧	⑨
⓪	①	②	③	④	⑤	⑥	⑦	⑧	⑨

감독위원 확인	
(인)	

※ 본 답안지는 마킹연습용 모의 답안지입니다.

번호	①	②	③	④	⑤	번호	①	②	③	④	⑤	번호	①	②	③	④	⑤
1	①	②	③	④	⑤	21	①	②	③	④	⑤	41	①	②	③	④	⑤
2	①	②	③	④	⑤	22	①	②	③	④	⑤	42	①	②	③	④	⑤
3	①	②	③	④	⑤	23	①	②	③	④	⑤	43	①	②	③	④	⑤
4	①	②	③	④	⑤	24	①	②	③	④	⑤	44	①	②	③	④	⑤
5	①	②	③	④	⑤	25	①	②	③	④	⑤	45	①	②	③	④	⑤
6	①	②	③	④	⑤	26	①	②	③	④	⑤	46	①	②	③	④	⑤
7	①	②	③	④	⑤	27	①	②	③	④	⑤	47	①	②	③	④	⑤
8	①	②	③	④	⑤	28	①	②	③	④	⑤	48	①	②	③	④	⑤
9	①	②	③	④	⑤	29	①	②	③	④	⑤	49	①	②	③	④	⑤
10	①	②	③	④	⑤	30	①	②	③	④	⑤	50	①	②	③	④	⑤
11	①	②	③	④	⑤	31	①	②	③	④	⑤						
12	①	②	③	④	⑤	32	①	②	③	④	⑤						
13	①	②	③	④	⑤	33	①	②	③	④	⑤						
14	①	②	③	④	⑤	34	①	②	③	④	⑤						
15	①	②	③	④	⑤	35	①	②	③	④	⑤						
16	①	②	③	④	⑤	36	①	②	③	④	⑤						
17	①	②	③	④	⑤	37	①	②	③	④	⑤						
18	①	②	③	④	⑤	38	①	②	③	④	⑤						
19	①	②	③	④	⑤	39	①	②	③	④	⑤						
20	①	②	③	④	⑤	40	①	②	③	④	⑤						

한전KPS 필기시험 답안카드

성 명

지원분야

문제지 형별기재란
( )형
Ⓐ Ⓑ

수험번호

⑨ ⑧ ⑦ ⑥ ⑤ ④ ③ ② ① ⓪
⑨ ⑧ ⑦ ⑥ ⑤ ④ ③ ② ① ⓪
⑨ ⑧ ⑦ ⑥ ⑤ ④ ③ ② ① ⓪
⑨ ⑧ ⑦ ⑥ ⑤ ④ ③ ② ① ⓪
⑨ ⑧ ⑦ ⑥ ⑤ ④ ③ ② ① ⓪
⑨ ⑧ ⑦ ⑥ ⑤ ④ ③ ② ① ⓪
⑨ ⑧ ⑦ ⑥ ⑤ ④ ③ ② ① ⓪

감독위원 확인
(인)

번호	①	②	③	④	⑤	번호	①	②	③	④	⑤	번호	①	②	③	④	⑤
1	①	②	③	④	⑤	21	①	②	③	④	⑤	41	①	②	③	④	⑤
2	①	②	③	④	⑤	22	①	②	③	④	⑤	42	①	②	③	④	⑤
3	①	②	③	④	⑤	23	①	②	③	④	⑤	43	①	②	③	④	⑤
4	①	②	③	④	⑤	24	①	②	③	④	⑤	44	①	②	③	④	⑤
5	①	②	③	④	⑤	25	①	②	③	④	⑤	45	①	②	③	④	⑤
6	①	②	③	④	⑤	26	①	②	③	④	⑤	46	①	②	③	④	⑤
7	①	②	③	④	⑤	27	①	②	③	④	⑤	47	①	②	③	④	⑤
8	①	②	③	④	⑤	28	①	②	③	④	⑤	48	①	②	③	④	⑤
9	①	②	③	④	⑤	29	①	②	③	④	⑤	49	①	②	③	④	⑤
10	①	②	③	④	⑤	30	①	②	③	④	⑤	50	①	②	③	④	⑤
11	①	②	③	④	⑤	31	①	②	③	④	⑤						
12	①	②	③	④	⑤	32	①	②	③	④	⑤						
13	①	②	③	④	⑤	33	①	②	③	④	⑤						
14	①	②	③	④	⑤	34	①	②	③	④	⑤						
15	①	②	③	④	⑤	35	①	②	③	④	⑤						
16	①	②	③	④	⑤	36	①	②	③	④	⑤						
17	①	②	③	④	⑤	37	①	②	③	④	⑤						
18	①	②	③	④	⑤	38	①	②	③	④	⑤						
19	①	②	③	④	⑤	39	①	②	③	④	⑤						
20	①	②	③	④	⑤	40	①	②	③	④	⑤						

※ 본 답안지는 마킹연습용 모의 답안지입니다.

〈절취선〉

한전KPS 필기시험 답안카드

번호	1	2	3	4	5	번호	1	2	3	4	5
1	①	②	③	④	⑤	21	①	②	③	④	⑤
2	①	②	③	④	⑤	22	①	②	③	④	⑤
3	①	②	③	④	⑤	23	①	②	③	④	⑤
4	①	②	③	④	⑤	24	①	②	③	④	⑤
5	①	②	③	④	⑤	25	①	②	③	④	⑤
6	①	②	③	④	⑤	26	①	②	③	④	⑤
7	①	②	③	④	⑤	27	①	②	③	④	⑤
8	①	②	③	④	⑤	28	①	②	③	④	⑤
9	①	②	③	④	⑤	29	①	②	③	④	⑤
10	①	②	③	④	⑤	30	①	②	③	④	⑤
11	①	②	③	④	⑤	31	①	②	③	④	⑤
12	①	②	③	④	⑤	32	①	②	③	④	⑤
13	①	②	③	④	⑤	33	①	②	③	④	⑤
14	①	②	③	④	⑤	34	①	②	③	④	⑤
15	①	②	③	④	⑤	35	①	②	③	④	⑤
16	①	②	③	④	⑤	36	①	②	③	④	⑤
17	①	②	③	④	⑤	37	①	②	③	④	⑤
18	①	②	③	④	⑤	38	①	②	③	④	⑤
19	①	②	③	④	⑤	39	①	②	③	④	⑤
20	①	②	③	④	⑤	40	①	②	③	④	⑤

번호	1	2	3	4	5
41	①	②	③	④	⑤
42	①	②	③	④	⑤
43	①	②	③	④	⑤
44	①	②	③	④	⑤
45	①	②	③	④	⑤
46	①	②	③	④	⑤
47	①	②	③	④	⑤
48	①	②	③	④	⑤
49	①	②	③	④	⑤
50	①	②	③	④	⑤

성 명

지원 분야

문제지 형별기재란

Ⓐ
Ⓑ

( )형

수 험 번 호

⓪	①	②	③	④	⑤	⑥	⑦	⑧	⑨
⓪	①	②	③	④	⑤	⑥	⑦	⑧	⑨
⓪	①	②	③	④	⑤	⑥	⑦	⑧	⑨
⓪	①	②	③	④	⑤	⑥	⑦	⑧	⑨
⓪	①	②	③	④	⑤	⑥	⑦	⑧	⑨
⓪	①	②	③	④	⑤	⑥	⑦	⑧	⑨
⓪	①	②	③	④	⑤	⑥	⑦	⑧	⑨

감독위원 확인

인

2025 최신판 시대에듀 All-New
사이다 모의고사 한전KPS NCS

개정12판1쇄 발행	2025년 04월 15일 (인쇄 2025년 03월 07일)
초 판 발 행	2018년 10월 05일 (인쇄 2018년 09월 20일)
발 행 인	박영일
책 임 편 집	이해욱
편 저	SDC(Sidae Data Center)
편 집 진 행	김재희 · 윤소빈
표지디자인	조혜령
편집디자인	최혜윤 · 임창규
발 행 처	(주)시대고시기획
출 판 등 록	제10-1521호
주 소	서울시 마포구 큰우물로 75 [도화동 538 성지 B/D] 9F
전 화	1600-3600
팩 스	02-701-8823
홈 페 이 지	www.sdedu.co.kr

I S B N	979-11-383-8989-1 (13320)
정 가	18,000원

www.sdedu.co.kr

사일 동안
이것만 풀면
다 합격!

한전KPS
NCS

기업별 맞춤 학습 "기본서" 시리즈

공기업 취업의 기초부터 심화까지! 합격의 문을 여는 Hidden Key!

기업별 시험 직전 마무리 "모의고사" 시리즈

실제 시험과 동일하게 마무리! 합격을 향한 Last Spurt!

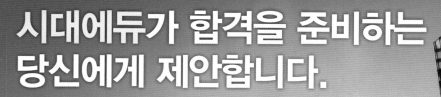

시대에듀가 합격을 준비하는
당신에게 제안합니다.

결심하셨다면 지금 당장 실행하십시오.
시대에듀와 함께라면 문제없습니다.

성공의 기회!
시대에듀를 잡으십시오.

NEXT STEP!

기회란 포착되어 활용되기 전에는 기회인지조차 알 수 없는 것이다. — 마크 트웨인 —